岩　波　現　代　文　庫

ヨーロッパ・コーリング・リターンズ

社会・政治時評クロニクル 2014-2021

ブレイディみかこ
Mikako Brady

社会 330

JN053401

岩波書店

目　次

▒二〇一四年

二〇一五年

二〇一八年

二〇一九年

二〇二〇年

二〇二一年

・本書の一頁から一六九頁までは、ブレイディみかこ『ヨーロッパ・コーリング――地べたからのポリティカル・レポート』(二〇一六年、岩波書店刊)にも掲載されたYahoo!ニュース個人の記事より、本書刊行に際して選択して掲載したものとなる。
・一七〇頁以降は、六種のコラムや時評を新たに収録した。初出が連載の場合も、本書の構成を検討の上、選択したため、連載回のすべてを掲載したとは限らない。
・本文各章の冒頭日付下の記載は、以下の初出媒体を示す。

Yahoo!　Yahoo!ニュース個人
PANIC　NTT労働組合機関紙『NTT労組』「PANIC」(二〇一六年一〇月〜)
欧州季評　『朝日新聞』「欧州季評」(二〇一七年六月〜)
紙つぶて　『東京新聞』「紙つぶて」(二〇一八年七月〜一二月)
図書新聞　『図書新聞』新年特大号特集「世界の視座　UK」(二〇一九年、三三八一号・二〇二〇年、三四二九号・二〇二一年、三四七七号)
社会時評　『中日新聞』『東京新聞』『西日本新聞』『北海道新聞』「社会時評」(二〇二〇年四月〜二〇二一年三月)(掲載日は新聞によって異なる。本書の日付は『西日本新聞』に掲載された日を示す)

・いずれの原稿も、本書収録にあたって補筆や整理を施した。
・本文中の英国通貨ポンドに補った日本円は、二〇一六年までは一六〇円、二〇一七年以降は一五〇円で概算したものである。ポンドは値動きが激しいため、執筆当時の貨幣価値を正確には反映できていないことをご了承賜りたい。

二〇一四年

子どもの貧困とスーパープア

二〇一四年三月一八日　Yahoo!

英国で子どもの貧困の問題がクローズアップされるようになって久しい。

例えば、朝食用のコーンフレークなどを買うと、パッケージに「子どもたちにブレックファストを」といったスローガンが書かれ、小学生たちがシリアルを食べている写真が印刷されていることがある。「なるほど。朝食を抜いて学校に行く子どもが増えてるから、ヘルシー・ライフを推進するために食品会社がキャンペーンをやってるのね」と一見、思える。

しかし、そうではない。あれは「朝食を抜ける」身分の子どもたちではなく、「朝食を食べることができない」子どもたちにブレックファストを与えるキャンペーンなのだ。写真の下に小さく印刷された文字を読んでみれば、「当社は、子どもの飢餓を根絶し、すべての子どもに朝食を与えるためのキャンペーンを行っています」と書かれているのに気づくだろう。

英国の貧民街には、三食ご飯を食べることができない貧しい子どもたちのために、学校やコミュニティ・センターで、子どもたちに無料で朝食を食べさせている慈善団体のブレックファスト・クラブが存在する。「子どもの飢餓」なんて、いったいいつから英国は発展途上国になったのか、と思ってしまうが、格差の拡大が進むと、先進国にも発展途上国並みの貧しい暮らしを送る人々が出て来る。

一昔前なら、子どもに食事を与えない家庭というと、親がドラッグやアルコールに耽溺して養育放棄しているアンダークラス家庭というイメージで見られた。いわゆるブロークン・ブリテンというやつである。が、現代社会のリアリティは異なる。親が働いている家庭で、子どもたちが満足に食べられないのだ。

先の労働党政権のトニー・ブレア元首相(任期一九九七―二〇〇七年)は二〇一五年までに子どもの貧困を根絶すると宣言した。二〇〇五年までには、七〇万人の英国の子どもたちが貧困から脱出した。これは当時の貧困層の子どもたちの数の四分の一に当たる。彼らの親の多くが仕事に就いたり、生活保護の給付額が上がったりしたせいである。この数字は、国際的にも英国への称賛を集めた。

しかし、二〇〇五年を境に英国では子どもの貧困率が再び上昇を始める。働いている親たちの給与の上昇率を超えて、物価が上がり始めたからである。もはや親が働いていることが貧困から子どもを救う要因ではなくなった。二〇〇五年の時点で、すでに貧困家庭の子どもの約半数が勤労家庭の子どもだったのである。

二〇〇六年に労働党政権の子どもの貧困問題アドバイザーに就任したリサ・ハーカーは、英紙『ガーディアン』(The Guardian)にこう書いている(二〇一四年三月四日)。

「私は労働年金省担当の分野だけにリサーチ対象を絞り、他の省庁が関わった問題には首を突っ込まないつもりだった。だが、そのうち私は社会の格差や不平等性の問題と向き合わずにはいられなくなった。そして最終的には「富の分配、収入、社会における機会の均等性といったより広範な部分で変革が起こらなければ、子どもの貧困が根絶されることはあり得ない」と報告書に書くしかなかった」

二〇一〇年から再び英国の子どもの貧困は減少しているが、これは貧しい家庭が減ったわけではなく、金融危機の影響でミドルクラス家庭でも収入が減り、全家庭の可処分所得の平均が下がったからだ。つまり、それ以前と同じかそれ以下の収入でも、貧困しているとは見なされない家庭が出て来たからである。これに緊縮財政による生活保護の大幅カットが進めば、二〇二〇年までには子どもの貧困は根絶どころか大幅に増大するだろうという。

現在、貧困家庭の六六%が勤労家庭だそうだ。働いても働いても生活苦を強いられ、親も子も食事を抜いているという凄《すさ》まじい現実が見えてくる。二〇一三年に政府が発表した報告書では、英国の家庭の二七%が貧困しているという(地域別ではマンチェスター中心部がワーストで四七%)。

「世界で七番目にリッチな国が、そうした状況であるという事実は受け入れがたい」と特定非営利活動団体のオックスファム(Oxfam)は言う(『ガーディアン』二〇一四年三月一七日)。

が、これがキャピタリズム(資本主義)を推し進めた国の成れの果てだとすれば、今後の世界は、たとえるなら「リッチ層は世界で七番目にリッチだが、プア層は世界で七番目にプア」みたいな一国二極化というか、国民所得を押し上げているのは一握りのスーパーリッチ層で、下層は世界でも有数のスーパープアというまことに極端な時代になる。世界第三位の経済国である日本でも餓死者が出ているというから、やはり世界はその方向に向かっているのだろう。

「キャピタリズムというのは、一定数の無職者を出さなければ成り立たないシステムだ」

英国の映画監督ケン・ローチはそう言ったことがある(二〇一一年放送、BBCニュース24『ハード・トーク』)。七七歳の彼は労働組合を信じる人なので「無職者」という言葉を使ったのだろうが、これは、

「キャピタリズムというのは、一定数のスーパープアを出さなければ成り立たないシステムだ」

と言い換えることもできる。

「無職者を仕事に復帰させる。生活保護制度を見直す」という、子どもの貧困問題への取り組み法は、トニー・ブレア時代から現在まで何ら変わっていない。

だが、そんな小手先だけの政策はまったく機能していない。どころか、状況は悪くなっている。ドラスティックな社会の改革がなければ、二一世紀の下層の子どもたちは飢え続ける。

というようなことは、いちいち素人が指摘しなくとも歴代政権は前世紀からすでにご存知だ。しかし彼らはいつまでも同じような「とりあえず」的な取り組みを続ける。いったいなぜだろう。

本気じゃないからである。

それはちょうど、大企業が社会貢献イメージ戦略の一環として、自社製品のパッケージに「子どもたちにブレックファストを」キャンペーンの写真を載せてみるのと似ている。

それはいつも箱の裏側の一番目立たないところについている。まったく貧困など想像させない、健康そうなモデルの子どもたちが明るい光の中で笑っている。

そしてキャピタリズム社会の忙しい大人たちは、むしゃむしゃと一箱自分のブレックファストを食べ終わると、そんな写真にはまったく気を留めることもなく、ゴミ箱の中に放る。

ハラール肉と排外ヒステリア

二〇一四年五月二三日　Yahoo!

英国のピザ・エクスプレスというチェーンレストランが、ハラールと呼ばれるイスラム教の流儀で処理した鶏肉を使用していたことがわかり、大きな物議を醸している。

このハラール肉というのは、イスラム教で厳格に定められた屠畜、解体などの方法で処理された肉のことであり、最近ではスーパーなどでも普通に販売されているが、ピザ・エクスプレスはメニューにハラール・チキンを使用していることを明記していないため、イスラム教徒以外の人々も知らずにそれを食べていたことが判明してスキャンダルになったのだ。

ピザ・エクスプレスの客が何も知らずにハラール・チキンを食べていたというのは、つまりこういうことである。彼らが食べていたチキンは喉を斬られて血抜きされた鶏であったということ。そしてその鶏には殺されたときにイスラム教の祈禱が捧げられていたということ。

これが英国民の間でヒステリックなまでのリアクションを生み出しており、何が大騒ぎの原因なのかというと、それは三つに分類できる。

まず一つ目は宗教的な理由。これはまあ理解できる。イスラム教以外の一神教の宗教の信者が、他の宗教の教義に従って処理されたものを口に入れることは気が引けるということはあるだろう。が、感触として、こういう理由で本気で怒っている信仰深い英国人は今どきまずいない。

そして、二つ目。大きくクローズアップされているのが、動物愛護の見地からの非難である。つまり、普通に殺されている鶏よりも、ハラール処理で殺されている鶏のほうが、残酷な方法で殺されているというのである。しかし、『ガーディアン』によれば、ハラール・チキンと普通のチキンの屠畜法にはほとんど差はないのだという(二〇一四年五月一二日)。というのも、イスラムの教えでは鶏は生きた状態で喉を切断されなければならないので「野蛮」と言われるが、英国ではハラール肉になる家畜の八八%が殺される前に麻痺状態にされているという。

一方、一般的なチキンのほうは、鶏を逆さに吊り下げてベルトコンベアで順番に電気ショックを与え、気絶させてから首を斬るか、または巨大なガス室で殺しているという。そうなってくると、一般的な屠畜法のほうが「優しい殺し方」とは言えない。

動物を愛する人々にとっては「殺されるときに意識があったかどうか」が重要ポイントになるだろうが、その点を消費者にきちんと知らせろというのであれば、レストランのメニューや食肉店に「こちらの肉になった動物は無意識のうちに殺されました」というレーベリングが必要なのであって、ハラール肉を表示しろという問題とはまた別物になってくる。

そして三つ目。これが一番根深い。それは宗教や動物愛護とは何ら関係のない国民的パニックである。つまり、「知らないうちにムスリムがこんなところにまで……」という心情的な怖れである。右傾化が著しい英国にはいくつかの極右政党が存在するが、その一つである英国国民党（BNP）は、ハラールは「石打ちや首斬りを行う恐ろしい野蛮な文化の慣習」であり、「我々の伝統や慣習を蝕《むしば》む」と表明している。

ムスリムは現在英国の全人口の五％弱であり、英国で消費されている食肉の一二％から一五％がハラール肉だという。が、これがバーミンガムのようなムスリム人口の高い地域に行けば男児につけられる最もポピュラーな名前のリストに「ムハマド」が入っているし、同地域では二〇五〇年までにはムスリム人口が英国人の数を抜くと言われている。徐々に国内で拡大していくムスリムの存在感が「国を乗っ取られるかも」という不安につながっているのは間違いない。

イスラモフォビアという言葉もある通り、ムスリムに対する嫌悪感を持つ英国人は少なくない。『ガーディアン』は、「ムスリム」が「生活保護受給者」と同じように英国人の最も醜いヘイト感情の対象になっているのではないかと指摘する（二〇一四年五月一一日)。

ちなみに、無料配布新聞『メトロ』(Metro)に寄せられた読者レターにはこうした意見が書かれていた(二〇一四年五月七日)。

•どうしてハラール肉について語るときだけ人々は動物愛護運動家になるのだろう。私たちが食べている動物のほとんどは檻に入れられてひどい生活を強いられている。死に方がナイスじゃないということだけを気にするのは変だ。
•イスラム教を信じないのなら、イスラム教の祈禱が肉に影響を及ぼすとは思わないだろうし、動物のことが気になるのなら、最初から肉は食べないだろう。人道的な屠殺は幻想だ。
•ムスリム人口は国内人口のたった五%なのに、後の九五%を排除するのか。自分はもうピザ・エクスプレスには行かない。
•「気に入らないならピザ・エクスプレスに行かなければいい」という論調はおかしい。ハラール肉を使っていることが消費者に知らされていなかったら、その決断すらできないではないか。

だんだんサッチャーみたいなことを言うようになってきたキャメロン首相(任期二〇一

〇一二〇一六年)は、「英国は伝統的なキリスト教徒の価値観に立ち返るべき」と発言しているが、そういえば最近、ナンドーズ(Nando's)という鶏肉料理のチェーンレストランで豪快にチキンを頬張る姿を取材陣に撮影させて庶民派をアピールしていた。が、いったいあれは良きイングリッシュ・クリスチャンが殺した鶏だっただろうか？ナンドーズも英国内三一四店舗中、三四店でハラール肉のみを使用しているようだが。

アンチ・ホームレス建築の非人道性

二〇一四年六月一三日　Yahoo!

近年、英国のバス停のベンチの奥行きが異様に狭くなってきた。しかも、それは後部から前部に向かって下向きに傾斜しており、座るというより、半立ちの状態でお尻を預けることしかできない。また、公園のベンチも肘掛けがベンチの両脇ではなく中央に斬新なアングルでついているものや、背もたれと座席の角度が九〇度以下という腰痛の原因になりそうなものなどが出現し、ゆったりと座ることができない。

これらのデザインはいずれもアンチ・ホームレス・アーキテクチャーと呼ばれるものだ。要するにホームレスが長時間座ったり寝転がったりできないようにしてあるのだ。ところが、これをさらに一歩推し進めた建築物がロンドンに登場し、マスコミに取り上げられて大きな物議を醸している。ロンドン市内の高級マンションが、正面玄関の外側スペースに尖ったメタルの鋲《びょう》を打ちつけてホームレスがそこに座れないようにしたのである。コンクリートに突出する銀色の鋲のヴィジュアルは一種異様で、シュールでさえある。まるで鳩除けの棘《とげ》マットの人間版のようだ。

ニュース番組を見ていると、マンション住民はこうコメントしていた(ちなみにこの方はエミさんという日本人女性だった)。

「自分の家の前にこんな鋲が並べてあるのは、本当に居心地が悪いです。ホームレスの人々を動物扱いしているようで」

しかし、別の局のニュースでは、別の住民がこう言っていた。

「良いアイディアだと思います。物乞いやホームレスがここに寝ているとビル全体の外観に影響しますし、第一、ナイスじゃありません」

このマンションがあるロンドンのサザーク・ブリッジ・ロードは、ワン・ベッドルームの単身者向けマンションの価格が五〇万ポンド(約八〇〇〇万円)だという。いわばお洒落《しゃれ》なリッチ層のための高級住宅地である。この界隈にホームレスが増えたのは、近隣のウォータールー地区の「ホームレス締め出し作戦」の影響だという。

こうした建築物が出て来た背景には、格差が広がっているのに、その一方で貧困層の現実が都市生活の中で見えにくくなっているという風潮がある。例えば、ホームレスに関する誤解はその典型だ。

「ホームレスとして生きることは、個人的なライフスタイルの選択」「貧困は個人的失敗の結果だから、自己責任」「良いシェルターがあるんだからそっちに行けばいい」というようなことを言う人は少なくないし、ホームレスの人間には簡単に福祉の手が差し伸べられると信じている人も多い。

が、この誤解について元ホームレスのライター、アレックス・アンドリューは『ガーディアン』でこう指摘している(二〇一四年六月九日)。彼は貧窮して家を失ったとき、ホームレスが頼れるはずのシェルターがいかに少ないかということに驚いたという。しかも、地方自治体からの推薦がなければ無料のシェルターには入れず、その推薦を受けるには、「当該市町村の住民であることを示す証拠書類」の提出を求められる。つまり、過去数カ月間に自分宛てに送付された公共料金の請求書を持ってこいと言われるのだ。何カ月も友人宅に居候していた彼には当然そのような書類は提出できなかった。あと数日で友人宅を出なければいけなくなって地方自治体のハウジング・オフィスに行ったとき、職員は彼にこう言ったという。

「あなたはまだホームレスではありません。加えて、この住所に来たあなた宛ての公共料金請求書がない」

一晩一四ポンド(約二二〇〇円)の有料シェルターに泊まったこともあるらしい。けれども、一四ポンドは当時の彼の一週間分の食費と同じだったそうだ。加え、十数人の男性が寝ている部屋はアルコールと汗のにおいが充満し、一晩中咳き込んでいる病人もいて眠れず、多くのホームレスがシェルターより路上生活を選ぶ理由がわかったという。

路上生活者を市民からは不可視な場所へと追い立てていけば、貧困者の日常は地下に潜り、都市のパラレルワールドとなる。路上生活者は確かに存在しているのに、その息づかいは聞こえず、人々の意識の中にリアルなものとして存在しなくなる。路上生活者に公共料金の請求書を提出しろなどという、あまりにもアンリアリスティックな要求がまかり通っているのもそのせいだろう。

アンチ・ホームレスの鋲が全国的な話題になったため、ロンドン市長のボリス・ジョンソン(二〇一六年五月退任)は「愚の骨頂。マンション側は早急に鋲を撤去してほしい」と六月九日にツイッターに書いた。

が、そのメッセージにはこんな返信がついていた。

「私はあのエリアの住人です。酔っ払いやジャンキーが路上で寝ています。彼らをかわいそうだと思います。でも、うちの近所にはいてほしくない」

アンチ・ホームレスの鋲が続々と撤去へ

二〇一四年六月一五日　Yahoo!

ロンドン市内の高級マンションが正面玄関の外部スペースに鋲を打ってホームレスが座れないようにしたという話題は、瞬く間に全国的ディベートに発展した。これを受けて大手スーパーのテスコも、ロンドン中心部にある店舗の外側に同様の鋲を打っていると非難されていたが、抗議活動を受けて鋲を撤去したと『ガーディアン』が伝えている(二〇一四年六月一二日)。

六月一一日の夜、テスコのリージェント・ストリート店周辺に、目立つイエローの蛍光作業着を着た謎のカウンター隊が出現し、店の外に打ちつけられた鋲の周囲にコンクリートを流し込み始めたという。覆面芸術家バンクシーの作業員版とでも呼びたくなるような数人の男性たちは、手にしたバケツから黙々とコンクリを流し終えると、素早くストリートの闇に消えていったそうだ。また、六月二一日にリージェント・ストリートで行われる反緊縮・格差拡大反対のデモのルートに同店舗の前が入っており、鋲が抗議活動の標的にされる可能性もあるため、テスコ側は撤去に追い込まれたようだ。

しかし、テスコは鋲がホームレス対策で取りつけられたものだったとは認めておらず、「お客様から、リージェント・ストリート店の外で反社会的行為を取っている人々がいるという苦情を受けて鋲を取りつけました。しかし、鋲をアンチ・ホームレス対策だと解釈し、懸念している人々もいますので、こうした声に応えるために撤去することに決めました」という声明を発表している。

映画監督のケン・ローチが昨年(二〇一三年)設立した左派政党レフト・ユニティもネットで抗議活動を続け、六月一二日には同店舗の前で撤去を訴えるデモを行った。「アンチ・ホームレスの鋲をすべての場所から撤去する運動は今後も続けます。我々は、公共の場が鋲だらけになっているような社会には住みたくありません。ホームレスの人々は鳩じゃありません」と同党のビアンカ・トッドは語っている。

ホームレス支援団体ホームレス・リンク(Homeless Link)のジャッキー・マクラスキーは、「ホームレス除けの鋲の一件は、この国がいかにシリアスな問題を抱えているかという殺伐としたリアリティを露呈しました。鋲が撤去されている動きは歓迎しますが、真の解決は誰も路上で寝なくて済む社会にすることでしょう」とコメントしている。

また、今回の鋲問題が議論になるきっかけとなったロンドンのサザーク・ブリッジ・ロードの高級マンションからも鋲が撤去されたとBBCニュースのサイトが伝えている(二〇一四年六月一三日)。

貧者用ドアとエコノミック・アパルトヘイト

二〇一四年八月四日　Yahoo!

ニューヨークのマンションが、正面玄関とは別に「プア・ドア」(低額所得者用の玄関)を設けているということがスキャンダラスに報道されたとき、わたしが思い出したのは民放局ITVのドラマ『Downton Abbey』(邦題『ダウントン・アビー華麗なる英国貴族の館』)だった。一九一〇—二〇年代の貴族の館が舞台になっているあのドラマでも、優雅な暮らしを送る上階の貴族と、芋の皮を剝《む》いたり破れた服を繕ったりしている下階の使用人たちは別々の玄関を使用している。この「プア・ドア」はすぐ英国人が真似しそうだ。こういうのを見るとDNAがざわつくはず。と思っていると、もうすでにロンドンにはそういうマンションがあるのだそうで、「ニューヨークの話で騒いでいる場合ではない。ロンドンでは貧者の隔離がすでに進行中だ」と『ガーディアン』が伝えている(二〇一四年七月二五日)。

大都市では住宅価格が高騰し、庶民が暮らせない街になっている。そこでニューヨークやロンドンでは、市が「手頃な家賃」の住宅を確保するスキームを考え出した。その一つは、都市デベロッパーが大規模マンション建設を計画する場合、マンション内に一定数の「手頃な家賃」の部屋を含む開発計画でなければ建設許可を下ろさないといったものだった。

こうした背景で富裕層向けのハイクラスな部屋と、庶民向けのベーシックな部屋が同じビルの中に存在する大型マンションが首都圏に登場することになった。が、複数のロンドンのマンションで、豪華なガラス張りの正面玄関はハイクラスな部屋の住民しか使用できず、ベーシックな部屋の住民は別のドアを使用するようになっているという。その事実はマンションのパンフレットにも明記されており、「〔低額家賃の部屋がある〕北棟の住民は、正面玄関とは違うドアを使用。ゴミを出す場所も別に設けられており、北棟の住民は地下駐車場も自転車置き場も使用できません」と記されている。

都市デベロッパーにしてみればマキシマムな利益を上げたいのは道理なので、役所が「一定数の安い部屋も作れ」と要求すれば、その一定数しか作らない。ニューヨークのマンションでは、「手頃な家賃」の部屋が約五〇戸、富裕層向けの豪華な部屋が二〇〇戸以上なので、プア・ドアから出入りする人々は建物の中では少数派になる。デベロッパーが富裕層テナントに対して、「少数派の貧しい人々は別の玄関を使いますし、ゴミ出しも別々の場所ですから、顔を合わすことはありません」と保証しているパンフレットの記述はなかなか強烈なので、「エコノミック・アパルトヘイト」と批判する声が上がり、ニューヨークのビル・デブラシオ市長は、市内のマンションに「プア・ドア」を作ることを禁止する意向を示した。

こうなってくると、ロンドン市長のボリス・ジョンソンも同じように禁止に動き出すだろう。と思われていたが、ボリス・ジョンソンは「プア・ドア」を禁止しないと発表し、こう言った。

「この問題の難しさは、デベロッパーにも言い分があるということだ。彼らは、管理費や共益費などをマンションの住民全員に平等に負担させることはできないと言う。だから、別々の玄関が存在しているのだ」

つまり、富裕層は高額の管理費や共益費をチャージされ、庶民層は低額しかチャージされていない。だから富裕層は豪華な玄関を使用するべきで、庶民層は質素なドアから出入りしろ、というわけだ。キャピタリズムの鏡のような見解だが、キャピタリズムの行き詰まりが国際的に指摘されている現代にあって、英国はディケンズの時代に逆戻りしているように見える。左寄りの新聞、『ガーディアン』電子版の読者コメント(二〇一四年七月二八日)を読んでみた。

・同じ玄関を使うようになれば、スーパーリッチが有り余った資産を貧しい人々のために使おうという気にもなるのではないか。

・アパルトヘイトはネルソン・マンデラが釈放されたときに終わったと思っていたが、英国の都市部には残ってたんだな。

一方、保守派の『デイリー・メール』(Daily Mail)の読者コメント(二〇一四年七月二八日)はこうだ。

・首都圏のマンションに「手頃な家賃」の部屋を含むことを強制する必要はない。
・管理費や共益費を平等な金額で負担できない人々が、負担できる人々と同じ権利を要求するのは理に適っていない。それとも英国は社会主義国なのか？

こっそりと以下のようなコメントも混ざっていた。

・階級戦争が再び始まった。
・ミドルクラスの奴らはイズリントン(ロンドン北部のファッショナブルな高級住宅街)に帰ってラテでも飲んでろ。

ほんの三年前(二〇一一年)の八月、ロンドンの街は暴動の火で燃えていたのだ。

餓死する人が出た社会、英国編

二〇一四年八月六日　Yahoo!

今年(二〇一四年)の初め、「英国人から見れば、日本が平気で餓死者を出す社会であることは、「ひゃー、何それ」(Fucking hell!)な世界びっくりニュースだ」とブログに書いた。が、この文章を全面的に撤回させていただきたい。英国にも、昨年(二〇一三年)七月に生活保護を打ち切られて自宅で遺体で発見された人がいたことが明らかになった。

『ガーディアン』が八月三日付の「誰も無一文で、たった一人で死ぬべきではありません――福祉制裁の被害者たち」という記事でこの男性のことを書いている。同記事によれば、昨年の七月二〇日にハートフォードシャー州スティーヴニッジのフラット(日本のアパートかマンションのような貸家)の一室で、デヴィッド・クラプソンという五九歳の男性の遺体が発見された。死の直接の原因はインスリンの絶対的欠乏による糖尿病性ケトアシドーシスとされているが、電気を止められていたため、冷蔵庫に保管していたインスリン注射は効用を失っており、解剖の結果、胃には何も入っていなかったことがわかった。フラットの中にあった食料は、ティーバッグが六つと、期限切れのサーディーン(イワシ)缶とトマトスープ缶が一つずつ。プリペイド式の携帯には五ペンス(約八円)しか残っておらず、銀行口座の預金残高は三ポンド四四ペンス(約五五〇円)だった。

この男性は軍隊やブリティッシュ・テレコムなどで計二九年間勤務した後、認知症にかかった母親の介護のため仕事をやめた。しかし、三年前に母親が他界してからは積極的に仕事を探していたそうで、職安に斡旋されたワーク・エクスペリエンス・スキーム(無職者を社会復帰させるプログラム。無職者に民間企業で無賃金で働かせ、経験を身につけさせる)にも二度参加し、フォークリフトの免許を取るコースにも通った。

しかし、昨年五月、職安とのアポに現れないことが二度あったので、七月二日の支払いを最後に(英国では生活保護は週払い)、生活保護を打ち切られる。その六日後、彼の口座の残金は三ポンド四四ペンスになった(最低引き出し可能額の五ポンド(約八〇〇円)を下回るため、それ以降は現金を引き出せなかった)。それから二週間後、彼は自宅で死亡した。遺体のそばには履歴書の束があったそうだ。

彼の妹は、最後に兄と電話で話したとき(死亡推定日の数日前)、「スーパーの求人に応募した。先方からの報せを待っている」と話していたという。他人に頼れない性格で、生活保護を打ち切られたことはまったく言ってなかったらしい。「知っていたら食料を持っていったのに」と妹は嘆く。

『ガーディアン』の記事によれば、二〇一三年に英国で生活保護を打ち切られた人の数は約八七万一〇〇〇人。最低で四週間、最長で三年までの「ベネフィット・サンクション」(生活保護打ち切りの制裁)を受けたという。この制裁は、職安が「本気で仕事を探す姿勢が見られない」と判断した人物に下される。制裁を受けて切実に困窮する人には、「緊急ハードシップ手当」として一時金が支払われる制度がある。が、労働年金省が発表したオークリー報告書によれば、生活保護打ち切りの制裁を受けた人々のうち、緊急手当の制度について職安で聞かされていたのはわずか二三%。亡くなった男性の自宅には、役所から緊急手当を案内する手紙が届いていたが、男性は封を開けていなかったという。「兄のような立場にある人は、役所から手紙が届くと、何か悪い報せだと思うので見たくないのです」と彼の妹は語っている。

生活保護打ち切りの制裁措置の最短期間が一週間から四週間に変更されたのは二〇一二年一〇月のことだ。受給金は週払いなので、四週間打ち切られることになれば、貯金ゼロの人は、最初の一週間しか生活できないことになる。こうした制裁は生活保護受給者を社会復帰させる方策として機能していないと、慈善団体は指摘する。「何で腹を満たすか、どこで雨風をしのぐかということに必死で、職探しどころではありません」とホームレス支援団体クライシス(Crisis)の代表は言う。

職安のミステイクで生活保護が打ち切られる場合もあるそうで(役所の事務ミスの多い英国ではいかにもありそうな話だ)、リタ(三〇歳)は、彼らが斡旋した仕事の面接に行っていたために職安のアポ時間に行けなかったのに、いきなり予告なしに生活保護の支払いを止められたことがあるという。「何も食べていないと家族や友人に打ち明けるのは辛かった。大卒の私がどうしてこんなことになっているのかって……」とリタは言う。健常な人でさえそうなのである。ましてや亡くなった男性のように持病を抱えていればどうなるかは容易に想像できる。

労働年金省の職員にも、生活保護打ち切り政策に疑問を感じている人々は多い。労働組合が五月に行った調査によれば、労働年金省に勤めている組合員の七〇％が「生活保護の打ち切りは、生活保護受給者を社会復帰させる方策として機能していない」と答えている。

その一方で、労働年金省をやめた職員たちが、「jobseekersanctionadvice.com」というサイトを立ち上げ、生活保護を打ち切られた人々へのアドバイスを行っている。サイト創設者の一人である五四歳の匿名希望の女性は、労働年金省の方針に我慢できなくなって職場を去ったそうだ。

同記事によれば、先週の月曜日(七月二八日)に同サイトに寄せられたメールは二〇〇通で、そのほとんどは生活保護を打ち切られた人々からの相談だったが、サイトを手伝いたいというメールが六通あり、労働年金省の職員からのボランティアのオファーが二通あったという。

「私は優秀な職員として表彰されたこともある労働年金省のスタッフでした。でも、今回の生活保護打ち切り政策だけは間違っていると思います。被害を受けるのは、最も弱い人々です。最も弱い立場の人々が簡単に制裁を下せるターゲットになっています。彼らは反論もできないし、ルールを理解することもできないからです」と同サイトの創設者は話している。

ガザ地区の死人や、エボラ熱での死人の数がメディアのヘッドラインを飾る時代に、わたしが住む貧民街のストリートにも死にかけている人がいるのかもしれない。それはわたしにとっては何よりも切実なニュースである。

「ゆりかごから墓場まで」と謳《うた》われた国は、働かない人間を墓場に送る国になった。デヴィッド・キャメロン首相は、ゼロ年代のアンダークラスの台頭や下層社会でのモラルの低下を「ブロークン・ブリテン」と呼び、荒れた社会の修復を約束して政権に就いた。

だが、本当にブリテンが壊れ始めているのは今だ。

英国式『マネーの虎』で失業率を下げる方法

二〇一四年八月二一日　Yahoo!

英国経済はストロングな回復を見せている。と言われて久しいのだが、生活者から見れば、ちっとも回復してないばかりか、ますますひどくなっている。

英国政府が「回復」の証拠としてまず挙げているのは失業率の低下なのだが、実際には英国の失業者は減っておらず、数字が下がっているのは、「ゼロ時間契約」と呼ばれる一定の雇用時間を保証されない(つまり、要るときだけ雇用主に呼び出される。お呼びがかからないときは収入ゼロ)雇用形態で働く人々や、「失業者」ではなく「職業訓練中の求職者」として職安に登録されている人が激増しているからだとも言われている。

この「職業訓練中の求職者」というのがクセモノで、失業者からこの身分になると「職業訓練手当」が支給されるのだが、それが結局は失業保険とまったく同じ金額という、要するに名目上の失業者数を減らすためだけの失業率粉飾法である。しかし、それでも訓練というのはポジティヴなことには違いなく、大工になる訓練とか、チップスを揚げる訓練とか、何がしかのトレーニングがあるのだろう。と思っていたわたしは完全に間違っていた。

『ガーディアン』の記者アレックス・アンドリューが、友人のシュールな職安体験について書いている(二〇一四年八月一三日)。

記事中でJと呼ばれているこの女性はあるメディア企業に勤めていたが、リストラされたため、失業保険の手続きをするために地区の職安に行ったらしい。そこで「失業者」ではなく「職業訓練中の求職者」として登録されることになった彼女は、就業アドバイザーからこう質問されたらしい。

「何か趣味はありますか? 例えば、物をこしらえるような」

「私、編み物がけっこう好きですけど」

と答えたのが運の尽きで、就労支援アドバイザーが勝手に彼女の社会復帰プランを作り始めた。そのプランとは、彼女が自分で編んだニット製品をオンライン・オークションサイトのイーベイ(eBay)で売り、趣味の編み物を活かした起業家になるというものだった。

彼女はそういう方向は気が進まなかったので抵抗したそうだが、有無を言わさず一週間の「起業家コース」に送られ、コースの一日目にはBBCの番組『Dragons' Den』のエピソードをまとめて見せられたそうだ(『Dragons' Den』は日本のテレビ番組『マネーの虎』を下敷きにして作られた番組。フォーマットはまるで同じ。起業家になりたい一般人が事業内容のプレゼンを行い、投資家である審査員が投資するかどうかを決定する)。

　彼女は、アドバイザーから貯金でビジネスに必要なリソース(毛糸とか、編み機とか)を購入するように勧められたという。自分で確信が持てないことのために投資させられた彼女は、だんだん不安になり、暗澹《あんたん》とした気分になったそうだが、幸いなことにまもなくメディア業界で安定した仕事が見つかり、現在は職安に買わされた毛糸や編み機をイーベイで売りに出しているという。

　さすがはサッチャーの子どもたち(もう孫たちか)の保守党政権。と記事を読んだときには笑ったが、そう笑ってばかりもいられないのは、この職安における起業斡旋・強要の風潮はキャピタリズムと個人主義の圧政だろうということだ。

　当たり前の話だが、社会は「マネーの虎」になりたい人ばかりで構成されているわけではない。温厚な羊として生きたい人もいれば、雇用主にローヤルな犬として生きるほうが性に合ってる人だっている。そうした人間の多様性を認めず、誰も彼も虎になれ。というのは無茶である。

　日本にも「社畜」という言葉があるらしいが、だいたいこういう言葉を使って「自力本願」だの「インディペンデントがクール」だのいうことが盛んに叫ばれ、安定した暮らしを求める人間の本能が社会悪であるかのように否定される時代には、「あなたたちのためにはお金を使いたくないの」主義の政権がいる。

しかしまあ、職業訓練と称して失業者を集めてテレビ番組のビデオを見せ、自分の貯金を使って起業することを強制し、それで名目上の失業者数を減らしているなどと、為政者の側からすればまったく金がかからず、丸儲《まるもう》けだ。緊縮をやりながら数字の上では景気回復を果たすという高度な技をやるには、このぐらいのビジネス魂が必要だ。マーガレット・サッチャーが他界したというのは誤報だったのではないか。

そんなこんなで紙の上での失業率は下がっているが、下落する平均賃金とインフレ率一・九％のダブルパンチでワーキングクラスの生活は苦しくなるばかりだ。

「ハングリーになれ、もっとハングリーになって、おまえはマネーの虎になれ」と言われても、本当に餓死する人が出ているような社会ではもはや洒落にならない。

海辺のジハーディスト

二〇一四年一〇月一四日　Yahoo!

米国によるシリア領内への空爆で死亡した最初のブリティッシュ・ジハーディストは、イブラヒム・カマラというブライトン出身の一九歳の青年だった。

わたしが住むブライトンという英国南端の街は、英国のゲイ・キャピタルと呼ばれるほど同性愛者の人口が高く、アナキストが多いことでも知られ、英国で初めて（そして今でも唯一の）「緑の党」の国会議員をウエストミンスターに送った街でもある。つまり、ウルトラ・リベラルな土地と言われているのだが、その一方で、最近では「海辺のジハーディスト」の街などと呼ばれ始めている。

死亡したイブラヒム・カマラという青年については、『ガーディアン』やＢＢＣなどあらゆる英国のメディアが取り上げた。

故人の写真を見ると、パーカーにキャップ、大ぶりのフレームの洒落た眼鏡をかけたラッパー風のルックスで、ファンキーなアフリカ系の黒人青年である。またこういう青年がなんで、と思うが、ブライトンからシリアに向かっている青年たちは、こういう感じの子が多いという。

『デイリー・メール』がイブラヒムの母親のロングインタビューを掲載していた(二〇一四年九月二六日)。

シエラレオネ出身の彼女は、難民としてオランダに受け入れられ、そこで知り合った難民の男性と一緒になって四人の息子を産む。しかし、夫婦関係が悪化し、ブライトンに住む友人を頼って英国に渡ってきた。長男のイブラヒムが九歳のときだ。

「ウルトラ・リベラル」なブライトンは、最初はパラダイスに思えたという。外国人のシングルマザーを支援する施設も充実し(拙著『アナキズム・イン・ザ・UK――壊れた英国とパンク保育士奮闘記』(Pヴァイン)に登場する「底辺託児所」参照)、友人もたくさんできた。こうして彼女は地元コミュニティでチャリティ・ショップ(中古品やフェアトレード商品などを扱う非営利の小売店)を営むようになる。

しかし、市から斡旋された公営住宅地を転々とするうちに、地域のすべてがパラダイスではないことがわかってきた。圧倒的に白人が多い公営住宅地では激しいレイシズムを経験することになる。

「三軒の家族が私たちをターゲットにした。ひどい言葉で私たちを呼び、物置を壊されたり、玄関の前に人間の排泄物を置かれたことがあった」

「二五ポンド(約四〇〇〇円)でイブラヒムをボコボコに殴れと雇われた男さえいた。警察に通報したが、まじめに取り合ってくれなかった。イブラヒムはここには馴染めなかった。もちろん、いい人たちもたくさんいる。でも、ここに受け入れられたと心から感じたことはなかった」

が、イブラヒムはレイシズムに激怒して暴力的になったり、ギャングの仲間入りをするようなタイプではなかった。ジョークをとばして周囲を笑わせる、マンチェスター・ユナイテッドとヒップホップが大好きな青年だったらしい。カレッジではコンピューター・プログラミングを学んでいた。しかし、そんな彼がある日ぷっつりとサッカーの試合結果を追わなくなり、夜明け前に起床してコーランを読み始めた。そして一人暮らしのベッドシット(台所付き、バス・トイレ共同の賃貸住宅)で何時間もPCに向かっていることが多くなったという。

ついに今年(二〇一四年)二月二日、イブラヒムの母親は運命の電話を受け取る。

「母ちゃん、僕、今シリアにいるんだ!」

彼女は無言で電話を切ったそうだ。そしてその足で警察に行き、わが子がシリアに行ったと通報した。

だが、イブラヒムの弟たちはフェイスブックで兄と連絡を取り続けた。彼女もそのうち気持ちをほだされ、イブラヒムに「愛しているから帰ってきて」「バカなことをするのはやめて」と呼びかける。が、九月二三日、イブラヒムの一四歳の弟が、ブライトン出身の一六歳の「海辺のジハーディスト」の一人から、フェイスブックで「おめでとう！」というメッセージを受け取る。

「おめでとう！　君の兄は殉教者になった！」

次に家族が見たのは、袋から血と砂で汚れた顔を垂れたイブラヒムの死体の画像だった。


イブラヒムの三人の弟たちは、「海辺のジハーディスト」たちを毛嫌いしているという。『デイリー・メール』がイブラヒムの家に取材に行ったとき、彼の弟たちは友人たちと、イブラヒムがシリアに向かった理由についてディベートしていたらしい。が、非白人の少年ばかりが集まったディベートは、英国人の一般的な論調とはまったく違う方向に進んでいたという。

「アメリカがムスリムの国に爆弾を落として何千人もの人々を殺すと、それは戦争と呼ばれて、ＯＫになる」

ある中東系の少年はそう言ったそうだ。

「だけど、ムスリムが一人の米国人や英国人を殺すと、それはテロリズムと呼ばれる」

イブラヒムの死が報道されたとき、ＢＢＣＴＷＯの『ニュース・ナイト』(News Night)にブライトン出身のジハーディスト、アマー・デガイエスがシリアからのビデオリンクで出演していた。彼は「シリア空爆が続行されるなら、我々のジャブハット・アル・ヌスラ(Jabhat Al-Nusra)もＩＳＩＳと共に戦う」と宣言した。

このアマーという青年は、グアンタナモ米軍基地に五年収容されて英国に戻ってきたオマー・デガイエスの甥だ。オマーは収容中に米軍兵から拷問を受けて片目が見えなくなり、一〇〇万ポンド(約一億六〇〇〇万円)の賠償金を受け取ったことで有名になった。彼はその賠償金でブライトンのマリーナに高級マンションを購入しており、現在はリビア在住だが、ブライトンに残っている親戚縁者、特に若きジハーディストである甥たちと密接につながっていると言われている。彼は「海辺のジハーディスト」たちのヒーロー的存在だという。

イブラヒムも、今年初めにこの「ヒーロー」とフェイスブックを通じて知り合い、ジハードに関する動画を紹介されていたようだ。

「モスクではなかった。息子が洗脳されたのは、インターネットだった」

とイブラヒムの母親は言う。

「英国社会でのムスリムのストラグル(苦闘)を美しい栄光に変えるため、君も参加しろ、という誘惑がムスリムの少年たちを常に襲っている」

この記事が妙に心に残ったのは、わたし自身が、無職者や難民、低額所得者たちの子どもを無料で預かる慈善託児施設でボランティアしていた頃、ミニチュアのイブラヒムみたいな幼児やその母親たちと関わったからだろう。

そして、「ウルトラ・リベラル」と呼ばれる街にも、ポケットのようにレイシズムの温床である貧困地域が存在していることや、そこで非白人系移民として暮らすことの意味を少しは知っているからだ。リベラルで風通しがいい場所ほど埃が集中してとことん汚くなる部分もあるというか、ブライトンにはそういうところがある。

それはまた、ヒューマン・ライツ先進国などというイメージを持たれがちな英国全体の姿でもあろう。リベラルなはずの社会に現実には受け入れられていない、という欧州的偽善が生んだ暗がりが海辺のジハーディストたちをシリアに向かわせている。などという乱暴なことを言うつもりはない。だが、何不自由ない家庭の子どもたちがジハーディストになっているということだけを強調し、「退屈してたんじゃないの」みたいな結論で終わるのもかなり乱暴だ。わたしが知っていたミニチュアのイブラヒムたちがアウトサイダーとして成長して一〇代になり、「世の中なんてファックだぜ!」とヒップホップに熱中して、そこからいきなりジハーディストになる、というのは、感触としてあり得ない話ではないからだ。

最近、テレビでニュースを見ていると、毎日のようにジハーディストの母親たちが出て来る。

「愛しています。お願いだから帰ってきて」

シリアに向かった一五歳の少女や、一八歳の少年に、頭にヒジャブをつけたお母さんたちが呼びかけている。ブリティッシュ・ジハーディストたちは低年齢化し始めている。

「あの子は被害者です。洗脳されたのです」

と彼女たちは泣く。

そんな映像を見るのも、もはや英国では乾いた日常の光景の一つになってきた。

地べたから見たグローバリズム
――英国人がサンドウィッチを作らなくなる日

二〇一四年一一月一八日　Yahoo!

サンドウィッチ工場を新設する英国の食品会社が、ハンガリーから従業員三〇〇人を連れてくるというニュースが英国内で物議を醸している。

英国のブルーカラーの職場が外国人に占領されつつあるという状況は今に始まったことではないので、なんで今さら、と思うのだが、そこで作られるものがサンドウィッチというのが今回の騒ぎの原因のようだ。英国人にとってサンドウィッチとは、日本のおにぎりのようなものである。食パンに具を挟んで三角形に切ったあの食べ物は、ケント州にあるサンドウィッチという地域の領主が好んで食べたことから名前がついた英国のソウルフードだ。日本人が「おにぎりの具は何が好き？」と語り合うように、英国人はサンドウィッチの具で議論する。

その英国人の魂とも言える食べ物を作る工場が外国人をリクルートしてきている、という話題にはやはり心情的にスルーできないものがあるらしく、ＢＢＣのディベート番組でも識者が真顔で議論していたが、「もはや英国人は早朝からサンドウィッチを作る仕事はできないレイジーな民族になった」「英国人は生活保護に甘やかされて労働をしなくなった」「サンドウィッチ作りのような仕事は自分の能力に劣ると考えているジョブ・スノッブが多い」等々、批判の矛先はいつものように下層の自国民に向けられる。

中でも保守系の『デイリー・メール』は、「もう英国にはサンドウィッチを作れる人間は残っていないのか?」という見出しで議論を煽《あお》ったため(二〇一四年一一月九日)、ツイッターには皮肉に溢れた投稿が殺到し、「『デイリー・メール』は正しいよ」というコメントと共に食パンにゲームソフトを挟んだ写真を投稿している人や、「もう四五分も子どものサンドウィッチを作ろうとしているんだけど」という書き込みと共に食パンの上にビールの缶とチョコレート・バーを載せた画像を投稿している人もいた。

そういえば数年前にもプレタ問題というのがあり、当時雇用相を務めていたクリス・グレイリングとロンドン市長ボリス・ジョンソンが、サンドウィッチ・ファストフード・チェーンのプレタ・マンジェの店舗には外国人しか働いていないとして同チェーンを批判した。英国人の若者たちの失業率の高さが前代未聞のレベルに達しているときに、外国人ばかり雇用せねばならぬ理由は何なのかと政府に問われたプレタ・マンジェは、こう説明した(『ガーディアン』二〇一四年一一月一一日、メアリー・デジェヴスキーのコラム)。

- 外国人労働者のほうが良い教育を受けている。
- 仕事の覚えが早く、やる気がある(遅刻したり、病欠したりしない)。
- 残業を厭《いと》わず、フレキシブルに働く覚悟ができている。

これらの事柄は、外国人労働者を好んで雇用する企業が一般的に主張することでもある。

政府から批判された後、プレタ・マンジェは英国人雇用プログラムを立ち上げた。が、英国人雇用者の割合は一七%から二〇%に増えただけで、あまり成功しているとは言えない。ノーザンプトンに新設されるサンドウィッチ工場にしても、地元で閉鎖した工場の従業員たちを集めてリクルート・フェアを行ったりして、雇用省から突っ込まれないようにマニュアル通りのことはやっている。が、「サンドウィッチ作りは失業者たちが好んでしたいと思う仕事ではない」と人事担当者は説明する。

しかし、ぶっちゃけ、この工場が提示している時給はいくらなのだろう。

その時給がもっと高かったら、例えば、英国の若者が質素でも一人で部屋を借りてきちんと食べて光熱費を払える程度の金額だったら、サンドウィッチ作りをしたがる失業者は地元にもいるのではないだろうか。英国では、人間として生活するのに最低限必要な時給(living wage)は七ポンド八五ペンス(約一二六〇円)(ロンドンは九ポンド一五ペンス(約一四六〇円)と言われているが、最低賃金(minimum wage)は時給六ポンド五〇ペンス(約一〇四〇円)だ。そしてサンドウィッチ工場のような場所は、わたしの職場同様、最低賃金に限りなく近い賃金で人々が働く職場なのである。

　そもそも、外国人労働者は、英国では最低賃金に過ぎない金額でも、本国ではいい金額になるから出稼ぎに来る。彼らは外国人同士で部屋をシェアし、稼ぐだけ稼いで帰るのが通常なので、英国内での生活が一定期間苦しくとも我慢できる。また、自分で「けっこういい」と思える金額をもらえる雇用者は、遅刻や病欠をせずにやる気を出して働くものだ。つまり、外国人労働者の美点は、そのまま「満足できる金額をもらっている雇用者」の美点と言ってもよい。

　より根深いのは「外国人のほうが良い教育を受けている」という点だが、これにしても、サッチャーが非産業革命を行い、労働者階級を失業させてアンダークラスという階級を作り出し、後の政権がそれらの人々とその周辺カルチャーを放置したために一部の学校教育現場が荒廃をきわめ、昔だったらサンドウィッチ工場で働いていた層の人々がまともな学校教育を受けていない、という歴史的経緯によるものであり、言ってみればサンドウィッチ工場で働くことに不向きな労働者を作り出したのは英国の政策である。

　ブリテンは、高スキル、高生産性、高サラリーの経済を築いてきたという妄想を抱いている。

だが、高スキルを持つ人の割合は全体的に見ればわずかだし、サラリーの平均を押し上げているのは経済ピラミッド上部の少数の人々だ。そして英国人がサンドウィッチを食べ続ける限り、労働集約型の産業だって歴然として存在するのである。

英国の経済は、経済ピラミッド上部の人々と外国人労働者によって回っていると思えば、ワーキングクラスという言葉が伝統的に誇りを持って使われてきた国の経済から、労働者が完全に締め出されている。

先月、クレッグ副首相と労働党のミリバンド党首が「This is what a feminist looks like.」と胸に印刷されたフェミニストTシャツを着ていたことが女性ファッション誌で取り上げられた。

が、そのTシャツを作っているモーリシャス(英連邦諸国)の工場では、外国人労働者たちが時給六二ペンス(約一〇〇円)で縫製作業を行っていることがわかり、スキャンダルになった。工場で働いている女性たちは一部屋に一六人で寝泊まりし、月給は一二〇ポンド(約一万九二〇〇円)だという。このTシャツは(キャサリン妃のお気に入りブランドの)ホイッスルズ(Whistles)で四五ポンド(約七二〇〇円)で販売されている。ある縫製工の女性は『テレグラフ』(The Telegraph)紙にこう言っている(二〇一四年一一月一日)。

「私には自分がフェミニストだとは感じられません。私たちは閉じ込められています」

グローバルに考え、グローバルに動くキャピタリストたちに、国内の労働者たちは締め出され、外国人労働者たちは閉じ込められている。

地べたから見るグローバリズムとは、労働する者を舐めくさった経済である。

風刺とデモクラシー

――今こそ「スピッティング・イメージ・ジャパン」の復活を

二〇一四年一二月一七日　Yahoo!

英国の若き左派論客オーウェン・ジョーンズが、『ガーディアン』にこんなタイトルの記事を書いていた(二〇一四年一二月七日)。

「笑いたいなら笑え。我々は今こそ風刺を必要としている」

英国で最も売れている政治雑誌は『プライヴェート・アイ』(Private Eye)だ。が、これは政治家や識者が出て来て専門用語やパーセンテージを使ってポリティクスを語っている雑誌ではない。ジョーク満載の風刺雑誌だ。創刊は一九六一年。創刊者はモンティ・パイソンに多大な影響を与えた伝説のコメディアン、ピーター・クックである。彼のステージを見て人生を変えられたというモンティ・パイソンのエリック・アイドルはこう言ったことがある(一九九八年放送、チャンネル4『ヒーローズ・オブ・コメディ　ピーター・クック』)。

「当時の政権はこれまでにないほど安定し、絶対的なパワーを持っていた。だがピーター・クックはステージの上で、為政者を時代錯誤の取るに足らない滑稽な存在にしてしまった。もはや彼らの言うことを真剣には受け取れないほどにね。風刺というのは、ときどきそういうことを可能にできる」

昔のピーター・クックやモンティ・パイソンのような風刺は、現在はネット上で見られる。例えば最近では、右翼政党ＵＫＩＰ(United Kingdom Independence Party 英国独立党)をおちょくり倒したUKIP Trumptonというツイッターのアカウントが有名だ。これは「排外主義のＵＫＩＰの理念は一九六〇年代かと思うぐらい古臭い」というテーマで、六〇年代の子ども番組『トランプトン』(Trumpton)のキャラクターを使って同党を皮肉ったもので、レトロな人形を使った風刺画像が妙にほのぼのしておかしいと話題を集め、ＵＫＩＰが法的手段に訴えると威嚇してアカウントを閉鎖しようとしたほどである。

風刺は破壊分子になり得る。それは為政者にとって政治的に致命的なものにさえなる。風刺は権力というもののバカバカしさを暴き、シリアスな顔で大仰なことを言っている支配者の薄っぺらさを露出させるからだ。為政者の顔からもっともらしい信憑性が剝《は》がれたとき、その主張の正当性は希薄になり、人々は彼／彼女に従うことの愚かさに気づく。

権力者をユーモラスにおちょくるのは英国のお家芸だ。雑誌、映画、音楽、小説など様々な分野でそれは見られるが、民放局ＩＴＶが一九八四年から九六年にかけて放送した人形劇コメディ『スピッティング・イメージ』を超えるものはまだない。当該番組は政治家や王室のメンバー、セレブリティなどの人形に時事問題の風刺劇を演じさせたもので、マーガレット・サッチャーの人形が一番人気のあるキャラクターだった。

サッチャーが近所に住むヒトラーそっくりの老人に政策のアドバイスを求めに行くシーンなどは今見ても抱腹絶倒ものだ（サッチャー「ヨークシャーの炭鉱の組合がストライキをやめなくて」、ヒトラー似の老人「うむ、組合はいかん。最大の組合はソ連だ」、サ「どうしましょう」、ヒ「侵略しろ」、サ「炭鉱を侵略……？　でも大量の失業者は？」、ヒ「軍隊に送れ。強い軍隊が何より大事だ」、サ「まあー、なんて素敵なアイディア！」、とかいう番組を見てサッチャー政権下の英国民はお茶の間で爆笑していた）。「私も年を取ったわ」と鏡を見ながらサッチャーがしみじみしていると、鏡の中のサッチャーが「この世には二人のあなたが存在するの。一人は邪悪なあなた。そしてもう一人はもっと邪悪なあなたよ！」と言ってサッチャーの首を絞め始め、二人（いや、一人か）でぎゃーぎゃー言ってるエピソードも秀逸だった。

サッチャーが閣僚に怒鳴り散らす極悪非道な独裁者として描かれている一方で、野党の労働党はどこまでも無能な政治家の集まりとして描かれていたし、王室のメンバーだって例外ではない。人頭税が払えなくなったロイヤルファミリーが公営団地に引っ越すエピソードさえあった。こうして『スピッティング・イメージ』は高視聴率の長寿番組となり、日本を含む海外にも輸出され、サッチャー人形の顔を模した置き物やティーカップが英国みやげとして売られていた時代さえあったのである。オーウェン・ジョーンズは同記事でこう書いている。

「良質な風刺は、政治なんて退屈だと思っている人々の目を政治に向かわせることができる。政治というのはそれで笑いを取ることも可能なほど、けっこう乱暴で面白いものなんだと気づかせることができるのだ」

だが、現代の英国では、笑われる対象になっているのは生活保護受給者や移民といった下層の人間ばかりだ。貧困賃金しか払わない企業の大ボスとか、脱税富裕層とか、それらを容認している政治家をおちょくって大笑いしてやろうという下からの突き上げが少な過ぎる。

安倍首相は「There is no alternative.」という有名なサッチャーのスローガンを「この道しかない」と翻訳して選挙戦を戦ったそうだ。

彼は鉄の女を高く評価しているらしいが、サッチャーは自分が首相を務めていた時代(選挙中も含めて)に『スピッティング・イメージ』のような番組を主要局が製作・放送することを妨害しなかった。彼女を一方的に批判した番組を見て、庶民が大笑いすることを規制しなかったのである(ということをある英国人に言ったら、「たとえやろうとしたって、この国のメディアが言うこときくわけないじゃん」と言われた)。

ちなみに、日本にも「スピッティング・イメージ・ジャパン」(『ラスタとんねるず'94』の一コーナー)はあった。村山富市人形や細川護熙人形がいて、クイーンの「We Are the Champions」を「連立ちゃんぽん」という替え歌にして歌っていた。ラスト部分の歌詞は、「次ねらっとるのは、小沢~」になっていた。

日本の選挙結果(二〇一四年一二月一四日投開票の衆院選)を伝えるニュースで、BBCニュースのリポーターは、安倍首相は近年の日本には稀に見るパワフルな指導者になったと言っていたが、こうした論調を耳にするたびに思い出すのは『スピッティング・イメージ』のサッチャー人形である。

強い首相がいてこそ成功したフォーマットだったと思えば、日本のメディアは今こそ「スピッティング・イメージ・ジャパン」を復活させるべきだろう。

リベラル・デモクラットと名乗る政党の政権が、二〇年前には許されていた表現の自由を今さらどうこうして「公平な番組づくりをお願いしたい」などと言うはずはないのだから。

トリクルアウトの経済――売られゆくロンドンとディケンズの魂

二〇一四年一二月二九日　Yahoo!

今年(二〇一四年)のクリスマスの英国の話題といえば、『クリスマス・キャロル』の舞台ロンドンで、ディケンズの精神を発揮しようとしたスクワッター(無断居住者)たちの話だった。ラヴ・アクティヴィスツ(LOVE ACTIVISTS)を名乗る若者たちが、長いこと空き家になっている元ロイヤル・バンク・オブ・スコットランドのビルをクリスマスに占拠し、伝統的クリスマス・ランチ(七面鳥、野菜のトリミング、クリスマス・プディングなど)を作って路上生活者に提供しようとしたのである。『ガーディアン』が一二月二三日にこの話題を取り上げると、あっという間にネット上で話題になり、食料や調理器具、現金の寄付が殺到して本人たちも驚いたそうだ。

英国では二〇一二年に居住用建物のスクワッティングは刑事犯罪になったが、商業用建物のスクワッティングは依然として民事上の不法行為のままだ。よって不動産所有者は、スクワッターを追い出すために裁判所の命令を取りつけなければならない。アクティヴィストたちは、現在の建物のオーナーに、「クリスマスが終わったら、建物をきれいに掃除して元の状態にして去る」ことや「わざわざ提訴して、貴重な金や時間を無駄にすることは賢い判断ではない」という旨を手紙にしたためて送ったという。オーナーからの返事は来なかった。アクティヴィストたちはこれに油断し、占拠を実行した。彼らには、ずっと見捨てられている建物を一日(しかもクリスマス)だけ路上生活者たちに開放することはそんなに悪いことだとは思えなかったのである。

が、クリスマス・イヴの日、建物所有者である企業は、高等法院から緊急差し止め命令を取りつけて、彼らを建物から退去させようとした。しかし、アクティヴィストらはバルコニーに立ち一〇時間の抗議運動を展開する。ネットやラジオなどでこの件を知り、彼らを応援する人々が集まって声援を浴びせ始めた。

こうした声を意識したのか、高等法院の裁判官は、彼らが建物内に戻ってホームレスのためにクリスマスのごちそうを料理することができるように、差し止め命令の内容を変更した。おお、さすがディケンズの国、とわたしなどは驚いたものである。

が、その報せを受けて建物内に戻った彼らを待っていたのは警察だった。彼らはその場で逮捕されたのである。しかしなぜか彼らは六時間身柄を拘束されただけで何のお咎《とが》めもなく全員釈放されている。

釈放後、アクティヴィストたちは、七面鳥ではなく、サンドウィッチを作ってホームレスの人々に配った。そして「食料や現金を寄付してくださった方々、返還を希望する人には速やかにお返しします」とツイッターや『ガーディアン』紙上で呼びかけている。

「英国には一五〇万戸の空き家になっている住宅があり、一一万人の路上生活者がいます。建物内を荒らして破壊するスクワッターは昔の話で、本当に住む場所がない人々は、調子の悪い部分は修理し、普通の住宅と同じように大切に住みます。路上生活者の中には、空き家の家主に掛け合い、建物の修繕と警備をする条件で無料で住ませてもらっている人々もいます。政府は、長期間空き家になっている不動産に、ホームレスが短期間住むことができるような法の整備をすべきです」と同団体のクレア・ポーリングは『ガーディアン』に書いている(二〇一四年一二月二六日)。

彼女自身もまたホームレスだそうだ。ロンドンでウエイトレスとしてフルタイムで働いていたが、フラットの家賃が急騰し、もはや払えなくなって路上生活者になったという。

ロンドンの住宅は「海外の富裕層の貯金箱」と呼ばれている。同記事によれば、中国、香港、マレーシア、シンガポールなどの海外企業が、三万戸の住宅が収められた集合住宅を所有しているという。アジア系海外企業によるロンドンの不動産開発は、海外の富裕層が「株より手堅い貯金箱」として買う超高級住宅を提供することが目的であり、そうした住宅はもはやミドルクラスの英国人にも手が届かない。こうした超高級住宅は「売れても誰も住まない家」と不動産関係者に呼ばれているという。おもにアジア系富裕層をターゲットとして作られた高層マンションは煉瓦《れんが》づくりの英国の街並みとは一線を画す近代的デザインのため、すでにロンドンの風景を変え始めている。こうした高層マンションは「買って貸す」ことさえされずに無人で放置されているため、テムズ河畔は「ゾンビ・タウン」と呼ばれ始めている。

「英国は、今こそ伝統的ブリティッシュネスに立ち返るべき」と主張して首相になったのはデヴィッド・キャメロンだが、彼が率いる保守党のロンドン市長、ボリス・ジョンソンは「ロンドンの都市開発には海外資本の協力が必須」と言って首都を海外投資家に売りさばいた。この二枚舌政治で、彼らは赤い煉瓦のディケンズの街を高層ビルの街に変え、富者と貧者が対立したり助け合ったりして「生きていた」ロンドンをゾンビ・タウンに変えた。

一国の政権がやたら「わが国らしさを取り戻せ」などと精神論で愛国を語るときには、その裏側で、形あるものが海外の金持ちにばんばん売られているという現実がある。

ほんの二年前まで英国で居住用建物のスクワッティングが違法でなかったのは、「個人や企業が住宅を長期間空き家にすること＝人間が住むべき場所を貯金箱にすること」を阻止する合理的なカウンター措置でもあった。この法を改正したのも海外投資家誘致の一環だったとすれば、英国はもはやディケンズの精神すら売ったことになる。

クリスマスにロンドンで起きたラヴ・アクティヴィスツの事件について『ガーディアン』が書いた記事(二〇一四年一二月二五日)に、こんな読者コメントが寄せられていた。

●他人の不動産に勝手に入り込んで慈善を施そうというのが間違っている。前もってすべての企業に連絡を取り、路上生活者に七面鳥を食べさせたいのでビルを貸してくれと頼めば良かったではないか。むろん、金融街シティのすべての企業がノーと言っただろうが。

●誰だって勝手に自分の持ち物を使って何かをされたら腹が立つ。その目的が何であれ、そんなことは関係ない。

●若者がこういう草の根の運動をしているとは頼もしい。今は潰《つぶ》されても、きっと将来、芽を出すだろう。

●BBCニュースを見ていても、セント・ルイスで起きていることに詳しくなるばかりで、ロンドンで起きていることは全然報道されていなかった。これって、センサーシップってやつ？

●おびただしい数の商店が、住宅が、オフィス・ビルが、無人の空き家になっている。我々の街は海外の投機家に占領されている。なのに右翼政党支持の排外主義者たちは、不幸の元凶はすべて移民労働者なのだと信じている。なんと気が滅入る、滅茶苦茶な状況だろう。

●保守党政権は「トリクルダウンの経済」を吹聴して国民を騙した。それは単に国民から大切なものを盗んで外国人に売りさばく「トリクルアウトの経済」だったんだ。

二〇一五年

政治を変えるのはワーキングクラスの女たち

二〇一五年一月一三日　Yahoo!

英国では今年(二〇一五年)五月に総選挙が行われる。この国は日本のようにしょっちゅう選挙をやっているわけではないので、前回は二〇一〇年だった。

国会図書館の資料を見ると、英国では女性の投票者数がどんどん下がっている。選挙を追うごとに、男性の投票者数と女性の投票者数のギャップが開いているのだ。

投票しない人々は損をする。若者たちは投票しないから政府から様々なものを取り上げられているし、高い投票率を誇る高齢者層が政権から最も祝福を受けているのは誰の目にも明らかだ。そう思えば、だんだん女性が生きづらい世の中になっているのも頷《うなず》ける。

資料によれば、英国の女性たちは男性よりも労働党に投票する傾向が高いようだ。どうやら英国の女性たちは伝統的にレフトらしい。『ガーディアン』のポーリー・トインビーは、それにはしかるべき理由があると分析する(二〇一五年一月九日)。中絶や離婚をめぐる法の改正、男女の賃金平等、女性の権利向上など、女性問題での進歩をもたらす政策はすべて労働党政権のもとで行われてきたからだ。トニー・ブレアやゴードン・ブラウン時代の労働党政権だって、三歳児と四歳児の保育を時間限定付きながら無料にし、貧しい地域の家族を助けるチルドレンズ・センターを全国三五〇〇カ所にオープンし、育休を拡大、フレキシブルな労働時間を導入するなど、女性を助ける政治を行ったのである。

一方、保守党のキャメロン首相は昨年(二〇一四年)の内閣改造で女性を大量抜擢したりしたが、どこの国でもこういう派手なPRスタントが行われるときにはその裏で地べたの女たちが締めつけられているという現実があるもので、例えば、わたしなどは保育士なので日常的に目の当たりにするが、近年の母親と祖母たちが抱えるプレッシャーは尋常ではない。

労働党政権時代に生活保護を受けながら子どもを育てていたシングルマザーたちが保守党政権の生活保護打ち切り・減額政策で職場復帰を迫られているが、最低保証賃金すれすれの仕事をゲットしたところで上がり続ける一方の保育費用はとても払えない。そこで彼女たちが無料で子どもを預けられる「おばあちゃん」の登場になるが、物価上昇がダイレクトに家計に響いている英国では年金給付開始年齢まで働いているおばあちゃんも多く、彼女たちは孫の面倒を見るために労働時間を減らさねばならず、こちらも生活が苦しくなっている。加え、年金支給開始年齢が六七歳まで引き上げられるので、彼女たちだって働き続けなければならない。これは何もシングルマザーの家庭だけの話ではない。夫婦共働きの家庭とそのおばあちゃんだって似たような状況だ。

キャメロン首相は、こうした働く女性たちのために、現政権は課税最低限度額を引き上げたと誇らしげに言う。が、なぜ多くの女性たちが課税最低限度額引き上げの恩恵に与《あずか》るレベルの所得しかもらっていないのかという根本的問題にはまったく目を向けていない。

とはいえ、こんな世知辛い英国にも、昨年は明るい兆しがあったのだ。それは、こんなひどい時代だからこそ「ふざけんなよ」と立ち上がり、草の根の運動を展開して、実際に勝利した人々がいたということだ。

例えばロンドン東部ではフォーカスE15マザーズの公営住宅占拠運動があった。フォーカスE15というホームレス・シェルターに住んでいたシングルマザーたちが、区の予算削減でシェルター運営が困難になったから出ていけと通告され、空き家のまま放置されていた公営住宅を四軒占拠して自分たちでシェルターを作ってしまったのである。家賃の高騰や空き家(投資目的で買われて放置されている住宅)の急増など、深刻な住宅危機が叫ばれているロンドンで、彼女たちの運動は徐々に市民たちの支持を集め、ついには区長が彼女たちに謝罪するまでに追い込まれた。E15マザーズは『ガーディアン』の二〇一四年のヒーローの一人に選ばれている。

また、ロンドンのエラ公営団地では、団地そのものが米国の投資ファンドに売却され、四倍に跳ね上がる家賃が払えなければ出ていけと言われた住人たちが抗議運動を繰り広げた。住人たちはコメディアンのラッセル・ブランドに協力を要請して首相官邸前デモを行うなど、マスメディアの注目を集めることに成功し、ついには米国の投資ファンドに団地を売却させたのである。団地を買ったのはチャリティ団体で、住人たちはこれまで通り団地に住むことができるようになった。ここでも、怒って立ち上がったのはお母さんたちだった。

「実際に何かを変えることはできない」のが前提になっている進歩的レフトの抗議活動とは対照的に、これらの草の根運動を展開した人たちは、実際に求めるものを勝ち取った。政府や役所が何かをしてくれるのを待つのではなく、「もう彼らはあてにならん」と腹をくくり、下から突き上げる力で状況を変えたのである。

政治とは、上から下に降りてくるものという考え方が固定している。しかし、このベクトルは揺らぐときがある。圧倒的に男性多数で、そのほとんどが恵まれた環境で育ったエリートで、いわゆるマイノリティは希少である国会が、現実の社会を正しく反映しているわけがない。そして昨年、リアルな社会の階層で立ち上がったのはワーキングクラスの女性たちだったのだ。

平和ボケの国では投票率は低いと言われる。つまり、投票率の高い国はマジで切羽詰まった国ということだ。ということはマジで切羽詰まっている層の人々ほど投票所に足を運ぶということであり、であれば女性たちの投票率は上がるだろう。今年(二〇一五年)の選挙の鍵を握っているのは女性層とも言えるのだ。

とはいえ、大衆が社会を変えるチャンスは選挙だけではない。英国は、発する声の影響力の大きさが銀行口座の預金の桁に比例する社会だ。家を取り上げられたワーキングクラスの女たちは、首相官邸前で叫んだが官邸のドアから首相は出て来なかった。しかし、有名コメディアンやマスコミや大衆はちゃんと出て来て、彼女たちの勝利を後押ししたのである。

泣き寝入りはしなかったワーキングクラスの女たちの運動とその成功は、閉塞《へいそく》した社会に灯《とも》った明かりであり、新鮮な風穴だ。

「移民に八つ当たりして右翼政党にのぼせてる暇があったら、現実に自分を苦しめている相手と現実的に戦って自分で現状を変えろ」という地べたの女たちの現実主義は、社会の右傾化に対するカウンター的現象でもある。

聖ジョージの旗を掲げて外国人を罵倒している人々と、直接的な敵を見定め下から上に拳を突き上げている人々。英国の地べたの怒れる人々は二つに分かれてきた。

英国が身代金を払わない理由

二〇一五年一月二一日　Yahoo!

自国民がテロ組織に誘拐され身代金を要求されると、祖国・日本で必ず出て来るのは「危険な地域に自分で行った」「自業自得」といった議論だ。

で、わたしが住んでいる英国は、人権を重んずる欧州国にしては珍しく身代金を払わない国として有名である。それどころか、キャメロン首相は二〇一四年一月に「テロ組織の身代金要求を断固、拒否する」決議案を国連の安全保障理事会に提出して採択を要求したほどであり、加盟国は当該決議を全会一致で採択している(しかし、この決議を守っているのは英国と米国だけで、フランス、イタリア、スペイン、ドイツはこっそりテロ組織に金を流す経路を見つけて身代金を払っている)。

英国が身代金を払わない理由は、「自己責任で現地に行った個人のために血税を使うな」とかそういうことではない。テロ組織は身代金を資本として軍備を拡大し、新たなテロリストたちをリクルートして強大になっていくからだ。例えば、アルカイダ・イン・ザ・イスラミック・マグレブ(AQIM)が身代金で得た収入は五五〇〇万ポンド

（約八八億円）だそうで、ＩＳＩＳも相当な額を稼いでいると言われている。身代金はテロ組織を支えている主な財源なのである。専門家によれば、政府が身代金を払うことは、さらなる誘拐を招く原因になっているという。しかも、複数の国が巨額の身代金を払うとわかれば、テロ組織が要求する金額も上がっていく。

英国が身代金を払わないため、他の欧州人は助かったのに英国人だけ処刑されたという不幸なケースもあった。二〇〇九年に四人の欧州人観光客がマリで行われたミュージック・フェスティバルを見てニジェールに帰る途中でイスラム過激派に誘拐され、政府が身代金を払ったドイツ人とスイス人は助かったが、英国籍の青年は殺害された。助かった他国の人質の家族が大喜びする映像と、殺された英国人の家族の映像のコントラストはなんとも悲劇的だったので、身代金を払わない政府に対して非難の声も上がった。しかし政府はそれでも身代金を払わない姿勢は崩さず、代わりに人質奪還作戦に投入する人材や資源を拡大している。

職場や往来で人と話していてこの話題になると「身代金を払って人命を守るべき」と断言する英国人は非常に少数派だということに気づく。

みんな判で押したように「とても難しい問題だ」と言ってから喋《しゃべ》り始めるのだが、「身代金はテロ組織を拡大させ、もっと多くの人命を奪うことになる」「本気でテロと戦う気なら、各国が一致団結して身代金を払わないようにしなければ、テロ組織に資金援助しているのと同じ」と言う。これは別に識者とかの意見ではない。保育士や近所の青年やパブ店主ら、市井の人々の言葉である。

つまり、はっきりとそうは言わないが、彼らはテロ組織を強大にさせ犠牲者の数を増やさないためには、少数の犠牲者が出るのもやむを得ないと思っているようなのである。ここに来て英国の人々には市井の末端まで反テロの意識が浸透していると思い知らされたわけだが、それはあくまで人質が自分の知らない人のときの話だろう。自分の家族が誘拐されたら、彼らだってそんなに理路整然と社会全体における「コストとベネフィット」の関係を計算することはできない。

英国人の人質で生還しているのは、おもに家族や雇用主が身代金を払った人々である。英国政府は今のところ個人や企業が身代金を払うことには目を瞑《つむ》っている。

庶民は億単位の金が銀行口座に転がっているわけではないので、家族が誘拐されたら国に頼るしかない(英国の場合、諦めるしかない)が、もしも口座にしかるべき金額があったら、「ここでうちの子どもを助けたら、後に多くの人命が失われることになるかも」などと言って身代金の支払いを拒否する人はまずいないだろう。昨年(二〇一四年)、政府が身代金を払わない方針なのに民間の企業や個人が払っていることが問題視されて話題になったとき、『ガーディアン』のナイジェル・ウォーバートンが「身代金を払うことは有害だ。だが、それを人質の家族に言ってみろ」の中で、「身代金を払うことを犯罪にでもしない限り、払う人々は後を絶たない」と書いていたが(二〇一四年一〇月二日)、たとえ犯罪にしたって払う能力のある家族は払うだろう。

英国で議論されていたのは、「自ら危険地域に行った人の家族が責任を取って身代金を払ったのなら別に問題ないじゃん」というタイプの自己責任論ではない。民間が身代金を払うことを犯罪にしてでもテロ組織の資金源を断ち、多数の他者を守るべきではないかという、個人か共同体かのディベートなのである。

「難しい問題だ」と英国人たちが口を揃えて言うのはそのせいだ。

誘拐と身代金の問題となると、英国人はより大きな共同体にとって「何が良いことか」という問題と、個人の命との間でせめぎ合い、民間としては身代金を払える窓口を残しながらも(これはこれで「富める者や大企業の社員だけが助かるのか」という議論を呼んでいるが)、国家としては共同体に対する責任のほうを重視してきたからだ。

しかし、英国がいくらまじめにそんなことでせめぎ合っても、他の欧州国は「身代金の支払いを拒否します」という共同声明に調印しておきながら陰で堂々と身代金を払い続けている。

「私はシャルリー」などと言って各国首脳がパリの街を厳かに行進し、テロに屈しない意志を示していたが、欧州内での足並みは実はけっこうバラバラなのである。

フェミニズムとIS問題

二〇一五年二月七日　Yahoo!

『ザ・レフト――UK左翼セレブ列伝』(Pヴァイン)という本でジュリー・バーチルというライターのことを書いた。この人はUKパンク世代ライター(要するにオーバー五〇)の女王的存在である。で、彼女が昨年(二〇一四年)一一月二二日に『スペクテイター』(The Spectator)誌に発表した記事を最近ずっと思い出していた。以下は抄訳。

ISISのメンバーたちが仮設奴隷市場でクリスチャンの女性たちの値段交渉をしている動画を見た。一人は緑色の瞳をした一五歳の少女を欲しがり、もう一人は銃と物々交換で少女を売れと言っていた。ISISは、少なくともその憎悪に満ちた世界観と行動とに一貫性があるということを思い知らされた。ある意味、他に類を見ないほど正直だ。IRAのような卑劣なテロ集団でも、その腐った組織の中で行われていたレイプや小児性愛を隠し続けようとしたのである。九月にアムネスティ・インターナショナルが「数千人ではないにしろ、少なくとも数百人のヤジーディの女性や子どもたちがＩＳＩＳによって奴隷にされ、暴行を受けている」と主張したとき、ＩＳＩＳはその数週間後にはネット・マガジン『ダービク』(Dabiq)にそれとよく似た行為を行っている自分たちの動画を高らかに投稿した。

だが、多くの左翼たちはまだ彼らのために言い訳を続けている。ＩＳＩＳがこれだけ自分たちの悪行に対してあからさまなのに、それでも一部の奇妙な左翼たちが彼らに同情的でいられるのは、「彼らの女性たちへの仕打ちにもかかわらず」ではなく、少なくとも部分的には、それがあるからだと思うようになった。

ジュリー・バーチルは、ミリタリー系フェミニストを自称するコテコテの男女同権主義者だ。が、わたしの周囲でも英国の女性(&同性愛者)はたとえアナキスト系の人でもＩＳＩＳ側に寄り添うようなことは言わない。というのも、やはり「ＩＳＩＳは拉致してきた少女たちを倉庫に押し込め、三人ずつ呼び出してはレイプしている」だの「同性愛者たちをビルの上から突き落として「処刑」している」だのいうニュースを読むと、「彼らの気持ちもわかるわあ」という方向には行かないからだ。

もちろん、他の理由もあろう。〔中略〕昔の左翼が使った「カラー・チャート」式ポリティクスもある。紛争地域の各陣営の信条体系や、その信条がどのように人間を扱うものかということとは関係なく、原則として、肌の色が濃いほうの味方をしろという考え方だ。〔中略〕だが、もちろん、ダルフールでは左翼はくせ球を投げられた。アラブ系ムスリムの民兵が、黒人キリスト教徒を恐怖に陥れたからだ。うーむ。ムスリムはGOOD。キリスト教徒がBAD。の図式のはずなんだが、待てよ、ここではキリスト教徒のほうが黒人ではないか。〔中略〕左翼の男性たちにISISのシンパが多いのは、人種というより、性別の問題があるのではないか。フェミニズムの行進への抑圧された嫌悪感である。もちろん彼らは死んでもそれを認めることはできないだろうが。

ここまで来ると、いかにもジュリー・バーチルらしいコントラヴァーシャルな（議論好きの）アマゾネスの筆致になってきた。

過去三〇年間、「白人のワーキングクラスは愚かで遅れていて、セクシストでホモフォビックで排他的だ」と言い続けてきた都会の左翼たちが、セクシストでホモフォビックで排他的な思想にシンパシーを抱いている。〔中略〕多くの男性たちが、「ブラザーフッドの世界」での大義検査に合格する相手であれば、彼らが女性に対しどれほどひどいことをしていてもいいと思うようなのである。このゾッとするようなカルチャーは、部分的には「自分は白人の西洋人だ」というバカバカしい罪悪感のせいでもあろう。このビクついた男たちは、たとえ自分たちの愛しい白髪の母親が、一方でISISに、また他方ではアルカイダに凌辱されていたとしても、「いったい彼女のどのような行為が、罪もない若者たちにあんなことをさせてしまったのだろう」と問うているのだろう。私に言わせれば、多くの場合、彼らは単に性的欲求を満たしているだけだ。

英国でもここまではっきりと書く女性ライターは珍しい(半隠居の身のバーチルがこういう記事を書いたということは、よほど怒っているのだろう。実際、彼女はにわかに復活モードに入りつつあり、ISISと女性に関する火炎ビンのような記事を書き始めている)。バーチルは男性たちに嚙みついているが、実は女性の反応だってそれほど違わないと思う。左派の女性ライターたちは、だいたい「ISISの理念とイスラム教は別物だからムスリム差別はやめましょう」みたいなことを書いてそこで停止する。ISISへのアンチ感情をストレートに表現するのは左翼としていかがなものか、みたいな空気があるからだろう。

が、ISISが組織文書で兵士たちに九歳以上の女子と性交することを公然と許可し

(捕捉されたらレイプされる前に自殺する少女たちが続出しているという報道もある)、バス停で赤ん坊に授乳していた女性の乳房に拷問具を突き立て、同性愛者の次は高学歴の女性たちを「処刑」対象にすると宣言しているときに、同じ女たちが目を瞑り、耳を塞ぐのはなぜだろう。彼女たちは自国民ではないのでスルーすると言うのなら、フェミニストとはまたずいぶんとナショナリストだ。

怒った女性は米国にもいた。エリーズ・コリンズ・シールズとジル・コヤマが米国版『ハフィントン・ポスト』(The Huffington Post)二〇一四年九月一九日付の記事で嘆いている。昨年(二〇一四年)の九月といえば、二人の米国人と一人の英国人がＩＳＩＳに殺害された後で、この問題への関心が高まっていたときだった。

彼女たちは同記事の第一パラグラフで、人質が斬首されたことに人々が激怒し国内外で様々なリアクションが起きている様を淡々と書き綴る。そして言うのである。

だが、そこにはＩＳＩＳが継続的に行っている女性に対する凶暴な残虐行為に対する言及はほとんどない。……気づかれていないし、めったに触れられていない。

自国の人質問題には堂々と怒りを表明できても、異国の女性たちの想像を絶する受難には同性の人間ですらあまり怒りを示さないということだろう。シスターフッドは国境も民族も超えるのかと思っていたが、わりと限定的なものらしい(そういえば、それはなかなか階級も超えられない)。

女はまあ闇雲に(外に向かっても内に向かっても)竹槍を突き上げる衝動的な生物ではない(と信じたい)が、そういう攻撃的ヒステリアではない方向で、「彼女たちを難民としてわが国に「積極的に」受け入れましょう」というどっしりとした合唱が、そろそろシスターズの間から突き上がってきてもいい頃だろう。

労働者階級の子どもは芸能人にもサッカー選手にもなれない時代

二〇一五年二月二六日　Yahoo!

英国人俳優エディ・レッドメインが『博士と彼女のセオリー』でアカデミー賞主演男優賞を受賞した。英国からはレッドメインの他にもベネディクト・カンバーバッチが『イミテーション・ゲーム』で主演男優賞にノミネートされていたが、英国では二人の健闘を祈る論調の裏でもう一つの議論が盛り上がっていた。映画界のエリート化を危惧する声が業界内からしきりに上がっていたのである。

オスカーを受賞したレッドメインは名門イートン校でウィリアム王子の「ご学友」だった俳優だ。カンバーバッチもイートンと並ぶ名門私立のハーロウ校(ウィンストン・チャーチルを含む七人の英国首相を輩出)の出身である。英国では公立校は学費無料だが、私立校の学費は平均で年間二〇〇－三〇〇万円。レッドメインやカンバーバッチが行った学校はその中でも特に一握りの特権階級の子どもたちしか通えない学校であり、今や俳優業まで政治家のように超エリートしか就けない職業になったのかと言われているのだ。

伝統的に英国を代表する俳優といえば、チャールズ・チャップリン、ショーン・コネリー、マイケル・ケインなどのワーキングクラス出身の俳優だった。「労働者階級の子どもが成功しようと思ったら、芸能界に入るかサッカー選手になるしかない」と言われた時代もあったのである。ところが階級間の流動性がなくなった二一世紀の英国では、こうした業界も裕福な家庭の子どもに独占されている。子どもを演劇学校やサッカー・アカデミーに通わせる資本が親になければ、才能のある子ですら階級を上っていけなくなったのだ。

「演劇界の人々はみな、多くの俳優志望の若者たちから手紙を受け取っています。でも、私たちにできることには限りがある。演劇学校の費用が高過ぎるのです」

『オブザーヴァー』(The Observer)紙にそう語っているのは007シリーズのM役で有名なジュディ・デンチだ(二〇一四年九月一三日)。

「才能さえあれば、そんな学校に通わなくともブレイクできるという人もいるでしょう。けれどもそれは、本当に至難の業です」と彼女は言う。

王立演劇学校の芸術監督エドワード・ケンプは、年収二万五〇〇〇ポンド(約四〇〇〇万円)以下の家庭の子どもで二〇一四年に同校を卒業した生徒は全体の三六%だったと言う。奨学金制度が充実している王立演劇学校は庶民的な子どもが多いほうだそうだ。生粋《きっすい》の労働者階級出身で、『ハリー・ポッター』シリーズのモリー・ウィーズリー役で有名な女優ジュリー・ウォルターズは同記事にこう語っている。

「どうやったら下層の子どもたちがこの業界に入れるんでしょう？　今だったら私はこの道には進めなかった。子どもたちからたくさんの手紙を受け取ります。でも、なんと答えていいのかわからない。悲しいことです」

一方で、やはりハリポタシリーズで二代目ダンブルドアを演じたマイケル・ガンボンは言う。

「あの素晴らしいイートン校の出身者が演劇・映画界に増えれば増えるだけ良いではないか！　この業界は実力と野心が物を言う。どこの階級出身ということはまったく関係ない」

こうした傾向は映画・演劇界だけではない。

ビートルズ、スミス、オアシスなどの「ワーキングクラス・ヒーロー」を生み出してきたUK音楽シーンでも同様のことが指摘されている。現代のUKヒットチャートは高額な学費のミュージシャン養成校を卒業したミドルクラス以上の若者たちに独占されているのだ。

この傾向は保守党政権が失業保険や生活保護の打ち切り政策を行ってから、さらに悪化している。キャメロン首相はスミスの大ファンとして有名だが、スミスのモリッシーはデビューする前に何年も失業保険をもらっていた時代があった。

俳優やミュージシャンといった「食えない時代」がある職業は、裕福な親がついている若者にしか目指せない時代になったのだ。このことがＵＫロックの衰退につながっているという説もある。

グラスゴーの公立校出身の俳優、ジェームズ・マカヴォイはこの状況に警鐘を鳴らしている。

「上流階級出身の俳優が成功することに問題はないし、誰も彼らを責めているわけではない。だが、僕たちが心配しているのは、社会のすべての人々に芸術の世界に入るチャンスが公平に与えられていないということで、それがまさに今起きていることなんだ。現在は影響を感じなくとも、五年先、一〇年先に必ずその影響が出て来る。社会のほんの一部の階級の人々が芸術やカルチャーを支配するようになると、文化がすべての人間をレペゼンしなくなる。それはフェアじゃないというだけでなく、社会にダメージを与える」

こうした状況は映画界にはすでにダメージを与えているようだ。

『司祭』や『がんばれ、リアム』などの脚本家、ジミー・マクガヴァンは、

「僕はいつも労働者階級の人間の役がリアルに演じられる俳優を探している。ポッシュな人間ばかりが俳優になるようになってきたので、年々それは希少になっていく」

と語っている。伝統的に英国映画といえば、ケン・ローチやマイク・リーといった監督

が撮る市井の人々を描く映画が海外からの称賛を集めてきたのだが、労働者階級を演じられる俳優がいなくなれば、こうしたジャンルも廃れるだろう。

こうした議論がある中で、大きなスキャンダルになったのが今年のＢＡＦＴＡ(英国アカデミー賞)授賞式(二〇一五年二月八日)における故人追悼のコーナーだった。昨年(二〇一四年)一年間に亡くなった映画人を追悼する映像に、『ロジャー・ラビット』『モナリザ』などで有名な英国人俳優ボブ・ホスキンスが含まれていなかったのである。労働者階級出身で知られる彼を追悼映像に含まなかったことは、ＢＡＦＴＡのエリート主義を示していると激しく非難された。コメディアンのデヴィッド・バディエルはこうツイートしている。

「ボブ・ホスキンスが追悼映像から外されていたのは、労働者階級出身の俳優が消えていく時代を象徴しているようだ」

ＢＡＦＴＡは、昨年行われたテレビ界対象の賞の授賞式でボブ・ホスキンスを追悼したので今回の追悼映像からは彼を外したという声明を発表している。

皮肉なことに、先週末(二月二二日)の米国アカデミー賞授賞式で流された追悼映像にはボブ・ホスキンスが含まれていた。

人気取りの政治と信念の政治

二〇一五年三月七日　Yahoo!

『クイーン』(二〇〇六年)という映画でブレア首相の役を演じたマイケル・シーンが、英国の国家医療制度NHS(National Health Service 国民保健サービス)の解体と民営化に反対するマーチに参加して行ったスピーチが話題になっている。

「我々は自分が信じることのために立ち上がらなければならない。だが、何よりもまず先に、何かを信じろ」

マイケル・シーンは、NHSの父と呼ばれる政治家アナイリン・ベヴァンの生涯について語りながら、現代の政治家たちにそう呼びかけた。

英国では二カ月後に総選挙が行われる。右翼政党UKIPが台頭していることもあり、選挙の争点として移民問題が早くからクローズアップされているが、その陰に隠れてしまっている一大争点として、国民の健康と命を預かるNHSをこれからどうするのかという問題がある。

NHSは無料の国家医療制度であり、一九四五年に発足した労働党政権が成し遂げた最大の改革だ。戦後の英国人たちは、チャーチル政権下で格差が広がり、貧困層の老人や子どもたちが医者に診てもらえずに死んでいた戦前の社会に戻ることを拒否した。この辺はケン・ローチ監督の『一九四五年の精神』(The Spirit of '45)というドキュメンタリーに詳しい。戦勝国英国では終戦の年にチャーチルが選挙で惨敗を喫し、「一部の富裕層ではなく、庶民のための政治」を求めた民衆のパワーが労働党政権を発足させたのである。

NHSでは診察・治療は今でも無料だ。例えばわたしの配偶者は無料でがんを治してもらったし、わたしは無料でIVF(体外受精)治療を受けて四十路《よそじ》であっさり妊娠し、無料で出産した。日本の人に言うと「うっそー」と言われるが、戦前の英国人たちだってそんな医療制度の実現など「うっそー、できるわけない」と思っていたのだ。

その奇跡の一大改革を設計し、成し遂げたのは、元炭鉱労働者の保健大臣アナイリン・ベヴァンだった。NHS設立の理念にもなった彼の言葉はこうである。

「病気とは、人々が金銭を払ってする道楽ではないし、罰金を払わねばならぬ犯罪でもない。それは共同体がコストを分担すべき災難である」

そのNHSを民営化し始めたのは当の労働党のトニー・ブレアだった。ブレア元首相は、「労働党でも保守党でもない第三の道がある」と言いながら「とにかく支持率が稼げれば基本理念が右だろうと左だろうと関係ない。全部ぶっ込め」のPR先行政治を行い、「クール・ブリタニア」などと言って国民をいい気分にさせながら、どさくさに紛れてNHSを民営化し始めたのである。保守党のサッチャーが「私の一番出来のいい息子はトニー・ブレア」と言ったわけである。

そのブレアを演じた俳優として有名なマイケル・シーンが(彼は『クイーン』だけでなく、テレビドラマでもブレア首相役を演じている)、一九四五年のスピリットに立ち帰れと労働党議員に呼びかけているのはなんとも皮肉である。

「現在の政治家たちは、用心深くためらいがちで、自分の考えを言うことを恐れている。そのため全政党が当たりさわりのない中立スタンスを取るという泥沼になり、真の価値観らしきものは閉じた扉の向こう側に隠されている。投票先が選べないと人々が感じるのも無理はない」

「僕たちは、互いに支え合う、インクルーシヴで思いやりのある社会を求めているのだろうか? そこでは、すべての人間が成功者でなくとも受け入れられる。そこでは、最も弱く助けが必要な者たちが、他者に金をたかったり盗んだりしている怠け者として見なされることはない。そこでは、僕たちは苦境にある者に背中を向けたり、見捨てたり、彼らの弱さを利用したりしない。彼らは僕たちだからだ。社会というものは存在するのである」

最後の一文がサッチャーの「社会というものは存在しない」の反転であることは明ら

かだが、スピーチの名手と言われた本家ブレアも真っ青の迫力の演説だった。「我々の政治家にマイケル・シーンと同じパッションがあれば」と『ガーディアン』のライター、オーウェン・ジョーンズも嘆いている(二〇一五年三月二日)。

とはいえ、俳優は言いっ放しで拍手だけされていればいい立場だ。あっちを救おうとすればこっちを見捨てることになるという難しい決断や、グローバル化した世界経済のリアリティや、選挙での票集めといった面倒なことは関係ないし、責任を取る必要もない。

しかし、トップのスーパーリッチ層一〇〇〇人が五年後には二倍になっていると言われる一方で子どもの貧困率が上昇を続け、大企業の納税回避が平然と行われている一方でフードバンクには過去最悪と言われる数の人々が食料を求めて押し寄せている時代に、ラディカルな改革を設計し、実現しようと立ち上がる政治家がいないのはなぜだろう。

『一九四五年の精神』によれば、一九四五年発足の労働党政権は、最初は病院だけを国営化するつもりで、NHSなどという壮大な医療制度を作るつもりではなかったらしい。が、それを生温《なまぬる》いとして受けつけず、「どうせやるなら徹底的にやって医療を完全無料にせねば意味がない」と強引に押し切ったのは時の保健大臣アナイリン・ベヴァンだった。ブレアは「右でも左でもない第三の道」を提唱したが、ベヴァンはこう言ったことがある。

「道の真ん中を歩く者は車に轢《ひ》かれる」

ウェールズの貧しい炭鉱労働者の家庭に生まれ、一三歳で学校をやめて炭鉱に働きに出なければいけなかったベヴァンは、貧乏人が病気にかかるとどうなるかということを知っていた。こういう政治家はもういない。政治家は子どもの頃から私立校・名門校に通ったエリートばかりになり、労働組合の奨学金を受けて大人になってから勉強したベヴァンのような政治家はいない。二〇一五年の現代に真冬に着るコートを持っていない子どもたちがいることや、往復二時間歩いてフードバンクに通っている人々がいることを肌で知っている政治家がいない。

政治家が「トリクルダウンであなたの年収を増やします」だの「この国は世界から称賛されています」だのといった耳障りのいいPR用語ばかり発して支持率を稼ぐ人気稼業になる前(いや、日本のことを言っているのではない。英国の政治家はその前からやってきた)、この国には何かを信じ、その信じることのために猛然と戦い、反対者たちを説得した政治家が現実に人々の生活を変えた時代があった。NHSはその最後の名残りである。この名残りには、英国の政治の尊厳がかかっている。

それを守るために情熱的な演説を行っているのが労働党の議員ではなく俳優だという現実を、アナイリン・ベヴァンは墓の下からどんな想いで聞いているだろう。

固定する教育格差——「素晴らしき英国の成人教育」の終焉

二〇一五年四月三日　Yahoo!

ワン・ダイレクションを脱退したばかりのゼインや『トップ・ギア』の司会を降りたジェレミー・クラークソンなどよりよっぽど重要な英国名物が姿を消しつつあることをご存知だろうか。ファーザー・エデュケーション(Further Education)という英国ならではの成人教育システムが二〇二〇年までには存在しなくなるだろうという、聞き捨てならないニュースがある。

わたしは一九九六年から英国に住んでいるが、八〇年代にもロンドンで語学留学したことがある。当時留学した人が必ず一度は読んだのが『地球の歩き方』留学編と言っても過言ではないが、そうした英国留学ガイド本には必ず「英国に行ったらファーザー・エデュケーションのコースにトライしてみよう」という章があった。

ファーザー・エデュケーションは日本語では継続教育と訳されるが、要するにアダルト・エデュケーション(というと日本では色っぽいイメージに取られそうだが)、すなわち成人教育のことである。昔から、英国留学する日本の若者たちは、同国人と集まっては

「五〇歳の人が看護師になるためにカレッジに通っててびっくりした」とか「いい年した大人がみんな何かコースを取って勉強してる。こんな現象、日本にはないよね」とか言い合うのが常で、その「素晴らしき英国の成人教育」を日本で紹介している人々もおられたが、それももう過去の話になるというのである。

ファーザー・エデュケーション(以下、FE)のコースは、地域のカレッジやコミュニティ・センターで行われている公立の成人教育システムであり、大別すると、大学進学をしなかった人が社会に出てから勉強したくなったときに通える大学進学準備コースと、特定の業界に入るのに必要な資格や技能が取得できる専門学校的なコースがあり、その特徴は国家資金によって運営されているので学費が激安だというところにある。

この「いくつになっても人生をやり直せる」教育システムが英国人に与えてきた恩恵は計り知れないが、実は日本人にもこの制度で勉強して帰国して活躍しておられる方々はたくさんいる。FEには音楽や演劇、ファッション、アートなどのコースもあり、製帽コースで学んで帽子のデザイナーになった日本人や、写真技術を学んでフォトグラファーになった日本人、染色を学んでテキスタイル・デザイナーになった日本人なども、個人的に知っている。

現保守党政権が大幅な緊縮政策を始めてから地域のカレッジのFEコースが激減しているのは聞いていたが、二〇一〇年以来、大学で行われているコース以外の成人教育に対する政府予算は四〇％削減されているそうだ。BBCニュースによれば、今年(二〇一五年)から来年(二〇一六年)にかけての予算削減だけでも二四％で、一九万人の成人学生の籍が失われることになる。この勢いでは、二〇二〇年までにはFEは存在しなくなるという。

かくいうわたしもFEのお世話になって保育士の資格を取った人間だ。それは高校から進学する若者が通うカレッジの保育コースとは異なり、一度社会に出た人や、育児を終えたお母さん、保育施設ですでに働いているが資格を持っていない人などのためのコースだった。同じクラスには、女性警察官として荒れた地域で問題を起こす一〇代の子どもたちに接するうちに幼児教育の重要性を痛感して保育士になろうと思ったという人や、障害を持っていた子どもを亡くし、自分のリアルな経験と知識を活かして同じ障害を持つ子どもたちを助ける保育士になりたいと思ったというお父さんもいた。当時は労働党政権がFEの保育士育成コースに力を入れていた時代だったので学費は無料だったし、パートタイムのコースだったので働きながら通えた。ドロップアウトした人もいたが、みんなで助け合って勉強して資格を取った。そして彼らは、高校から進学して資格を取って働き始める若い保育士とはまったく違うタイプの保育士になっていったのである。

FEの終焉《しゅうえん》という議論になると、まず取り沙汰されるのが社会の流動性の問題だ。例えば、一〇代で子どもを産んだシングルマザーは、子どもが大きくなってから何か資格を取ってキャリアを持ちたいと思うケースが多い。まともに学校に行かず教師にも見放されていたティーンが、大人になって何かを猛烈に勉強したくなることだってある。英国の教育格差は知られた話だが、わたし自身、FEの成人向け算数教室で講師アシスタントのボランティアをしていた頃、二ケタの足し算や引き算で躓《つまず》き、マイナス二度とマイナス二〇度ではどちらが寒いのかわからない成人がずらっと座っているのに驚いたものだった。英国という国はとんでもない天才を生み出す一方で、こういう人々も生む国なんだと痛感した。が、彼らが再教育を受けられる場やチャンスを閉ざしてしまえば、子どもの頃に勉強しなかった(またはできなかった)人間は一生涯そのペナルティを引きずることになり、階級が絶望的に固定する。英国のような教育格差の大きい国では、貧困層の引き上げに必要なのは再分配＋再教育だ。

また、そうした階級的な観点だけでなく、FEの消失は、英国のすべての業界において大きな損失をもたらすだろう。前述の保育業界の例を見てもわかるように、人生の仕切り直しをして大人になってから勉強して新たなキャリアに進んだ人々は、業界の人材に重厚さと幅を与えてきたからだ。人材が画一的でない場には、広範な分野での知識や経験というリソースがある。

さらに、五五歳以上を対象とした最近の調査では、半数以上の人々が年金受給可能年齢に達しても働き続けるつもりだと答えている。高齢化が進み勤労年数が長くなる一方の社会が、人生の仕切り直しができなくなる方向に進んでいるというのはなんとも奇妙な話である。

ＮＩＡＣＥ(The National Institute of Adult Continuing Education)の代表はこう語っている。

「僕たちは、若い人たちに国が学費を補助してくれるコースにできるだけ早く入りなさいと言っています。二一歳になってしまったら、もう国から受けられる援助は残っていません」

英国では、移民の受け入れにオーストラリア同様のポイント制を導入し、高学歴・高スキルの移民のみを受け入れるべきという案も出ている。が、自国民の再教育を放棄し、高学歴・高スキルの移民ばかり受け入れるということは、自国民の下層定着化を進めるようなものだ。この案が「英国民のための政治」を謳う右翼政党ＵＫＩＰから出ているというのが笑わせるが、当の労働者階級層がその右翼支持に回っているという事実には笑えない。

住民投票と国民投票——国の未来は誰が決めるのか

二〇一五年五月二〇日　Yahoo!

日本では「大阪都構想」の住民投票が行われたそうだが(二〇一五年五月一七日)、わたしが住む英国では、EU(European Union 欧州連合)離脱の是非を決める投票が二〇一七年末までに行われることになっている。が、この国では離脱のメリットやデメリットの議論以前に「いったい誰が投票するのか」、つまり、これは国民投票になるのか住民投票になるのかという大きな問題が浮上している。

英国のEU離脱問題が報道されるとき、日本語ではなにげなく国民投票と書かれているので、「ああなるほど国民が投票するのね」と片づけられがちだが、英国の場合、実はそんなに簡単な話ではない。

例えば先日行われた総選挙では、投票資格者は英国市民権所有者と英国在住のしかるべき資格を有する英連邦(コモンウェルス)諸国市民、そして英国に住むアイルランド共和国市民だった。

一方で英国内に居住するEU諸国市民も、地方選挙とEU選では投票権が与えられており、スコットランド議会、ウェールズ議会、北アイルランド議会の選挙でも同様の投票権が与えられている。

さらに、ここで話題にのぼるのが昨年(二〇一四年)のスコットランド独立の是非を決める住民投票だ。スコットランドではEU諸国市民に投票権が与えられ、国境の外に住んでいるスコットランド人には投票権が与えられなかった。スコットランドの場合、投票権の付与が、国籍ではなく、居住地を基準として行われたのである。大変進歩的なシステムと評価する人々もいたが、自分の国の運命を決める権利が外国人に与えられ、仕事や学業の関係で外地にいる自国民は黙って見ているしかなかったという批判もあった。また、スコットランドでは、一八歳ではなく一六歳から投票権が与えられたので、英国のEU離脱投票でも同様にすべきという声も上がっている。

『ガーディアン』(二〇一五年五月一三日)によれば、紙に書かれた憲法を持たない英国では、正しい投票権付与のクライテリアというものはない。すべては前例と「市民権と国籍、居住地」のどれを重視するかという政府の信条にかかっているというのだ。

この判断基準の問題で早くも声を荒げているのが右派の人々である。『デイリー・メール』(二〇一五年五月一八日)によれば、与党保守党内の離脱派は「英国民限定で投票権が与えられるべき」と強く主張している。総選挙と同様のクライテリアが用いられれば、有権者数は約四六〇〇万人になるが、このうち英国在住のアイルランド共和国市民と英連邦諸国市民の数が約三四〇万人なので、「英国民限定」ということになれば有権者数は四二六〇万人になるという。

で、離脱派の人々が最も懸念しているのが英国在住のEU加盟国市民に投票権を与えるかどうかという問題だ。ONS（国家統計局）の数字によると英国には二七〇万人のEU諸国市民が居住している。また、逆に他のEU国に居住している英国民は一八〇万人になるという。

英国のEU離脱で最も大きな影響を受けるのは、英国に住んでいる英国民よりも、英国に居住しているEU諸国市民や、他のEU国に住んでいる英国民である。彼らにとっては、これまで通りに就労やビジネスを続けることができるのか、公共のサービスを受けることができるのかという切実な問題が関わってくる。彼らの多くは長年外国に住み、そこで家庭を持ったりして落ち着いており、英国がEUから離脱することになれば、最悪の場合、自国に戻らなければならない人だって出て来るかもしれない。

しかしながら、英在住のEU諸国市民に投票権が与えられたら、彼らは当然離脱に反対するだろうから、投票結果が僅差になりそうな場合、これらの人々が英国の未来を決めることになりかねないと離脱派は懸念する。外国人が国の運命を左右する重要な決定権を持つのはおかしいという論理だ。

「もしも外国人の票が、投票の結果を決めるようなことにでもなったら国民は政府を許さないだろう。彼らは明らかに投票すべきではない。政府も彼らに投票権を与えることを提案しているわけではないので、我々と同じ考えを持っているのだと思う」と保守党議員フィリップ・デイヴィスは『デイリー・メール』に語っている。

しかし、投票が近づけば、先日の総選挙で大躍進を果たしたSNP(Scottish National Party スコットランド国民党)のニコラ・スタージョン党首は「スコットランドの人々にウエストミンスターの投票システムを押しつけるな」とキャメロン首相に詰め寄るだろうし、右翼政党UKIPは「外国人にわが国の運命を決めさせるな」と騒ぐだろう。

キャメロン首相はEUをどうこうする前に国内でこの投票権付与問題における各方面からのプレッシャーの板挟みになり、その中で決断を下さねばならない。多くのEU移民を抱え、そのことがナショナリズムの高まりにつながっている英国で、この問題は下手すると大騒ぎになりかねない。

『ガーディアン』は左派の新聞だが、電子版に寄せられている読者コメントは珍しいほどバラバラだ。

- これは英国人の憲法上の問題だ。それ以外の人々は関係ない。

・長年この国に住んでいるEU諸国市民が総選挙で投票できないということだけでも驚くべきことなのに、EU離脱問題でも投票できないなんてあまりに無茶苦茶。
・英国に五年以上住み、納税しているEU移民には投票権が与えられてもいいと思う。
・自分はポーランド人の妻と結婚している。もしも離脱することになれば、彼女は国に帰らなければならなくなり、そうなれば家族で移住しなければならない。これは国民ではなく、住民が決めるべき問題だ。EU諸国市民だけでなく、永住権を持つすべての住民に投票権を与えるべき。
・もしEU圏からの移民に投票権が与えられたら暴動が起こるだろう。
・キャメロン、よくやった。君のおかげで国がだんだん分裂していくよ。今後二年間、それは激しくなる一方だろう。

『ガーディアン』電子版にはすでに一二〇〇を超えるコメントがついているが、これからこの議論が国中で盛り上がっていくのは間違いないだろう。

キャメロン首相の決断は投票の行方を左右するだけでなく、それはEU離脱投票を超えて、後々まで尾を引くことにもなりかねない。

右翼はLGBTパレードに参加してはいけないのか

二〇一五年六月一二日　Yahoo!

六月下旬のロンドン・ゲイ・プライドのパレードに右翼政党UKIPが参加することが決まった。が、そのことがメディアに取り上げられてLGBTコミュニティ内で大きな物議を呼び、パレードの運営側がUKIPの参加申請を却下する決断に踏み切った。ロンドン・プライド運営委員会は、この決断は政治的なものではなく、あくまでも参加者の安全を保証するためだと発表している(『ガーディアン』二〇一五年六月五日)。

我々の目的は共同体をユナイトすることであり、分断することではありません。我々はこのインクルーシヴなイベントを共同体全体のために行っているので、どんな団体であれ参加を断るという決断は容易に下せるものではありません。ですが今年〔二〇一五年〕は、UKIPに参加を見合わせていただくという結論に達しました。

この決断は、参加者たちの安全を守り、イベントが適切なスピリットの中で無事に終了するよう話し合って下されたもので、政治的バイアスによるものではありません。我々のコミュニティにはUKIPの政策や発言などについて強い意見を持っている人々が大勢います。しかし、例えばスコットランドのEU議会議員デヴィッド・コバーンのように、UKIP党員にもLGBTコミュニティのメンバーがいることは否定できませんし、プライドの目的はインクルーシヴなイベントになることです。しかし、我々が最優先すべきなのは全参加者のことであり、特にヴォランティアのパレード誘導員たちがどんな状況にさらされるかということを考慮しました。

実際、右翼UKIPがゲイ・プライドに参加するというニュースは、多くの人々の「えええっ?」的反応を引き出した。UKIPの党首は「HIV患者には高額な医療費がかかる」と発言したばかりだし、党員にはゲイカップルの養子縁組を「不健康」と言った人や、同性愛者を「ムカムカするクソおかま」と呼んで離党させられた人もいる。だが、UKIPは上半身裸で聖ジョージ旗を振って暴れるスキンヘッドのおっさんたちの右翼政党ではない。(あれでも一応)PRを気にする政党だから、パレード参加は意外性があるしイメージアップにつながると踏んだのだろう。しかも、UKIPには実際に同性愛者の党員が数千人いて、今回の参加は彼らのグループによる申請だったらしいから、決してゲイ・プライドの破壊分子になるのが目的ではなく、平和的に参加したかったのだろう。

「これは多様性とフリーダムにとって悲しい日です。より大きな共同体の一員として、これらの人々が自分自身を表現することを禁じられたのですから」

という声明をＵＫＩＰ側は発表している。

ゲイ・コミュニティでは、多くの人々が「ＵＫＩＰのプライドへの参加禁止」を求める運動に加わり、オンラインで嘆願書に署名していた。クィア・アクティヴィストのデヴィッド・ノートンは『ガーディアン』に寄稿した記事の中でこう書いている（二〇一五年六月五日）。


ＬＧＢＴムーヴメントがメインストリーム化していく中で、人々はゲイ・プライドを社会的・経済的な公正を求めるストラグルとは結びつけなくなった。プライドのパレードは政治的に「ニュートラル」なものになり、〔中略〕「普通の生活」を手に入れるために戦ってきた多くのクィアたちの歴史を消し去った。

我々は虐げられたグループとして、完全な平等への道を妨害するすべての勢力を退けなければならない。〔中略〕クィアは自分たちのコミュニティに影響する部分だけでなく、排外的なＵＫＩＰの理念そのものを拒絶すべきである。

我々のムーヴメントはニュートラルではいられないのだ。

その一方で、少数派ではあるが、ＵＫＩＰを参加させるべきだという声もあった。英国版『ピンクニュース』(PinkNews)には以下のような記事も上がっている(二〇一五年六月五日)。

ＵＫＩＰ内のＬＧＢＴだけが不当に外されている気がする。カトリックのＬＧＢＴグループと彼らにどれほどの差があるのだろう？　長年の間、ＵＫＩＰなんかより、カトリック教会のほうがよっぽどＬＧＢＴの生活に苦難を与えてきた。だが、カトリックのＬＧＢＴグループはパレードに受け入れられている。

プライドの基本理念の一つは、すべてのＬＧＢＴを受け入れるというインクルージョンだったはずだ。僕らはＬＧＢＴの人々について議論しているのだ。たとえ僕らには、彼らが思想的に間違った方向に導かれているように思えたとしても。〔中略〕嫌なものは拒絶して目の前から消えさせれば楽だが、それでは問題の解決にはならない。オープンネスという難しい道こそが取る価値のある進路だ。

いろいろ考えた結果、僕はUKIPを受け入れるべきという方向に傾いている。彼らがプライドを無事に楽しんでくれて、ポジティヴな経験をすることにより、自分が所属している政党は自分(や僕ら)のためを心底思っている団体ではないと気づいてくれればいいではないか。

今年(二〇一五年)のロンドン・プライドには気になることがもう一つある。

それは、映画『パレードへようこそ』のモデルになったLGSM(レズビアンズ・アンド・ゲイズ・サポート・ザ・マイナーズ)のメンバーたちがパレードの先頭を歩くことをオファーされ、断ったというニュースだった。

LGSMは一九八四年から翌年にかけて炭鉱労働者のストライキが行われたとき、ロンドンで彼らのために資金集めに奔走し、炭鉱の人々を支え続けた同性愛者グループだ。ホモフォビックで差別的な地方の労働者と、都会から来た同性愛者たち。そのあり得ない組み合わせの友情は多くの人々を感動させたが、これは本当にあったことであり、LGSMも実在している。

英国で大きな話題になった映画なので、ロンドンのプライド運営委員会はLGSM(映画中ではGLSMになっている)のメンバーにパレードの先頭を歩いてもらおうと考えた。オファーを受けたＬＧＳＭのメンバーは「労働組合のＬＧＢＴグループと一緒に歩きたい」と提案した。あの映画を見た人ならわかるだろうが、それは彼らには重要なことだった。同性愛者と労働者が肩を並べてゲイ・プライドの先頭を歩いてこそ、今年のパレードは特別なものになるはずだった。

が、運営側はその提案を却下した。労働組合は人数が多過ぎるので不可能だという。ＬＧＳＭは「では我々が先頭を歩き、少し離れてその背後を労働組合が歩くのはどうだろう」と提案したが、運営側が「労働組合はＬＧＳＭから一マイル（一・六キロ）離れたＣブロックで行進してほしい」と曲げなかったため、ＬＧＳＭは先頭を歩くことを断ったそうだ。

あの映画のヒーローは同性愛者たちだけではなかったはずだ。あれは、自分たちを差別していた人々を助けた同性愛者だけを「素晴らしい」と讃えた映画ではなかった。

差別的で見識の狭いクラスタと、超リベラルなクラスタが、不信や憎悪の中で互いを知り、怒ったりぶつかったりしながら変わっていく、いわばその両者の結びつきこそがヒーローだったのであり、それこそがこの国を前進させてきたということを思い出させる映画だったのだ。

それを一マイルも離れたところで歩けというのが現代という時代の後退ぶりを象徴している気もするが、それを知っているのか、ＬＧＳＭの共同設立者マイク・ジャクソン

（映画中でもマイク。ジョセフ・ギルガンが演じている）は今回の件についてこうコメントした。

「パレードを先導できればとても嬉しかっただろうね。でも、僕たちはフロントライン（前線）にいる必要はない。正直なところ、僕たちはずっとピケットライン（監視線）にいたということのほうが重要だからね」

ピケットラインは外側からの妨害だけを見張っているわけではない。内側をもまた監視しているのだ。

スコットランド女性首相、現地版ネトウヨの一掃を宣言

二〇一五年六月二八日　Yahoo!

スコットランド自治政府首相でSNP党首のニコラ・スタージョンが、ネット上で感情にまかせた誹謗中傷やヘイト発言を繰り返しているSNP党員たちを一掃する意志を宣言した。

この声明は、女性や同性愛者に対する蔑視的な中傷や、排外的表現、労働党議員への暴力的攻撃の予告などを展開しているSNP党員数人のツイッター・アカウントがスタージョンのアカウントとリンクしていたことを『デイリー・メール』が暴露した翌日に発表された。

SNPは労働党よりも左翼的な進歩的なポリシーで知られるが、その一方で過剰なナショナリズムを剝き出しにする攻撃的な党員も存在し、昨年(二〇一四年)行われたスコットランド独立の是非を問う住民投票の前からネット上での過激な言動が問題視されてきた。スコットランド版ネトウヨと呼べる彼らはメディアにサイバーナット(サイバーナショナリストの略)と称されている(スコットランド版『デイリー・メール』は二〇一四年に彼ら

の身元を特定するキャンペーンも行った)。

ダイハードなナショナリストである彼らは、独立反対派の人々を口汚い言葉で集中攻撃してきたが、中でも大きな話題になったのがスコットランド在住の『ハリー・ポッター』シリーズの作者J・K・ローリングへのバッシングで、彼女が独立反対派に回ったときには、「裏切り者のビッチ」「スコットランドでシングルマザーとして生活保護をもらっていたくせに、その恩を忘れたのか」といったツイートが殺到した。

また、五月七日の総選挙でSNPがスコットランドのほぼすべての議席を獲得したときにも、勝利の美酒に酔うSNP党員がJ・K・ローリングへのサイバーいじめを再開し、「SNP一色になったスコットランドでまだご無事でおられますか?」「スコットランドでは貴様ら左翼の時代は終わった。特にお前だ、くされビッチ」などのツイートが相次いでいた。また、こうした一部のSNP党員は、先日他界したスコットランド出身の元自由民主党党首チャールズ・ケネディの死去に際しても、「売国奴」「酔っ払いの小汚い野郎」(C・ケネディは飲酒の問題を抱えていた)などのツイートを連投して非難された。

SNPは反戦、反核、反緊縮の左翼的政策と、燃えるようなナショナリズムを共存させている特殊な政党である。だから党員や支持者には自分たちのことを右翼だと思っている人々もいるが、サイバーナットたちを党内に抱えていることは、プログレッシヴでポジティヴなメッセージを送っているはずのニコラ・スタージョンの汚点とも言われてきた。「ネットで暴れる愛国主義者たちを容認し、彼らを支持層にしている」「SNPには汚れた側面がある」と批判される材料になっていたのである。

自らのアカウントが数人のサイバーナットとリンクしていたと『デイリー・メール』に書かれたスタージョンは、彼らとのリンクを断ち、「ネット上での言葉による虐待、威嚇、誹謗中傷などをスコットランドの政治から一掃したい」という声明を発表して、SNP党内でネトウヨ的行為を行う人々にはしかるべき処分を課すことを明言した。彼女は他の政治家たちにもこうしたネット・ユーザーたちとの一切のリンクを断つように要求しており、「彼らの暴言や挑発的投稿を容認するのはやめましょう」と呼びかけている。

以下はニコラ・スタージョンがスコットランド版『デイリー・メール』に寄せた声明文「私たちはもっと高いところを目指しましょう」からの抜粋(二〇一五年六月二五日)。

政治的な反論は、それが情熱的で揺るぎなく、オープンで、正直で、相手へのリスペクトを持って展開されていれば歓迎します。たとえその意見が、私なら使わないだろうと思う言葉を使って説明されていたとしても構いません。それが言論の自由というものの本質だからです。〔中略〕しかしながら、私たちの政治ディベートのレベルを、暴力的な脅しやミソジニー、ホモフォビア、性差別、レイシズム、障害者差別などの低みにまで下げることは是認できません。

当然ながら、私はツイッターのすべての投稿を一人で監視することはできません。そこ私は三五〇〇人をフォローし、二三万人からフォローされています。そこに投稿さに投稿されている発言のすべてを個人的にチェックすることは不可能です。しかし、SNPはの党員が一線を越える発言を行い、私たちがそれに気づいたときには、SNPはしかるべき行動を取りますし、過去にもそうしたことがあります。私たちが求めるスタンダードに劣る態度を示している党員には、警告させてもらいます。私たちは彼らにディベートのスタンダードを上げることを要求します。個人的な資質についてではなく、ディベートの論点について語ること、そして虐待的で乱暴な言葉を使うのではなく、パッションのこもったぶれない議論を展開することを求めます。そうできない人々は、必要な場合には懲戒処分を科すということをこの場で明らかにしておきます。SNPには党員の行動規範とネット使用のガイドラインがあるのです。

もちろん、ツイッターによる誹謗中傷が一方向でのみ行われていると言う人は間違っています。それはすべての政治思想を持つ人々の間に広がっているからです。だからこそすべての政党に、スコットランドの政治をこうした行為に汚させてはならないというメッセージを送る必要があるのです。政治家は、個人を中傷するのではなく、論点を議論し合うディベートの、良き手本を示さねばなりません。ディベートのレベルを上げることは、すべての政党の責任です。

一五世紀に初めて出版された印刷物が学習やディベート、デモクラシーの可能性を広げたように、インターネットも二一世紀に新たな可能性をもたらしました。〔中略〕それは社会をより良い場所にする力を持っています。私たちはそれを目指そうではありませんか。

スタージョン首相のこのスタンスは、スコットランドの全政党から歓迎されている。同性愛者であることを理由に、SNPのサイバーナットから激しい誹謗中傷を受けてきたスコットランド保守党党首ルース・デヴィッドソンもこう語っている(ちなみに彼女は同性愛者であることをカムアウトした英国初のメジャー政党党首)。

「来年〔二〇一六年〕五月、スコットランドでは独立投票以来初めての、非常に重要な選挙が行われます。それを個人的な攻撃の場ではなく、理念の戦いにしましょう。公共システムの改善について、教育システムをより良くし、NHSが二一世紀の需要に応えられるようにするにはどうしたらよいのかということについて議論する場にしましょう。

私たちは正当なやり方でそれを行いましょう。スコットランドの誇りになるように」

海外でのイメージアップや外交（オリンピックとか）のためでなく、国内での政治ディベートの質を上げてより良い国をつくるためにヘイトスピーチ対策が必要なのだというスコットランドの政治家たちは、愛国心の新機軸を示している。

ギリシャ危機は借金問題ではない。階級政治だ

二〇一五年七月四日　Yahoo!

「今や、それは階級政治だ。ギリシャ危機はファイナンスや債務返済の問題ではない」というのは、英国の国宝的映画監督であり、政党レフト・ユニティの創設者であるケン・ローチの言葉だ。

ノーベル賞経済学者でコロンビア大学教授のジョセフ・スティグリッツや、『二一世紀の資本』(邦訳、みすず書房)の著者でパリ経済学校教授のトマ・ピケティ、そして先日BBCの「英国で最も影響力のある女性」に選ばれたスコットランドのニコラ・スタージョン首相など、ギリシャ政権への共鳴を表明している人は少なくない(さらに、ここに来てIMFもチプラス首相のギリシャの債務についての主張と似たようなことを言い出しており、EU側と揉《も》めているという説もある)。

先日、ネットでギリシャ危機支援の募金を始めた英国人のことがニュースになっていたが(立ち上げから五日目で募金が一〇〇万ユーロ＝一億三〇〇〇万円を超えた)、これは単に「ギリシャの人たちがかわいそう」という理由だけで行っているわけではない。募金者

にチプラス首相のポストカードが贈呈されていることでもわかるように、ドイツを大ボスとするEUに追い込みをかけられている「シリザのギリシャ」を支持しているからだ。EU離脱の国民投票を控えている英国からこういう動きが出て来ていることは、EUから出たくない＋緊縮派の英国のキャメロン首相にとって心中穏やかではないだろう。反緊縮ムーヴメントは、多くのヨーロッパの為政者たちにとり、さっさと潰してしまいたい厄介ごとの種なのである。

しかし、ノーベル賞経済学者ジョセフ・スティグリッツは『ガーディアン』に寄稿した記事(二〇一五年六月二九日)中で、反緊縮ではなく、緊縮こそが欧州の災いの種なのだと書いている。

五年前にトロイカ(欧州委員会＋IMF＋ECB)がギリシャに押しつけた経済プログラムは大失敗に終わり、ギリシャのGDP(国内総生産)は二五％減少した。これほど故意な、そして壊滅的な結果をもたらした不況を私は他に思い浮かべることができない。ギリシャの若年層の失業率は現在六〇％を超えているのだ。衝撃的なのは、トロイカはこれに対する責任の受け入れを拒否しているということであり、自分たちの予測や構想がどれほど劣悪だったか認めていないことだ。さらに驚くべきことに、彼らは学んでいない。いまだに二〇一八年までにGDP比三・五％の財政黒字を達成するようにギリシャに要求している。

世界中の経済学者たちがこの目標は懲罰的だと非難している。こんなことを目標にすれば景気はさらに悪化する。たとえ誰も想像できないようなやり方でギリシャの債務が整理されたとしても、トロイカが要求する目標を達成しようとすればギリシャの景気下降は続く。

明確にしなくてはいけないのは、ギリシャに融資された巨額の資金のほとんどはギリシャには入っていないということだ。それは民間の債権者への支払いに使われており、その中にはドイツやフランスの銀行も含まれている。ギリシャはすずめの涙ほどの金を得て、これらの国の銀行システムを維持するために大きな代償を払っている。ＩＭＦその他の「公式」な債権者は、要求されている返済など必要ない。いつも通りのシナリオなら、返済された金はまたギリシャに貸し出されるだろう。

これはマネーの問題ではない。ギリシャを屈服させ、受け入れられない条件を受け入れさせるために「期限」を使っているのだ。緊縮だけでなく、他の後退的、懲罰的政策をギリシャ政権に行わせるためにそれを利用しているのだ。だが、なぜＥＵ

はそんなことをするのだろう？

この問いへの回答のようなことを、トマ・ピケティが言っている。

ＥＵ本部とドイツ政府の複数の人々を見ているとこんな感じですね。「ギリシャを排除しろ」

（「bloomberg.com」二〇一五年四月五日）

ピケティ「僕はシリザの党員でも支持者の一人でもない。僕は我々が現在置かれている状況を分析しているだけだ。明確になったのは、経済成長していない国に借金を減らすことはできないということだ。それは機能しない。忘れてはならないのは、ドイツとフランスは一九四五年に巨額の債務を抱えていたが、どちらも完済していないということだ。そして今、この二国がヨーロッパ南部の国々に借金を返せと言っている。これは歴史の健忘症だ！　それは悲惨な結果を伴う」

聞き手「ではギリシャ政府の長年の失態の後始末を他国がやれと言うのですか？」

ピケティ「若い世代の欧州人のことを考えなければならない時が来ている。彼らの多くが仕事を見つけるのさえ困難な状態だ。彼らには、「ごめんね、君たちに仕事がないのは、君たちのお父さんやおじいさんの世代のせいだよ」と言っておけばいいのだろうか？　我々が求めている欧州モデルとは、全世代でコレクティヴに罰を受けている状態のことなのだろうか？　今日、僕を何よりも動揺させるのは、ナショナリズムに端を発するこの利己主義だ」

（「SPIEGEL Online International」二〇一五年三月一〇日）

英国の左派ライター、オーウェン・ジョーンズは『ニュー・ステイツマン』(New Statesman)誌に寄稿した記事(二〇一五年七月一日)の中で「シリザの運命は緊縮反対派を叩き潰すために使われることになるだろう」と書いている。

ユーロ圏の一一％以上の市民を失業させ、スペインの若者の二人に一人を失業させて、貧困者に惨状を味わわせている状況が終わらないのは、EUの「この道しかない」という単純なドクトリンのせいだ。

ギリシャはEU圏の反逆児だ。合法的に選挙で政権に就いてしまった暴徒たちが成功したらどうする？　「この道しかない」の教義は崩壊し、台頭しているポピュリズム左派が勢いづいてしまう。年末までには行われるスペインの総選挙でポデモスが大勝したらどうする？　アイルランド、ポルトガル、イタリア、オランダや他の国々がそれに続いたら？　だからシリザは潰さねばならない。ＥＵ指導者たちはシリザが政権を握る前からそう決めていた。

一方、ケン・ローチは、ロンドンで行われたギリシャを支持する反緊縮デモ（二〇一五年六月二九日）で「ギリシャ危機は欧州政治にとって決定的に重要。シリザが負ければスペインのポデモスの行く手も厳しくなる」と、パブロ・イグレシアスのポデモスを心配している。

また、英国の反緊縮派の女王、スコットランドのニコラ・スタージョン首相はこう書いた（『ガーディアン』二〇一五年六月三〇日）。

緊縮の上に緊縮を重ねるのではなく、オルタナティヴを示すときでしょう。〔中略〕現在テーブルの上に提示されているのは、さらなる緊縮財政という単純な罰課題だけです。それはギリシャが抱える問題をまったく解決していないし、長期的に維持可能な改革に必要なゆとりも与えていない。〔中略〕国民投票に向けての運動で私が学んだことがあります。これはＥＵ指導者たちがギリシャへの対応を行う上でよく気をつけるべきことです。脅しと取られかねない姿勢には大衆は良い反応を示しません。

七月五日のEUが求める財政緊縮策への賛否を問うギリシャ国民投票について、ジョセフ・スティグリッツは『ガーディアン』にこう書いた(二〇一五年六月二九日)。

ユーロ圏が組織化されて一六年が経ち、それはデモクラシーのアンチテーゼになってしまった。欧州の指導者たちはチプラス首相の左派政権を終わらせたがっている。多くの先進国で格差を広げた政策に真っ向から反対し、抑えが利かなくなった富のパワーを縮小しようとするギリシャ政権の存在は不都合だからだ。どうやら彼らは、ギリシャ政権に公約と矛盾する条件を飲ませれば、失脚させることは可能だと思っているらしい。

〔国民投票は〕どちらに入れても大きなリスクを伴う。「賛成」に投票することは、終わりなき不況を意味する。おそらくは、国の資産を売りさばき、優秀な若者はすべて海外に移住する閑散とした国になる。最終的には債務を免除されるかもしれない。縮小して中所得国になり、世界銀行から助けてもらえるかもしれない。それが一〇年後、または二〇年後の姿なのかもしれない。

対照的に、「反対」に投票することは、少なくともギリシャに可能性の扉を開く。強いデモクラシーの伝統を持つギリシャは、自らの運命を自分で摑むかもしれない。たとえそれが過去のような繁栄を意味しなかったとしても、ギリシャの人々が未来を形作るチャンスを手にすることのほうが、現在の不道徳な懲罰よりもはるかに希望がある。

自分ならどちらに投票するか、僕は知っている。

夕べ、BBCのディベート番組を見ていたら、ギリシャ危機についての議論になり、EUや銀行への批判が多く出ていた。「ギリシャ人は五〇歳になったら定年したりして働かないからこういうことになる。自業自得」みたいなことを言っている人は、パネリスト、観客も含めてたった一人だった。

そして何を隠そうこの国も、EU離脱の国民投票を控えているのだ。

英国でEU離脱を訴えているのは移民制限を訴える右派のUKIPだが、緊縮や今回のギリシャ問題では英国の左派もかなりEUに反感を抱き、失望している。このまま右と左の両サイドから徐々に浸食されていけば、EU支持者はどのくらい残るのだろう。

ギリシャを世界の笑いものにして勝ち誇っているEUは、自分たちの足元に深くて暗い墓穴を掘っているかもしれない。

ギリシャ国民投票——六人の経済学者たちは「賛成」か「反対」か

二〇一五年七月五日　Yahoo!

ギリシャでは国民投票が始まった。英国でも朝からニュース番組や政治討論番組でこの話題をやっている。

自分なら「賛成」か「反対」か。ということを様々な人々が語っているが、二日前(七月三日)の『ガーディアン』に、六人の経済学者たちが、もし彼らがギリシャ国民だったら、賛成・反対のどちらに投票するかという記事が出ていたので紹介したい。

▼ジョセフ・スティグリッツ——「反対」

スティグリッツは『ガーディアン』(二〇一五年六月二九日)に掲載された記事中でこう書いている。

「反対」に投票することは、少なくともギリシャに可能性の扉を開く。強いデモクラシーの伝統を持つギリシャは、自らの運命を自分で掴むかもしれない。たとえそれが過去のような繁栄を意味しなかったとしても、ギリシャの人々が未来を形作るチャンスを手にすることのほうが、現在の不道徳な懲罰よりもはるかに希望がある。

▼ポール・クルーグマン――「反対」

ノーベル賞経済学者のクルーグマンは『ニューヨーク・タイムズ』に寄稿した記事(二〇一五年六月二八日)の中で「二つの理由で「反対」に投票する」と書いている。

まず一つ目は、トロイカがギリシャに課している支援条件とは、過去五年間の緊縮政策をそのまま延々と続行しろということであると指摘し、「いったいそれのどこに希望があるんだ?」と書いている。

二つ目は「賛成」に投票することは政治的に非常に懸念される問題を孕んでいるという。

彼らはギリシャが受け入れることのできないオファーを出した。おそらく、相手がそれを受け入れることはできないと承知の上でそうしたのだ。突き詰めれば、実際、それはギリシャ政権を交代させるための行為なのである。たとえ個人的にはシリザを好きじゃない人でも、欧州の理念を信じる人なら誰だって憂慮するはずだ。

▼トマ・ピケティ――「反対」

ピケティもギリシャの債務を整理する必要性と「反対」への投票を呼びかけている。フランスのBFM TVのインタビュー(二〇一五年六月三〇日)で、ピケティは、債権者側から出されている条件は「悪い」と語り、ギリシャをEUから追い出せば、ロシアの腕の中に飛び込んでいくかもしれないと警告した。

それは複雑な選択だが、ここで問われているのは、債権者側から提示されている提案が良いものであるか悪いものであるかということだ。それが質問ならば、僕の答えは明らかだ。悪い提案だ。

▼ジェフリー・サックス――「反対」

コロンビア大学地球研究所長で『世界を救う処方箋――「共感の経済学」が未来を創る』(邦訳、早川書房)の著者でもあるサックスは、ギリシャはユーロ圏に留《とど》まりながら、債務軽減の交渉をすべきだと主張している。それを実現するには、ギリシャとドイツの和解が必要であり、国民投票後に両者が話し合って新たなギリシャの改革プランと債務軽減を考案しなければいけない。しかし、そうするには、まず債権者から出された提案に「反対」して拒否しなければならないと彼は言う(「Project Syndicate」二〇一五年七月三日)。

僕はギリシャの人々に、国民投票で明確な「反対」を債権者たちに突きつけることを勧める。

▼クリストファー・ピサリデス――「賛成」

ノーベル賞経済学者でキプロス出身のピサリデスは、ギリシャに課された緊縮政策は有害であり、「おそらく、長期にわたる失業率の非常な高さを招いた主要な原因」と指摘している。しかし、長期的には「賛成」に投票したほうが良い結果になると『ガーディアン』に書いている(二〇一五年七月二日)。

前進とは内側からの改革であり、問題から逃げることではない。感情的には変化の兆しがすでに見られる。我慢すれば他の部分も変化するだろう。ヨーロッパのほとんどの政治家に、緊縮は欧州大陸の分裂を招き、EUにダメージを与えることがわかっただろう。この後で改革が起こる。ギリシャにはその中で果たせる役割がある。しかしそれもEUに留まってこそだ。

▼ヴィッキー・プライス――「賛成」

英国の経済・ビジネス調査センター(The Centre for Economics and Business Research)経済アドバイザーで英政府経済庁元長官のプライスは、ギリシャの債務問題ではEUとギリシャの両側に責任があると述べ、ユーロ圏全体に政治的、経済的リスクを与える問題になっているという。彼女は「国民投票なんてそもそも行われるべきではなかった」と主張する(『ガーディアン』二〇一五年六月二七日)。

緊縮は行き過ぎていました。しかし、「反対」票は物事を悪化させるだけ。間違いなく銀行は破綻《はたん》するし、EUからは離脱、景気後退のスピードは加速して、ドラクマは再導入されるや否や大きく下落します。「賛成」すれば銀行は営業を続けられるし、ギリシャの現在のリアリティに即した新たな条件が考案され、取引が成立することにもつながる。今ではIMFも、すべての経済学者が継続不可能だと言っている債務について、やはり整理が必要だと言っているのですから。

昨年(二〇一四年)は、メディアでも地べたの会話でも「サッチャー」「連帯」という言葉をよく聞いたが、今年(二〇一五年)聞くのは「希望の政治」という言葉だ。スティグリッツもクルーグマンも、「希望」という言葉を挙げているのは興味深い。

ユーロ圏危機とギリシャ――マーガレット・サッチャーの予言

二〇一五年七月九日　Yahoo!

英国ではこれまで表立ってギリシャ政権支持に回っていたのは、左派と右翼UKIPだったが、ここに来て保守党御用達新聞の『デイリー・メール』まで「チプラス首相は現代のサッチャー」などという主旨の(これまでの同紙の論調からすれば)まさかの礼賛記事を掲載。四半世紀前にサッチャーがユーロについて警告していたこととチプラス首相が言っていることは同じだという。ジャーナリストのピーター・オボーンはこう書いている(『デイリー・メール』二〇一五年七月七日)。

英国がもし単一通貨ユーロに加入していたら、今回の危機は我々にとってはるかに悪い状況になっていただろう。ここには大きなアイロニーがある。欧州の通貨統合は、一九九〇年にローマ・サミットで真剣に議論された。英国首相はマーガレット・サッチャーだった。彼女は、自分たちのお気に入りのコンセプトを押し通そうとするフランスのミッテラン大統領やドイツのコール首相に対し、猛烈に反対した。

彼女の反抗は、英雄的だが孤独で、それが彼女の失脚につながった。〔中略〕数週間後には彼女は退任に追い込まれている。

だが、今になって振り返れば、マーガレット・サッチャーの最後の抵抗は予言的だったとしか言いようがない。〔中略〕実際、彼女の分析は同情的で、深遠だった。他のほとんどの人々と違い、彼女は、一つの国にならなければ単一通貨は機能しないと言ったのだ。単一通貨には、それが使われているエリア全域での財政政策の統一が必要だからだ。さもなくば、各国の政治的正当性が問われることになる。悲劇的なのは、欧州の指導者たちはこの警告を聞かなかったことだ。彼らは、たとえ人民が犠牲になろうともユーロ圏を作って国境を取り除こうと決めた。こうして、それぞれが異なる歴史と、異なる制度と、異なる経済的特徴を持つ一九の国が単一通貨を使うという狂気の決断が下された。

記事はこれだけでは終わらない。ここからチプラス礼賛に入る。

チプラス首相を批判する人々は、彼は気が触れたマルクス主義者だと言う。たぶんそうかもしれない。だが、ユンケルやジャック・ドロール、ミッテランやメルケルといったユーロに過度に固執している指導者に比べると、彼は常識と理性の手本である。マルクス主義者だろうと何だろうと、彼の勇敢な姿勢は、二五年前のマーガレット・サッチャーの直系の後継者だ。彼はサッチャーのように、愛国心を持って国民のために立ち上がり、EUのいじめに抵抗している。目の前には恐ろしいリスクがある。だが、彼はすでに何かを達成した。彼のおかげで、単一通貨に殺されていたユーロ圏のデモクラシーがギリシャで復活したのである。〔中略〕我々英国民は、チプラス氏があの素晴らしい国の新たな未来を築くにあたり、全力で彼を支援しなければならない。

思わずコーヒーカップを取り落としそうになるほど熱い記事なのだが、これまでどちらかというと「シリザもチプラスもクレイジーで呆《あき》れる」的な論調だった『デイリー・メール』がこんな記事を載せているのである。

しかし、マーガレット・サッチャーは、

「社会主義の問題は、そのうち他人からはお金をもらえなくなるということです」

とも言った政治家なので、存命だったらシリザについて何を言ったかわからないが、やはり保守系新聞の『テレグラフ』も今回のギリシャ危機でサッチャーを思い出している（二〇一五年七月七日）。

ユーロは最初から経済的ではなく理念的だった。サッチャーはユーロを「お花畑の国」と呼んでいた。〔中略〕単一通貨を成功させるには政策を一致させる必要があり、それは最終的には欧州の政治的統合と国家崩壊につながるという避けがたいロジックを彼女は理解していた。

サッチャーの秘蔵っ子だった元保守党党首のウィリアム・ヘイグも一九九八年にユーロ圏について「いくつかの国はその罠《わな》にはまり、脱出することができなくなる。賃金は下がり、税金は上がり、失業者が続出する」「それは出口のない燃えている建物に閉じ込められているようなものだ」と演説していた。彼もこう書いている(『テレグラフ』二〇一五年七月六日)。

ユーロ圏首脳会議に出席している指導者たちには、ユーロ発足のときに反対していた我々の予想が正しかったことを思い出してほしい。さもなくば、彼らの前任者たちが一九九八年に行った判断や分析、リーダーシップの致命的失敗を繰り返すことになる。〔中略〕ギリシャは、一七年前に私が予想していたように、燃えている建物の燃え尽きた部屋にじっと座っているよりも早く脱出したほうがいい。〔中略〕ユーロ圏に留まる限り、ギリシャは私たちが生きている間に再生することはないだろう。それは彼らが無能だからではない。彼らの国の経済は、ドイツや他の単一通貨に向いている国々とは違うからだ。〔中略〕これから数十年後、ビジネススクールの学生たちは単一通貨を広げ過ぎることの愚かさについて学んでいるだろう。悲しいことだが彼らの教科書には、二〇一五年のギリシャの大混乱はユーロ危機の終焉ではなく、本格的な始まりだったと書かれているだろう。

こうして英国では、反移民の右翼(UKIP)も、サッチャー好きの保守派もギリシャ政権を支持している。EU残留派のキャメロン首相は、EU離脱投票では保守党党首なのに左派からの票をあてにしていると言われている。が、コテコテの左派ライター、オーウェン・ジョーンズのような人ですら「左翼もEU離脱を考える時が来た」と主張し始めた。

元祖「この道しかない」のサッチャーでさえ反対した「EU圏の政治的統一」が、富国による貧国への緊縮の押しつけという形でリアリティになったように見えるからだ。

近所のパブで飲んでいたら、店主がニュースを見ながら「昔は他国の政府のやってることが気に入らないと空爆したもんだが、今は「借金返せ」になったのな」とブラックジョークをとばしていたが、笑っている人は誰もいなかった。

英国で感じた戦後七〇年――「謝罪」の先にあるもの

二〇一五年八月一八日　Yahoo!

以下は『ガーディアン』の八月一三日から一五日までの日本関連記事の見出しである。

八月一三日　日本、米国人ＰＯＷ〔戦争捕虜〕を人体実験に使った最も暗い瞬間を振り返る
八月一四日　日本の安倍首相、終戦記念のスピーチで新たな謝罪は避ける
八月一五日　日本の天皇、安倍首相よりも第二次世界大戦について謝罪的

一四日の記事は安倍首相の終戦七〇周年談話について、そして一五日の記事は全国戦没者追悼式での天皇陛下の「おことば」についてのものだ。

で、わたしが最も興味を覚えたのは、一三日の記事である。一四日と一五日は同紙でも一定の枠が日本関連記事のために設けられていただろう。そしてその前日に、九州大学生体解剖事件の目撃者、東野利夫医師の記事を掲載しているのだ。

九州大学生体解剖事件は、遠藤周作の小説『海と毒薬』のモデルになった事件で、一九四五年に九州帝国大学医学部の敷地内で当時の教授らが米国人捕虜に対して生体解剖を行った事件だ。生きた捕虜の血管に海水を注入したり、内臓を切除した際の生存に関する実験を行ったりした残虐な事件として有名だ。同紙は解剖の目撃者である東野利夫医師のインタビューを載せている。

アベ・ジャパンは、国民の集団としての記憶から、その過去の最も残虐的で最悪の部分を消し去ろうとしているという批判が広がっている。その中で、東野氏は日本の近代史の中で最も暗いエピソードに光を当てることが自分の「最後の仕事」だと信じている。

遠い昔に「帝国」をその名称から外した九州大学は、今年（二〇一五年）、驚くべき決断を下した。構内の新たな資料館に、生体解剖を行ったことを示す展示物を展示し、自らの歴史の中で最もダークな出来事を受け入れることにしたのである。

同紙電子版のこの記事には九〇〇を超す読者コメントがついており、（かなり過激なものもあるが）読みふけってしまった。

・こんな暗い事実を明るみに出した大学は勇敢だ。多くの組織が、どんな手を使ってもこのような歴史は隠そうとするだろう。
・ドイツと日本の違いは、六〇年代の後半に端を発する。ドイツでは多くの若者たちが〔戦時中に自分の国が行ったことの〕真実を明るみに出すことを欲したが、日本の若者たちはそうではなかった。
・そんなことはない。日本の六〇年代の若者たちは戦争犯罪を明らかにしようとした。両国の大きな違いは、日本は、クレイジーで過激な政党を支持して国内で少数民族を虐殺したわけではなかったということだろう。だからドイツのようにディープな反省を行う必要性がなかったのだ。
・日本は〔ドイツと違って〕第二次世界大戦中、東アジアで行った残虐行為についてすべてを明らかにしていない。〔中略〕日本の首相はまだこれらの犯罪を軽視している。
・日本は多様性とインクルージョンの模範だからな。我々みんなが知っているように。
・この記事に書かれていることを擁護するわけではないけれど、いつになったら米英が戦時中に行ったことの批判的考察は行われるんだろう。広島と長崎の原爆だって「実験」だった。

● 僕の曽祖父は日本の戦争捕虜になった。生き残ったが、帰還して二年目に結婚が破綻した。彼は、戦争での拷問に耐えられるようにと、僕の祖父を殴り、虐待した。彼の息子の一人は軍に入って戦死し、曽祖父も首を吊って自殺した。僕の祖父は日本人を憎悪している。僕は日本の人々と会うたびに、祖父の憎悪と目の前にいる人々を結びつけることができなくて困惑する。だって彼らは愛すべき人々だからだ。〔中略〕僕の子どもたちは日本人が謝罪しようとしまいと、彼らを憎悪したりしないだろう。そんなことから良いことは何一つ生まれない。

ＰＯＷの問題というのは、英国ではこんなに一般レベルで根深かったのか。と気づいたのは、わたしと配偶者が一八年前に結婚したとき、彼の親友の母親が、「でも日本人はＰＯＷにひどいことをした残忍な人々だよ」と配偶者に言ったという話を聞いたときだった。

「ＰＯＷって、いったいいつの話をしているんだ」

「ロンドンの下町育ちの生粋のコックニーだから、古い婆ちゃんなんだよ」

と配偶者や友人たちは笑っていたが、その翌年（一九九八年）の天皇訪英でわたしは英国でのＰＯＷ問題の大きさを再び思い知ることになる。

一九九八年五月、バッキンガム宮殿に向かう日本の天皇の車に対し、沿道で元ＰＯＷの人々が背中を向けるという抗議活動を行ったのだ。彼らは日本の天皇が乗っていた車両にブーイングを浴びせ、日の丸の旗を燃やした。英国メディアはこれを大きく取り上げ、炎上する日の丸の写真を一面に使った新聞もあった。当時わたしは、ある日系新聞社のロンドン駐在員事務所に勤めていたが、翌日の日本の新聞の一面は松田聖子と年下の歯科医が結婚したという話題だった。天皇訪英の記事は二面の小ネタ扱いで、その見出しは「天皇皇后両陛下、ロンドンで歓迎を受ける」みたいなきわめて平和なもので、ＰＯＷの抗議活動や燃やされた日の丸の話題には一言も触れていなかった。

日本からの駐在記者たちはタブロイドの一面や英国のニュース番組を見ながら「これはすごいなー」とか言い合っていたので、知らなかったわけではない。でも、そんなことは誰も書かなかった。書けなかったのだ。

もちろん、今だったらそうはいかない。燃える日の丸の画像を誰かがツイッターに上げて瞬時に炎上するだろうから、新聞だって書かないわけにはいられなくなる。

「日本はここ数年おかしなことになっている」「昔は平和だったのに」というような声をよく耳にするが、その「昔の平和」とは、平和がかき乱されるような外地からの情報がふわっとブロックされていたからこそ成り立っていた、特殊な平和だったのかもしれない。

ところで、わたしは「日本人は戦時中にPOWに残忍なことをした」と言った英国人のおばあちゃんに、「すみません。わたしの国が昔ひどいことをして」と謝罪したことはない。

わたしも彼女も、新聞や映画で見て「こういうことがあったのねー」程度の知識を持っている市井の人に過ぎなかったし、そんな謝罪よりも、「さっと立ってみんなの紅茶を作りに行く気のいい子だよ」みたいなことのほうが、彼女の中の日本人のイメージアップにはよっぽど有効に機能するようだった。

だが、そんな彼女も七年前に他界した。

人はどんどん亡くなっていく。

そして謝罪がどうのということよりも、さっと自分から立って紅茶を作りに行くかどうかが、そのことだけが物を言う時代になったとき、日本はどんな国になっているのだろう。

欧州の移民危機――「人道主義」と「緊縮」のミスマッチ

二〇一五年九月七日　Yahoo!

ここのところ、英国で朝から晩まで流れているのは移民および難民危機のニュースである。

トルコの浜辺に打ち上げられた三歳の男の子の遺体の画像が大きな話題になり、一九七三年にピューリツァー賞を取ったベトナム戦争で逃げまどう少女の写真「戦争の恐怖」と比較され、二一世紀版の「世界を変える画像」などと言われている。

このマグニチュードに鑑みて、キャメロン首相も態度をやや軟化し「難民をもっと受け入れます」(数千人だけど)みたいなことを言っているが、メディアの大騒ぎは別にして、街角では「ガンガン難民を受け入れろ」みたいなことを言っている人は少数派に思える。

わたしの居住するブライトンが輩出した緑の党MP(国会議員)キャロライン・ルーカスが、『ガーディアン』に「英国はキャメロン首相の提案よりはるかに多い数の難民を受け入れるべき」という彼女らしい記事を書いたが(二〇一五年九月四日)、わたしが興味を覚えたのは、記事そのものよりも、読者コメントだ。

●誰も尋ねていない疑問がある。

一　なぜ周辺のアラブ諸国は目に見える形で立ち上がり、難民を受け入れようとしないんだろう？　ムスリムの難民たちは、住民のほとんどが自分と同じ宗教を信じている国に住みたいんじゃないのか？

二　同様に、ムスリム難民のほとんどがクリスチャン諸国に来たがるのはなぜだろう？　ベターな待遇がオファーされているからなのか？

●問題点

一　国内で学校が不足しているときに、キャロライン・ルーカスの言うように二四万人の難民を受け入れられるのか？　難民の三分の一は就学年齢の子どもになるのに？

二　現在のNHSではそんな人数の難民の対応はとても無理だ。

三　国内で五万世帯の家族がホームレスの時代に、そんな数の難民をどこに住ませる？

四　一二〇億ポンド〔約一兆九二〇〇億円〕の福祉削減が行われている社会に、難民を受け入れられるのか？

●多くの難民を受け入れるべきという人々の誠実さや心優しさは疑う余地もない。

だが、緊縮でインフラが不足している社会への難民の積極的受け入れは現実的ではない。

・緑の党はサステイナブルな政策を唱えるんじゃなかったのか？　これではまるでウェットな資本主義者の夢のようだ。そんなことをすれば国内にスラムが生まれ、賃金が下がるだけ。

一応書いておくが、これらのコメントがついた『ガーディアン』は左派の新聞と呼ばれている。これが右派の『デイリー・メール』になると、記事自体がこうなる（二〇一五年九月四日）。

・（トルコの浜辺に打ち上げられた男の子の遺体の写真によって）客観的な報道は姿を消し、感情を剝き出しにして政治的スタンスを明らかにするニュー・エイジ報道が「全移民を受け入れろ」「責任は我々にある」と叫び出した。

・自分は多くの難民がヨーロッパに来ていることは認めるが、移住民のほとんどは真の難民ではないと確信している。ブダペスト駅の外で「ドイツへ！　ドイツへ！」とジャンプしながら叫んでいる男たちはどうだ？　彼らがマンUのマフラーを巻いていたら警察から火炎放射器で制圧されるだろう。カレーにいるのは九九％が一五歳から二五歳の男性だ。女性はどこにいる？　本当に危険から逃れてくるのなら、妻や姉妹や娘を連れてくるのではないのか？
•トルコの浜辺に遺体が打ち上げられた男の子に話を戻そう。それは本当に、どう考えてもひどい話だ。〔中略〕彼の父親は、家族でシリアから逃げてきたと言った。しかし、彼らはしばらくトルコに住んでいたらしい。どうしてトルコで難民申請しなかった？　タンブリッジ・ウェルズやトロンハイムより、トルコのほうが文化的にシリアには近いだろう。父親はクルド人だと聞いたが、なぜクルディスタンに行かなかったのだろう？
•こうした出来事の数々がどれほどひどい、悲劇的なことであろうとも、それはリアリスティックな難民政策を考案するための分別ある基盤にはならない。

『デイリー・メール』電子版には、いかにも同紙読者らしい「ブラボー」「誰かがこう言うのを待っていた」などのコメントが躍っている。

わたしの周囲の人々は識者とかではなく地べた労働者ばかりだが、トルコで亡くなった男の子の写真を見て心を痛めた人は多くとも、テレビで涙ぐんでいる著名人のように「わが家に難民を受け入れる」と熱くなっている人はいない。

リアクションが全体的に世知辛いのだ。

それはこの国が現在「緊縮」政権下だからだ。これが公共投資拡大のアゲアゲ政治の時代であれば、地べた民の反応も違っていただろう。

そもそも緊縮自体が非人道的な政策であり、生活保護を切られて餓死する人々が現れ、若者には職がない、フードバンクに並ぶ人の数が前代未聞などと国内で報道されているときに、「浜辺に打ち上げられた男の子を殺したのは我々だ」などといきなりヒューマニティを持ち出されても、下側の人々の心はハードになっている。緊縮は福祉、住居、医療、教育といった人間が最低限の生活を営む上で必要な分野への投資を減らす政策だ。すでにケント州では、単身でやってくる未成年移民が急増し、いったん入国すれば彼らには英国の法が適用されるので、彼らを受け入れる里親や施設を見つけるために福祉課がパンク寸前で、州内の被虐待児や保護を必要とする子どもたちのケアができなくなっているとして、予算が足りないと訴えている。緊縮で人材を減らされた公共サービスには、突然仕事量が増えても対処できない。こんな状態で助けを求める人々が大移動してきたら、という不安は下層の人々ほど大きい。

が、これは英国だけではないだろう。

欧州を目指す移民・難民の大移動と、欧州の緊縮策とは、タイミング的にミスマッチなのだ。

緊縮に疲れたヨーロッパでは「もっとヒューマンな政治」を求める左派の動きが台頭してきている。が、だからといって、今日明日にでも緊縮が終わるわけではない。英国だって、反緊縮派のジェレミー・コービンが出て来たとはいえ、あと五年は保守党政権が続くのだ。

それがいい悪いは置いといて、キャメロン首相の難民受容への慎重さと、彼の緊縮策とは完全に路線が一致している。この一致をずらして、いきなり心優しい政治を始めれば、国内でも非人道的な政策は続けられなくなる。彼が言う「英国は頭とハートの両方で行動する」とはそういうことだろう。

実際、この前代未聞と言われる移民・難民の流入を受け入れ、彼ら一人一人に住居を与え、生活費や仕事や教育や医療を提供し、まだ現地にいる彼らの一族を呼び寄せさせる行為を本気でやるつもりなら、緊縮財政は持続不可能になる。

メルケル首相が「人道主義は欧州の普遍的価値観」と言うとき、欧州が行っている緊縮はその普遍的価値観と根本的に矛盾している。

再び暴動の足音？　ロンドンがきな臭くなってきた

二〇一五年九月二九日　Yahoo!

「ジェントリフィケーション」という言葉が英国で大きくクローズアップされている。「高級化、中産階級化。劣悪化している区域に中流階級あるいは裕福な階級の人口が流入していくのを伴った区域再開発・再建プロジェクトのことで、通常それまでの貧困層の住民が住む場所を失う」とアルク英辞郎では訳されている。

話題の労働党新党首ジェレミー・コービンは、「ソーシャル・クレンジング」という言葉を用いてジェントリフィケーションについて語ることが多い。近年、ロンドンの労働者階級の街でそうした状況が着々と進んでいることが彼の住宅政策の動機になっている。

九月二六日の夜、アンチ・ジェントリフィケーションの抗議活動がロンドン東部ショーディッチのシリアル専門カフェ「シリアル・キラー・カフェ」の前で発生し、暴動に発展しかねない状況になった。集まった数百名の抗議者たちが店のウィンドウにペンキを投げつけ、警察官をかたどった人形に火をつけた。

暴動鎮圧専門の警察が出動し、豚の被り物をつけた抗議者(「キャメロン首相が自らの性器を豚にくわえさせている若き日の写真がある」というスキャンダルが流れたせいだ)や、たいまつを手にした抗議者など、大勢の人々がカフェを取り囲み、子どもを含めた店内の客は全員でドアをバリケードしていたが、そのうち状況が危険になってきたので、地下に避難したという。

このカフェは、以前からテレビや雑誌で話題になっていた有名店だ。様々なシリアルを取りそろえたマニアックでヒップな店は、シリアルのボール一杯で四ポンド四〇ペンス(約七〇〇円)する。このカフェはロンドン東部の貧富の差を象徴する店とも批判され、「地元に住んでいる人々がシリアル一杯に四ポンド四〇ペンスも払えると思いますか?」とニュース番組でインタビューされたこともあった(カフェがあるタワー・ハムレッツ区では、子どもの貧困率が五〇%に近づいている)。

「「ヒップスターは死ね」という脅迫の手紙を受け取ることはあったが、まさかこんなことが起きるとは思わなかった」とカフェの経営者ギャリー・キーリー(三三歳)は語っている。この晩、攻撃されたのは彼らの店だけではなく、近所の不動産屋も被害に遭っているそうだ。

この抗議活動を組織したのはクラス・ウォー(階級闘争)を名乗るアナキスト団体で、抗議活動は「ファック・パレード」と呼ばれている。彼らの主張はこうである。

「ロシアのオリガリヒやサウジの石油王、イスラエル人の卑劣な不動産開発業者、テキサスのオイルマネーの輩ども、そして我々の国が輩出したイートン校出身の上流階級の奴らによって、我々のコミュニティはズタズタに引き裂かれている。地方自治体は「公営住宅地の再開発」などという近視眼的マネーレースで荒稼ぎしている。我々は誰も住むことのできない超高級マンションなど欲しくはない。我々はただ手頃な値段の家を求めているのだ。我々が欲しいのはジン専門の期間限定バーやブリオッシュじゃない。我々はコミュニティが欲しいのだ」(『ガーディアン』二〇一五年九月二七日)

抗議に参加した五五歳の芸術家の女性は同記事の中でこう語っている。

「私は一七年間この地域に住んでいますが、現在起きていることはあまりにひどい。私たちのせいでもあるのでしょう。私のような芸術家たちがこういうエリアに集まってくると、建築家たちが追いかけてきます。そして不動産開発業者、ヒップスターと続くのです」

五五歳という年齢もあるのだろう、彼女はこの抗議活動のムードを「パンク・カーニバル」と表現している。

なんとなくこの抗議の模様をテレビで見ていて思い出したのは、覆面芸術家バンクシーが期間限定で開催している悪夢のテーマパーク「ディズマランド」だ。それが地元経済の活性化に大変役立っているというほのぼのしたニュースや、開催期間終了後は「デイズマランド」の施設をフランスのカレーに移動して移民・難民の収容施設にするという報道を目にするたびに、おおバンクシーもついに国民的アイドルに。と感慨深いが、どうもこの「パンク・カーニバル」な抗議運動は、そのスタイルを見る限り、「ディズマランド」を現実にまで持ち込んでいる。

保守派の『テレグラフ』は「あなたたちはヒップスターたちに感謝すべき。今やケバブ（庶民の食べ物。よってある意味ダサい）のテイクアウト店は閉店に追い込まれ、オリーブとローズマリーを入れて焼いたアーティザンなパンのショップがそれに取って代わる時代。リッチとプアが隣人として住むことがどうしていけないの？」という主旨の記事を掲載し（二〇一五年九月二七日）、同様に保守派の『デイリー・メール』電子版（二〇一五年九月二七日）には、「僕はフェラーリは買えないけど、だからといってフェラーリのディーラーに行ってペンキをぶちまけようとは思わない」「一杯のシリアルに五ポンド（約八〇〇円）払いたいと思う人がいたら払わせとけばいい。それが自由というやつだろう」といった読者コメントが寄せられている。

この団体は今週末にも切り裂きジャック博物館で抗議活動を予定しているそうで、「女性との戦いをやめろ。性的暴力を賛美するのはやめろ」がスローガンらしい。

一部メディアは、ロンドンでヒップスターvsアナキストの内戦が始まったと表現している。

という。

「シリアル・キラー・カフェ」での一件が報道された同日、ロンドンでイスラム教のモスクが燃えていた。モーダンにあるそのモスクは、西ヨーロッパでは最大のものだという。

一四歳と一六歳の少年が放火容疑で逮捕されたが、一人は釈放され、もう一人は保釈されている。難民・移民問題や、英国出身ジハーディストに関する報道が日々繰り返されている英国では、「時間の問題だったかも」と周囲の英国人たちは言っている。

労働党の新党首ジェレミー・コービンが「希望の政治」を提唱し、「もっとヒューマンで心優しい社会にしよう」と訴える裏側で、暴れる人々が活性化している。やけに「ストリートと炎」のコンビネーションをまた見るようになってきた。

どうもロンドンがきな臭い。

左翼が大政党を率いるのはムリなのか？

――ジェレミー・コービンの苦悩

二〇一五年一〇月一五日（一〇月二一日更新）Yahoo!

英労働党の新党首ジェレミー・コービンが早くも苦境に立たされている。労働党の中でも左端に位置する彼がこの時期に党首になったというのは不幸な巡りあわせだったかもしれない。難民・移民は大挙して欧州に押し寄せているし、シリア情勢はロシアの介入でカオティックだ。怒濤《どとう》の時代に大政党をまとめるのはそれでなくとも容易ではない。

労働党内部から「シリアに軍隊を送るべき」という声が出ている。

左派紙『オブザーヴァー』（実質的には『ガーディアン』の日曜版）に労働党議員のジョー・コックスと保守党議員のアンドリュー・ミッチェルがジョイントで記事を発表した（二〇一五年一〇月一一日）。コックスは元オックスファム幹部であり、人道支援のバックグラウンドから議員になった人だが、その彼女が保守党議員と一緒に「シリアの市民が安全に過ごせるヘイヴンを警護する目的で英軍を派遣すべき」と主張しているのだ。以下、抄訳。

シリアの状況を解決するために軍隊を用いるのは倫理的に間違っていると言う人もいるだろう。しかし我々はまったく反対の立場を取る。シリア政府が爆弾を雨あられのように降らせているときに、それを止めるキャパシティを持っていながら、ただそれがやんでくれるのを待っているのは倫理的ではない。空爆による死と恐怖が欧州の難民危機の最大の要因なのだ。ＩＳＩＳの戦闘員が村を荒らし回り、子どもたちを性的な奴隷にし、同胞であるはずのムスリムを虐殺しているときに、彼らを阻止するキャパシティのある者がただそれを見ているのも倫理的ではない。

二〇一三年にシリアへの武力介入の提出議案を下院で否決されたキャメロンは、再び武力介入を認める議案をかけることを示唆しており、今回は労働党内部でも、少なくとも五〇人の議員が保守党案に賛成の投票をするだろうと労働党の幹部関係者が『ガーディアン』に明かしている。そうなれば、「武力行使反対」の立場をとる新党首ジェレミー・コービンは、自分の党内の議員たちに党首としての主張を無視される形になる。

コービンは、バトル・オブ・ブリテンの記念式典で国歌を歌わず、労働党の新党首として枢密院（女王の諮問機関）に招待されながら出席せず、スコットランドで堂々とハイキングしていた。こうしたニュースがメディアに大きく取り上げられるたびに、若者を中心とする彼のファンからは「さすがは生粋の左翼」と拍手喝采が送られる。

が、野党第一党の党首として今後も様々な公式イベントに出席しなければならない彼が国歌を歌わないとなれば、労働党が伝統的に支持層にしてきた地方の年配の労働者たちは反感を抱く。わたしの居住する街を見てもわかるが、労働者階級には英国軍人のファミリーが多い。地方の下層の白人だらけの街は家々の窓から聖ジョージ旗がだらだら垂れている場所なのだ。こうした街の人々には、バトル・オブ・ブリテン記念式典で国家を歌わなかったコービンの姿勢は共感できるものとしては受け取られていない。

また、枢密院のメンバーだけが国家機密情報のブリーフィングを受け取ることができるので、将来政権を握る可能性もある大政党の党首がそのメンバーシップを持たなくていいのかという議論にもなる。メンバーになるために跪《ひざまず》いて女王の手にキスをすることは彼の主義主張には反するかもしれないが、一国の首相となることを欲する人が国家機密情報を持っていないというのは心もとないし、そういう野党第一党の党首が国会で首相と議論を戦わせるとき、その主張にはどれほどの信憑性があるのだという議論にもつながる。

その一方で、もしコービンが戦争の記念式典で国歌を朗々と歌い、女王の前で跪いたら、彼を熱狂的に支持してきた層からは「コービンは魂を売り飛ばした」と言われてしまうだろう。言行一致の潔癖左派として売ってきた彼が、「汚れたもの」になってしまうのだ。しかし、党首になってしまった以上は党全体を背負っている責任もある。コービンが右派メディアに「党首にはあるまじき」と騒がれる行動をとるたびに、「コービンは次は国歌を歌います」「コービンは枢密院のメンバーシップはいただくつもりです」という声明が労働党から出される。が、いつまでもこうしたことが続けられるわけがない。

また、「デモクラシー」を強く信じるコービンは党内運営でもその理念を優先し、すべて党内の人々の意見を聴いて決めると言っているので、たとえ彼の理念が「反武力行使」や「核兵器廃絶」だとしても、彼に賛同しない人々が多ければ自らの主張を曲げなければならない局面もある。ここでも、決して信念を曲げない左派として売ってきた彼が、「敗北したもの」になってしまう。が、それを拒否すれば自分の考えを押し通す独裁的リーダーになってしまうし、どっちに転んでも無傷ではいられないリアリティに直面し、コービンはまだ覚悟を決めていないように見える。

これに痺《しび》れを切らしたのがスコットランドのSNPのニコラ・スタージョン党首だ。「反緊縮派」として党首選を戦ったコービンの労働党が、保守党政権の緊縮目標に概ね賛成する意志を固めたと知ったスタージョンは、スコットランドからコービンに檄《げき》を飛ばした(『ヘラルド・スコットランド』(heraldscotland)紙、二〇一五年一〇月二一日)。

今週がジェレミー・コービン率いる労働党にとっての重要なテストになります。彼らが本物の野党として真剣に受け取られたいのなら、決して失敗することはできないテストです。政府の歳出案に彼らが反対票を投じなければ、彼らの「反緊縮」の美辞麗句は、空っぽな大言壮語だということになる。そしてそれは、英国下院における真の野党はSNPだけだということの証明になるのです。

この直後、労働党の影の財務相ジョン・マクドネルは、二週間前に政府歳出案をサポートすると発表していたにもかかわらず、突然Uターンして「労働党は議会で反対票を投じる」と発表した。

が、労働党議員の二一名(影の内閣のメンバーも数人含まれているという)が投票を棄権し、保守党の緊縮案は下院で可決した。

スタージョンは、投票が行われた夜のBBC TWO『ニュース・ナイト』のインタビューでこう言った。

「ジェレミー・コービンが彼の前任者よりも反緊縮派だということは喜ばしいと思います。しかし、彼の政党には緊縮派の人々もいる。我々のSNPは、党内が一致しています」

「逃げるな。まとめろ」と言わんばかりの強いスタージョンの視線は、まだコービンが持っていないものだ。

ロンドン市長「移民を受け入れないと日本のように経済停滞する」

二〇一五年一〇月一九日　Yahoo!

ユネスコへの拠出見直し問題にどんな読者コメントがついているのだろうなあと『ガーディアン』のサイトに行ってみると、当該記事にはコメントがついていなかった。が、まったく関係のない日本関連記事に三〇〇以上もコメントがついていた。

訪日して日本の小学生とラグビーでタッチダウン。などというほのぼのとした話題を提供していたロンドン市長ボリス・ジョンソンが、その裏側で「移民を入れない国は日本みたいに経済が停滞する」と警告を発していたという(『ガーディアン』二〇一五年一〇月一四日)。

日本は長期の経済停滞を経験していて、なんとかそこから抜け出そうとしている。彼らは人口学的な問題を抱えている。英国の人々が考えねばならない問題の一つは、彼らが受け入れている移民の数はとても、非常に少ないということで、人口の伸びも非常に低いというか、実際にはマイナスだということだ。つまり、彼らの人口は減少している。そのことが、彼らが経験している長期における経済停滞の原因になっているのは言うまでもない。しかしそれは状況に応じて捉えられるべきだ。彼らは驚くほどダイナミックで、活気に満ち、素晴らしくリッチな、世界第三位の経済国だからね。我々はそこにいるべきだ。

この記事についているコメントのほとんどは日本に関するものではなかったが(どこの国の人も他国の例から自分の国について考えてしまうもののようだ)、しかし以下のようなものも見られた。

- じゃあボリス・ジョンソンはＥＵ懐疑派ではないということだな？　英国がＥＵを離脱したら、日本よりはるかにひどい状況になる。
- 日本は信じられないほど犯罪率が低いし、人種間や宗教による衝突やヘイト犯罪の問題もない。それは部分的には単一民族の社会だからだと思う。そして、強い価値観を持っているという理由もある。英国が今後も移民を増やすつもりなら、少なくとも後者の、何が良くて何が悪いことなのかという価値観は日本から学ぶべき。

- 〝人種間や宗教による衝突やヘイト犯罪の問題もない〟……。それは皮肉？
- 日本の移民の少なさは行き過ぎ。彼らもコントロールされた移民政策の恩恵を受けるべきだ。それはこの国も同じこと。
- 日本は絶対に英国のようなオープンな移民政策を取ったりすることはしない。彼らは自分たちの国を外国人だらけにするより、停滞することを選ぶだろう。日本の人々と話して、それが彼らの考え方なんだと学んだ。

保守党では、キャメロン首相の次の党首をめぐるリーダーたちの争いが始まっており、テレーザ・メイ内務相などは党大会でほとんど排外的と言ってもいいスピーチを行って「あれは右過ぎ」と党内のリベラル派にドン引きされている。が、難民・移民問題を受けて、UKIPや、それ以上に過激な右翼政党が活気づいている英国では、「よく言った」の声を飛ばしている人々も少なくない。

保守党の次の党首の大本命はオズボーン財務相と言われているが、ボリス・ジョンソンも候補の一人と言われており、ジョンソンは保守派『テレグラフ』に執筆した記事の中で保守党内の右傾化する陣営を批判している（二〇一五年一〇月一一日）。

コミュニティが何らかのストレス（戦争や経済における苦境）を経験しているとき、歴史的に人々はわかりやすいスケープゴートを見つけて攻撃する。彼らをこうした行為に向かわせるのは「不安」だ。ユダヤ人、外国人、ホモセクシュアル、ジプシー。偏見の被害者たちは何世紀も前から同じことで苦しめられてきた。彼らがそんなパワーを持っているはずがないことまで、彼らのせいにされてきた。あなたの子どもは家が買えないんですか？　移民のせいです。仕事がない？　移民のせいです。緊急病棟で医者が足りない？　移民のせいです。M四号線で交通渋滞？　移民のせいです。

当然だが、こうした問題にはいくつもの複数の原因があるのだ。だが人々は、怒りを特定の一つのグループに向けようとする。そして政治家の中にも、それを助長する人々がいる。

ボリス・ジョンソンは、オックスフォード大学の悪名高きブリンドン・クラブ(超一流の上流階級の子弟が集う社交クラブ)のリーダーだった人で、同期のキャメロン首相のほうが実は隅っこにいる目立たないメンバーだったという。キャメロンは他のメンバーたちと外で大暴れするより自室でザ・スミスなどのレコードを聴くのが好きなオタクだったというドラマを見たことがある。現在の英国は、こうした超トップエリートたちによって運営されている。だからこそ労働党の新党首ジェレミー・コービンは、「地べたの現実を知らない一部のエスタブリッシュメントだけが国民の運命を決める社会はおかしい」と主張して人々の心を摑んだのだ。が、いくらコービンが出て来たって社会が夢のように一晩で変わるわけはない。保守党の党大会の会場周辺でデモを行った左派の人々が保守党員に生卵をぶつけたりしている映像を見ていると、これもまた「あまりに単純な怒りの矛先の一本化」と指摘されてもしかたのない材料を提供していると思う。

彼らは、部分的には保守党が過半数を得て選挙に勝ったことに対して激怒しているのだ。しかし、そんなことは言えない。彼らは、部分的には労働党に対して激怒しているのだ。前任のミリバンドから新党首のジェレミー・コービンまで、自分たちの理念を実現させてくれない党のふがいなさに対して怒っているのだ。だが、そんなことはとても認められない。彼らの真の怒りは自分たちの内側に対するもので、労働党が一貫性のある野党でなくなったことに対するものだ。だがその問題はあまりに大き過ぎて、正直に取り組むのが難し過ぎるイシューだから彼らは卵を投げ、「人間の屑」と叫ぶ。(ボリス・ジョンソン『テレグラフ』二〇一五年一〇月一一日)

「きちんと機能してくれる一貫性のある野党」が切実に、世の中が殺伐とするほど求められている。

それはたぶん英国だけの話ではないだろう。

元人質が語る「ＩＳが空爆より怖がるもの」

二〇一五年一一月一九日　Yahoo!

戦争や紛争とまでいかなくとも、例えば地べたレベルの喧嘩でも、普通は敵の欲しがるものは与えないのが戦いの鉄則だ。が、どうも対ＩＳ戦に限ってはこの鉄則が完全に無視されている。

ローマ教皇はテロを第三次世界大戦の一部だと言い、英国のキャメロン首相はＩＳをヒトラーやナチにたとえる発言をしている。いくら何でも極端というか、「もっとパンチの利いたタイトルをください」と言われたライターが苦渋の末に思いついたような言葉を教皇や政治指導者まで使わなくとも、と思うが、ＩＳに人質として捕えられ、彼らと共に過ごしたことのあるフランス人ジャーナリストによれば、こうした反応こそがＩＳの大好物だという。彼はこう書いている(『ガーディアン』二〇一五年一一月一六日)。

ネット上のニュースやソーシャル・メディアを追い、今回のパリ襲撃後に書かれている様々の反応を見て、彼らはおそらく今「我々は勝利している！」と大声で連呼しているだろう。彼らは、すべての過剰反応、分裂、恐怖、レイシズム、排外主義の兆しに気分を鼓舞される。ソーシャル・メディアの醜さのすべてが彼らを惹きつける。

このジャーナリストは、人質として監禁されていたときに数多くのISのメンバーと知り合い、先日ドローンで殺されたジハーディ・ジョンとも「ハゲ」と呼ばれた仲だったそうだが、彼が気づいたのは「非情な殺し屋」「冷酷な戦士たち」といったISのイメージはPR・マーケティング戦略の賜物で、一人一人はみな非常に子どもっぽく幼稚だったという。「イデオロギーと権力に酔っているストリート・キッズ」という感じだったそうだ。ときおり、彼らは人質を相手に「メンタル拷問」を行ったそうだが、その言動の幼さに笑ってしまうこともあったという。

彼らはよく「疑似処刑」をやったものだった。一度、彼らは僕にクロロホルムを嗅がせた。別のときは、斬首を真似た。フランス語を喋るジハーディストたちが「我々はお前の首を斬って、それをお前の尻の穴に入れた動画をYouTubeに投稿してやる」と叫んでいた。それぞれ手にアンティーク・ショップで買ってきたような刀を握って。こちらもそのゲームに乗って叫んでやったら、彼らは笑っていた。

楽しそうだった。彼らがいなくなるとすぐに、僕はフランス人の人質のほうを見て笑った。あまりにバカらしかった。

偏執的なほどニュースが好きという彼らは、そのすべてを自分のフィルターに通して読んでいて、陰謀によってすべてがつながっていると信じ、世の中には矛盾が存在するということを受け入れなかったという。「全世界のムスリムvsそれ以外の人々(十字軍)」という構図を狂信する彼らは、たとえどんなことが起こっても、それはアラーの祝福であり、すべてが正しい方向に進んでいると信じるそうだ。無敵の楽観主義者である。だが、そんな彼らにも弱点はあるらしい。

彼らの世界観の中核をなすものは、ムスリムとその他のコミュニティは共存できないというものだ。そして彼らは毎日アンテナを張り巡らせて、その説を裏づけする証拠を探している。だから、ドイツの人々が移民を歓迎している写真は彼らを大いに悩ませた。連帯、寛容、……それは彼らが見たいものではない。

彼は自分の国であるフランスが標的にされたことをこう分析している。

なぜフランスが狙われたのか？　その理由はたくさんあるだろう。だが、僕が思うに、わが国は彼らに欧州の最弱リンクと見なされている。最も分断の裂け目が作りやすい場所だと思われているのだ。だからこそ、どういうリアクションを取ればいいのかと訊かれたら、僕は慎重に行動するべきだと答える。それなのに、我々のリアクションは空爆強化である。僕はＩＳのシンパではない。僕がそうなるはずがないではないか。だが、僕の知識のすべてが、この反応は間違いだと告げている。〔中略〕僕はカナダのようにフランスにも空爆から離脱してほしい。理性的にはそれは可能だと思うが、プラグマティズム的には不可能だ。事実は、僕たちは身動きできないということだ。僕たちはＩＳがしかけた罠にはまっている。

彼の説が正しければ、それでなくとも難民問題で排外主義が高まって殺伐としている欧州は、まさにＩＳが求める「ムスリムvsその他」の様相を呈しており、「だんだん本当のことになってきた」と彼らを興奮させているだろう。これに「正義の反撃」を謳う西側の空爆が怒濤化すれば、彼らにとっては歓喜の状況だ。彼らのドリームが現実に、妄想がリアルになる。

フランスどころか、世界が彼らのしかけた蜘蛛の巣にかかっているようだ。

ジハーディ・ジョンは人質ジェームズ・フォーリーにナイフを向けて言った。

「オバマ、中東への介入をやめろ。さもなくば彼を殺す」

彼は人質の運命を知っていた。そしてそれに対する米国のリアクションが爆撃であることも。彼らはそれが欲しいのだ。それなのに僕たちはそれを彼らに与えるべきだろうか？


この元人質のジャーナリストが書いた記事を読んだとき、わたしの頭にはバンクシーの有名な作品が浮かんでいた。

「ISのメンバーたちを悩ませたのはドイツ国民に歓迎される難民の写真だった」と書いてあったからだ。

英国でも空爆に参加するべきか否かが政治の焦点になっている(タックス・クレジット問題はどこに消えたのだろう)。

英国もまたブレア元首相の過ちを繰り返すのだろうか。

あれだけ後でボロクソにけなしたくせに、あれでブレアを大嫌いになったくせに、違う方向に足を踏み出す勇気がないから、また同じことをするのだろうか。

『ガーディアン』のサイモン・ジェンキンズの言葉が印象に残った(二〇一五年一一月一

七日)。

今週のＩＳへの対応は、聖戦を遂行しているという彼らの主張を有効化するものだ。
どうして我々は彼らに勝たせようとする？
どうして我々は静かに軽蔑する強さを持てないのだ？

右も左も空爆に反対するとき——キャメロンの戦争とブレアの戦争

二〇一五年一二月一日　Yahoo!

英国では一二月二日に下院でシリアへの空爆参加の是非に関する採決が行われる。週末各紙には賛成派と反対派の識者やジャーナリストの記事が数多く掲載されていたが、最もびっくりしたのは、ビートルズからスミス、レディオヘッドに至るまで、UKロックの歌詞の中で最低新聞の代名詞として使われてきた右派紙『デイリー・メール』の社説である(二〇一五年一一月二七日)。

保守党御用達の同紙が、社説で真っ向からキャメロン首相の「空爆は国益」説に反旗を翻しているのだ。

「パリで起きたことは許されるべきことではない。フランスや米国は我々と根本的価値観を共有する国だ。その両国が英国に協力を要請しているときに耳を塞いでいいのかという問題はある。それは英国の国際社会でのポジションや、国家としてのプライドや良識を脅かす態度でもあろう」と『デイリー・メール』は書く。しかも、英国はすでにイラク側で空爆を行っていることに言及し、「国境など意識していない敵と戦うときに、なぜ我々は国境を気にする?」とまで書いている。

が、それでも同紙はキャメロン首相の「空爆は国益」説には説得力がないと主張しているのだ。

「米国は過去一七カ月の間に八三〇〇回の空爆を行っているのに成果はあがっておらず、そこに英国が何機かのトーネードを送ったところで何の足しになるのか」「キャメロン首相は、英軍は的中率の高い最先端の爆弾を使うので民間人が被害にあうリスクはない、と主張するがそれも怪しい。空爆を続ければ民間人の被害が増え、テロリスト候補が増えるだけ。必要なのは地上軍だ」と『デイリー・メール』は主張する。また、「英国は地上軍を派遣する必要はなく、七万人の穏健派のスンニ派武装勢力が我々と共に戦う、と首相は言う。しかし、彼らはいったい誰なのか? 利権がぶつかり合う有毒な煮えたぎる大釜のような現地の状況で、どうして彼らを信頼できるだろう?」「ブレアのイラク戦争の後や、首相自身のリビア空爆の後で、現地はその前より二〇倍危険な場所になっているという事実から彼は何も学んでいない」と手厳しい。

さらに、「キャメロン首相の主張は、素性がはっきりしない機密情報に基づいている点でブレア元首相がイラク戦争に突っ込んだときとまるで同じ」「首相に思い出していただきたいのは、二年前に彼が国会でシリア空爆の是非を問うたときにはアサド政権と戦おうとしていたということだ。それが今度はターゲットがＩＳになり、アサドと手を組もうとしている。そのシュールなまでの一貫性のなさだけでも、トルコ、イラン、ロシア、サウジアラビアという予測のつかない悪夢のような混在の中に、わが国が突っ込むべきなのかということを、首相に立ち止まって考えさせるに足るものだ」と続ける。

そしてわたしが最も驚いたのがこの部分だ。労働党党首ジェレミー・コービンを連日「ダサい」「お話にならないお花畑左翼」と猛バッシングしている『デイリー・メール』がこう書いていたのだ。

この事実は我々に吐き気を催させるが、テロリストへの同情心を抱いているピース・ラヴァー、ジェレミー・コービンと我々は同じ陣営にいるのである。

さらには、我々の新聞の読者、我々が多大なリスペクトを抱いている人々の多くが、この件で我々に賛同しないだろうという事実は我々を苦悩させる。

だが、多くの疑念を抱かずにはいられないので、我々はシリア空爆参加の正当性は不十分であると結論する。

また、「火の玉保守論客」の異名を持つ同紙のコラムニスト、ピーター・ヒッチェンズも一一月二九日付の『デイリー・メール』のコラムで、「自分は無抵抗主義者ではない。フォークランド紛争は支持したし、英海軍の活躍に心躍らせた」としながら、シリア空爆参加については「勇敢で使命感ある優れた軍の男性や女性たちが、虚栄心の強い無知な政治家たちのために、どうして命を落としたり、重傷を負ったりしなくてはならないのだ？」「キャメロン首相は七万人の「穏健派武装勢力」に愚かな信頼を寄せているが、ロシア機からパラシュートで降下したパイロットを残酷なやり方で殺害したのはその散在する「穏健派勢力」の一つだ」と書いた。

また、彼は今回の空爆参加の件ではメディアの動きが妙に一致していることを指摘している。

一一月二七日金曜日の朝刊の高級紙四紙の一面の見出しがまったく同じだったというのだ。

『タイムズ』「ＩＳＩＳ空爆採決で労働党が戦争状態」、『テレグラフ』「シリア空爆で労働党が戦争状態」、『ガーディアン』「首相のシリア空爆表明で労働党が大混乱」、『インディペンデント』「シリア空爆問題で労働党が戦争状態」、ＢＢＣのヘッドラインも非常に似たものだった。

これらの記事は、どれも明確な事実を伝える内容ではなく、匿名の談話を報道したものだ。飛行機事故とか、重大な裁判の判決が出たとかならわかるが、競争しているはずのメディアがこのように一致した一面記事を載せるのは珍しい。まるで今回はメディア統制が行われているように見える。

つまり、「空爆反対派のジェレミー・コービンvs空爆賛成派に回っている労働党議員たち」のゴタゴタを大きく取り上げ、「労働党ジリ貧」「やっぱコービン駄目だわ」という世論を盛り上げ、「空爆参加は本当に国益か」という重要案件について人々が考えないように仕向けているのではないか、と言っているのだ(また、なぜかこのタイミングで王室も「生後六カ月のシャーロット王女の写真初公開」を行っている)。

彼は「空爆参加が愚行だと思うなら、どうか自分の選挙区の議員に手紙を書いてほしい。お願いだからそうしてほしい」と書いている。「右翼煽り記事とゴシップ記事」で知られる『デイリー・メール』が、こんなことを読者に呼びかけているのだ(ちなみにそれでも同紙の読者投票では七五%が空爆拡大支持)。

大筋として、同紙社説や保守論客ヒッチェンズが書いていることは、労働党党首ジェレミー・コービンの言い分とまったく同じである。そしてそのコービンの足を引っ張っているのが労働党議員たちだと思うと、なんとも奇妙な構図だ。

二日の採決では空爆賛成票の数が余裕で勝るだろうというのが大方の見方で、キャメロンは同日の夜にでも空爆を始めると言っているらしい。

右端と左端がそれぞれ「国益」と「武力行使反対」の見地から「やめとけ」と言って

いるのに、両者の間にいる最も数の多い層の人々が「やるしか仕方ないだろう」と支持している。

ブレアの戦争のときと同じだ。

二〇一六年

左派はなぜケルンの集団性的暴行について語らないのか

二〇一六年一月一六日　Yahoo!

大晦日にケルンで起きた集団性的暴行事件で、「容疑者のほぼ全員が外国出身者」と州当局が発表している。これを受けてドイツは年初から連日、大勢の移民をオーストリアに送還しているというし、難民のアパートが放火されているという報道もある。

ケルンでの事件は難民受け入れ反対派にとってはクリスマスとイースター(日本なら盆と正月)がいっぺんに来たような出来事だが、これは左派にとっては由々しき問題である。『ガーディアン』のデボラ・オーは「レフト」と「ハルマゲドン」を合わせた「レフタゲドン」という言葉でこの事態を表現している(二〇一六年一月九日)。

ああ何てこと。これはレフタゲドンだ。プログレッシヴなハートが大切に思う二つの事柄が互いに戦わされている。一方には、我々女性が自分のしたい格好をして自由にストリートを歩き回っても、性的に誘っているなどと見なされるべきではないという女性の権利。そしてもう一方には、女性や男性や子どもたちは戦争や抑圧から逃れることができ、彼らは受け入れ国で寛容かつ考えの甘い現地の人々につけ込む寄生虫のように扱われるべきではないという人間の権利。

これはトリッキーだ。

昨年(二〇一五年)からの難民問題の流れや、率先して難民を受け入れていたドイツで起きた事件だったことを考えれば大々的に報道されるのも無理ないが、しかし、これを知った英国の人々の最初の反応は「ああ、来たか」みたいな既視感だったのではないだろうか。というのも、ムスリム系移民による大規模な性犯罪は以前から起きていたからだ。

例えば英国では、サウス・ヨークシャー州ロザラムでパキスタン系移民のギャングたちが約一六年間にわたって実に一四〇〇人の一〇代の子どもたち(最も年少で一一歳)をレイプしたり、監禁したり、強制売春させていたことが明らかになって大きなニュースになったことがある。これだけの大規模な犯罪だけに、地元ではみんな薄々知っていたが、ムスリム・コミュニティは英国人コミュニティからのレイシズム攻撃を恐れて沈黙していたし、警察も「セックスは合意の上」として少女や親たちからの通報をまともに取り合わなかったと言われている。ムスリム・ギャングに囚われた自分の娘を奪回しに行った英国人の親が、逆にレイシズム攻撃をしたとして逮捕されたケースもあったという。

どうにもやり切れないのは、被害者の女子たちの三分の一がソーシャルワーカーが介入している問題を抱えた家庭の子どもだったことで、ミドルクラスの家庭の子たちが被害者であれば十何年もこうした犯罪を続けることができただろうかと思う。少女たちはギャングに洋服や欲しい物を買ってもらい、酒やドラッグを与えられ、集団レイプされ、殴られ、ピストルで脅されて北部の様々な街で売春させられていた。一九九七年から二〇一三年まで続いたというこの組織犯罪については、二〇一四年に報告書が発表されており、「レイシストだと言われるのを恐れていた」ために犯罪を半ば容認していた地方自治体の失態が指摘されている。

同様の組織犯罪事件はマンチェスターのロッチデールでも発生しており、九人のパキスタン系ムスリムの男性たちが刑務所に送られている。裁判所の外では極右政党ＢＮＰやＥＤＬ(English Defence League イングランド防衛同盟)が「我々の少女たちはハラール肉ではない」などのスローガンで激しい抗議活動を行った。こちらでも、やはり「レイシズムが絡んだ複雑な問題だから」と福祉当局や警察当局が事件解決に弱腰だったことが指摘されている。

レイシズムだ、ポリティカル・コレクトネスだ、と自分の体面ばかり考えてぐずぐずしている大人たちをバックに、少女たちが犠牲になり続けていたと思うとなんともやり切れない話だが、左派は往々にしてこうした事件について語りたがらない。もしかしたら、「下着同然の格好をして昼間っからストリートにたむろしている下層ティーンたち」にも「非がある」と思っているんじゃないかと訝《いぶか》りたくなるほどだ。一方では「女性がどんな格好をしてストリートを歩こうが非はない」という女性の権利を信じているくせに、パキスタン系ギャングに狙われたティーンたちには「非がある」と思っているのだとしたら、これは左派のジレンマというより、単なるダブルスタンダードだ。

ケルンの集団女性襲撃でも、左派からまず出て来たのは陰謀説だった。難民受け入れに反対する右翼が、わざと仕組んだ事件だったというのだ。

どうして左派にとって難民は「聖人」でなくてはいけないのだろう？　彼らは「聖人」でも「悪魔」でもない。正邪入り混じった普通の人間だ。

前述のロッチデールの事件では、犯人の一人が「白人たちは、少女たちに早くからセックスさせ、酒を飲ませるから、彼女たちは俺たちのところに来たときにはすっかり準備ができている」と発言して大きな物議を醸した。

ムスリム家庭の少女たちが非常に厳格に育てられるのは真実だし、わたしの親友のイラン人も、彼女は相当リベラルな人だと思うが、やはり自分の娘が同級生たちのように制服のスカートをミニ丈にすることは絶対に許さない。

「体に染みついた文化と慣習は抜けない」と彼女は言う。

「前代未聞の難民問題」とか「欧州に極右台頭」とかいうセンセーショナルな報道が増えて一番困るのは、こうしたことを語ることそれ自体が「右翼的」と言われるために、目を瞑り、耳を塞ぐ人が増えることだ。だが、文化の違いは歴然として存在するし、砂の中に頭を埋めるのではなく、声を上げてその違いを語り合わなければ、「聖人」または「悪魔」程度のレベルでしか相手を理解することはできない。

だが同時に、ケルンでの事件を見て、

「移民・難民の受け入れはミステイク」

などと声を張り上げるのも無意味だ。そんなことを今さら言ってももう遅い。

英国の例を見るだけでも、ケルンでの事件は何ら新しいことではないし、すでに多くの移民を受け入れている欧州の国々では、「レイシストと思われるから」大っぴらには語られなかったが、裏ではいろいろ起きているからだ。

だが、もっと根源的で、決定的な「今さらもう遅い」の理由は別にある。こちらは『ガーディアン』のギャビー・ヒンズリフの言葉(二〇一六年一月八日)を借りたいと思う。

昨日、英国の複数の新聞が、移民・難民のことを「人口統計的な時限爆弾」と表現していた。移民・難民には圧倒的に若い男性が多く、若い男性は圧倒的に暴力的犯罪を起こす確率が高いからだという。

それは知らなかった。これまでは、欧州が恐れる「人口統計的な時限爆弾」とは、高齢者への年金を提供する若年の勤労者が足りないということだったのだが。

前者と後者の時限爆弾はリンクしている。が、より大きいのは後者だ。だから若い移民を受け入れることを「ミステイク」とか言っていても始まらないのだ。

欧州だけではない。自国の若者が家庭を持ち、子どもを産んできちんと育てていける経済を選択していない国は、すべてこの爆弾を抱えている。

左派に熱狂する欧米のジェネレーションY
――日本の若者に飛び火しない理由

二〇一六年三月二五日　Yahoo!

「努力をすれば成功する」が通用しなくなった若者世代

『ガーディアン』が「ミレニアルズ：ジェネレーションYの試練」という特集を組んでいる(二〇一六年三月二日―四月四日)。ミレニアルズまたはジェネレーションY(英国ではこの二つは同義語として使われることが多い)というのは、ジェネレーションXの次の世代、つまり一九八〇年代から二〇〇〇年にかけて生まれた人たちのことである。

同紙が三月六日に発表した統計によると、過去三〇年の間に米国、英国、オーストラリア、カナダ、スペイン、イタリア、フランス、ドイツの八か国で、二五―二九歳の独身者たちの可処分所得が、全国平均のそれと比較して大幅に減少している。例えば、英国では一九七九年から二〇一〇年までの全国平均の可処分所得の伸びは七一％だが、二五―二九歳の独身者では三八％だ。米国では可処分所得の伸びの全国平均一三％に対し二五―二九歳の独身者ではマイナス六％、スペインでは全国平均六八％に対し二五―二九歳の独身者ではマイナス一二%になる。さらに、米国、ドイツ、カナダ、フランス、スペインの五か国で、二五―二九歳の可処分所得が三〇年前と比較して実質的に減少していることも明らかになった。

また、市場調査会社Ipsos MORIが行った調査では、英国の人々の五四%が、今日の若者たちの将来の生活水準は前の世代より低くなっているだろうと答えている(『ガーディアン』二〇一六年三月一一日)。

これらの調査結果を受け、政府の社会的流動性調査委員会の代表、アラン・ミルバーンは、「このままでは英国は永久に分断された国になる」と警告する。「上の世代より下の世代の未来のほうが明るい」「努力をすれば成功する」という中高年が信じてきた考え方は完全に過去のものになったという。

保守党政権の委員会の代表でさえ以下のようなことを言う時代だ。

残念ですが、それはもはや通用しないということを示す非常に説得力のあるデータがあります。これは国の社会的一体性に重大な影響をもたらします。この国は、どんな社会になりたいのかという実存的危機に直面しているのではないかと思います。

(『ガーディアン』二〇一六年三月一一日)

オズボーン財務相は二〇二〇年までには九ポンド(約一四四〇円)の「living wage(生活賃金)」を導入すると言っているし、昨年(二〇一五年)、大きな物議を醸したタックスクレジット削減も、拍子抜けするほどあっさり取りやめた。「保守党がだんだん赤くなってきた」と揶揄《やゆ》される背景には、前述のようなデータの数字に加え、泡沫候補として笑い者にされながら大勝利をおさめて労働党党首になったジェレミー・コービンの存在もある。

なぜ「選挙に行かない世代」だった若者が左派に熱狂するのか

「選挙に行かない世代」と言われて政治に放置プレイされていた若者たちが、大西洋の両側で不気味な政治勢力になりつつある。英国のコービンをはじめ、スペインには結党二年目で第三政党になったポデモス、米国にも大統領候補指名レースで思わぬ善戦をして多くの人々を驚かせているバーニー・サンダースがいる。彼らを熱狂的に支持しているのがジェネレーションYだ。

就職難、将来性のない仕事、ハウジング・クライシス、借金、下落する生活水準、結婚や子どもなんて望めない。先進国では、どこの国の若者も同じような問題を抱えている。『ガーディアン』のオーウェン・ジョーンズは、若者は決して「政治なんてどうでもいい」と思っているわけではないと言う。ただ、あまりにも長い間、彼らに関係のある事柄が政策メニューに上らなかったため、自分が抱えている問題と政治をリンクさせることができなくなったのだという。しかし、コービンやポデモスやサンダースが、彼らの問題をダイレクトに解決する政策(「大学授業料無料化」「手頃な家賃の住宅の大規模提供」など)を打ち出してきたため、「こんなに自分が辛かった理由は政治だったんだ」と気づいたのである。

また、ジョーンズは、ジェネレーションYが左派を支持する理由は、「若いから理想に走っている」ということではないし、「人は加齢すると保守的になる」という説も怪しいと考察している。

例えば一九八四年と一九八八年の米国大統領選では、若い有権者がロナルド・レーガンやジョージ・H・W・ブッシュに投票したし、英国でも一九八三年の総選挙では多くの若者がマーガレット・サッチャーを支持した。つまり、中高年は若い頃の考え方をそのまま維持していると考えるほうが自然で、ジェネレーションYは違う考え方を持っているというのだ。

自らを社会主義者だというサンダースは米国の政治家としては例外的に稀なタイプだ。だが、六五歳以上の米国人のうち一五%しか社会主義に対してポジティヴな見解を持っていないのに対し、一八―二九歳の層では三六%に上がる。これは、資本主義に対してポジティヴな見解を持つ同年代より三％少ないだけだ。
（『ガーディアン』二〇一六年二月四日）

日本の若者にも溜まるマグマ、これに応える経済政策はあるのか

今年（二〇一六年）の冬は一カ月ほど日本に滞在した。

「欧米のような左派が日本にも現れたら」と複数の人々が言っていたが、少なくとも、コービンやサンダースやパブロ・イグレシアスが日本に出現している気配はなかった。とはいえ、これらの指導者たちは「きっかけ」になっただけで、その前からジェネレーションYのマグマは地中でぐつぐつと滾《たぎ》り、きっかけさえあれば一気に噴出しそうなムードは二〇一一年（ロンドン暴動、スペインのM15運動の年）頃からあった。

日本はどうなっているのだろう。

日本滞在中、エキタスのメンバーたちに会った。「最低賃金一五〇〇円」という、「民主主義を守れ」よりはるかに具体的で、それゆえさらにボロクソに叩かれそうなスローガンで運動している若者たちだ。

わたしはずっと、欧州の若者たちの反緊縮運動のような「金の問題」を訴える運動が日本に出て来ないのは、まだみんなリッチだからなんだろうと思っていた。が、どうもそうではないらしい。いろいろ話を聞いていると日本のジェネレーションYを取り巻く

状況も欧米と同時進行で推移している。が、本人たちがそれを意識していないというか、受難の当事者意識がないという。

エキタスの藤川里恵さんはこう言った。

「「考えたくない」んだと思うんです。考えたら、先を考えたらもう終わってしまうんです。本当は中流じゃなくて貧困なんですけど、貧困っていう現実に向かい合うと終わっちゃうから……。〔中略〕労働問題とかを自分のこととして考えることをすごく嫌がるんです。だから、友達と話をするときに、そういう話題を出せない」

「私は二三歳で貧困の当事者なんですけど、「私は貧困だ」ってあえて言ってるんです。そうすると私より収入が低い人とか私と同じぐらいの収入、生い立ちの人はみんな貧困っていう定義になるんじゃないかと思って。〔中略〕そうでもしないと、やばいというか、どう言えばいいんですかね……」

同じくエキタスの原田仁希くんはこう言った。

「貧困運動とかって〔精神的・身体的・金銭的〕ケアとか、やっぱり貧困問題いっぱいあるんで、もう〔船に〕流れ込んでくる水をひたすら掻き出してるような感じなんです。「これじゃ、間に合わない！」これじゃ間に合わないから、ちょっとインパクトの大きいものにしなくちゃいけない」

日本でもジェネレーションYのマグマはふつふつと湧いていた。

が、日本の野党はこれに応える経済政策を出しているだろうか。

英国に戻ったわたしを追いかけるように届いたのは松尾匡《ただす》という学者さんの『この経済政策が民主主義を救う』(大月書店)だった。同著によれば、欧米と日本では、右派と左派の経済政策が見事なほどねじれているらしい。

日本では、左派・リベラルと言われている政党が「緊縮」派で、欧米の左派のような経済政策(金融緩和、政府支出)をやっているのがアベノミクスだという。

確かに、コービンやポデモス、サンダースら欧米の左派たちは大前提として反緊縮派であるから、松尾さんが書かれている通り、金融緩和に反対したり、弱者を犠牲にしてまで健全財政を目指したりしない。それは保守派がやること(英保守党の政策がその典型)だ。日本では左派がサッチャーの如くに緊縮を志向し、右派は金融緩和と財政出動はやっても若者のためには金は使わない。となれば、ジェネレーションYは捨てられたも同然だ(日本のNPO界隈で「若者支援」という言葉が普通に定着していることは二〇年間海外にいるわたしにはけっこう衝撃的だった)。

左右の政策がねじれていてもそれが独自の文化なら、何も欧米をコピーすることはない。が、洋の東西を問わず、左派とは本来、社会構造の下敷きになっている者たちの側につくものではなかったのか。

次の世代はオプティミズムを奪われているということだけが悲劇なのではない。
そういうものだと諦めさせられているのが悲劇なのだ。
不公平は不可避だという考えを否定せずに、何が左派だ？
コレクティヴな意志でそれは乗り越えられると信じずに、何が左派なのだ？

（オーウェン・ジョーンズ『ガーディアン』二〇一六年三月九日）

地べたから見た英EU離脱
——昨日とは違うワーキングクラスの街の風景

二〇一六年六月二五日　Yahoo!

「裏切られたと感じている労働者階級の人々を政界のエリートたちが説得できない限り、英国はEUから離脱するだろう」

二週間前にそう言ったのはオーウェン・ジョーンズだった。

二つに分断された国

「おーーーー、マジか！」

という配偶者の声で目が覚めた。離脱だという。

子どもを学校に送っていくと、郵便配達の仕事をしているお父さんがロイヤルメールの半ズボンの制服を着たまま娘を学校に連れてきていた。

「まさかの離脱だったね」と言うと、彼も「おお」と笑った。

彼とは昨日も学校で会い、EU離脱投票の話をしていたのだった。昨日の朝は「残留みたいだね、どう考えても」「ああ、もうそんなムード一色だな」みたいな話を二人でしていたのだった。昨日、彼はこう言っていたのだった。

「俺はそれでも離脱に入れる。どうせ残留になるとはわかっているが、せめて数で追い上げて、俺らワーキングクラスは怒っているんだという意思表示はしておかねばならん」

が、追い上げるどころか、離脱派が勝ってしまった。

しかしわたしたちは英国でもリベラルな地域として知られているブライトンの労働者だ。「離脱」(青)と「残留」(黄)票の全国マップを見てみると、英国中部と北部は「離脱」で真っ青だ。「残留」の黄色はロンドン近郊やブライトンなど南部のほんの一部、そしてスコットランド、北アイルランドだけである。

この国は明確に二つに分裂している。中部と北部vsロンドンとその近郊を含む裕福な南部＋辺境地域(ウェールズを除く)。

わたしや郵便配達のお父さんは南部の労働者だが、きっと中部、北部の労働者たちはもっと怒っていたのだろう。

リベラルの中にも離脱支持はいた

離脱投票の前に気づいたのは、もはや一国の中で「右」と「左」の概念が揺らいで混沌とした状態になっていたということだ。

一般に、ＥＵ離脱派陣営は、保守党右派のボリス・ジョンソンやＵＫＩＰのナイジェル・ファラージが率いた「下層のウヨク」であり、これは「英国のドナルド・トランプ現象」と理解されていたようだが、地元の人々を見ている限り、こうした単純なカテゴライズは当てはまらない。

「離脱」に入れると言っていた下層の街の人々は、わたしや息子に一番親切で優しく、何かにつけて助けてくれるタイプの組合系レフトの労働党支持者たちだし、レイシストにはほど遠い感じの人たちだ。それに、ふだんはリベラルで通っている人々の中にも、最後まで迷っている人が多かった。

こうした人々の苦悩はコラムニストのスザンヌ・ムーアが代弁していたように思う。

離脱を支持する人の気持ちがわかってしまうのだ。〔中略〕「古いワインのような格調高きハーモニー」という意味での「ヨーロッパ」の概念はわかる。が、ＥＵは明らかに失敗しているし、究極の低成長とむごたらしい若年層の失業率を推し進める腐臭漂う組織だ。ここだけではない。多くの加盟国で嫌われている組織なのだ。それに、自分なりのやり方でグローバル資本主義に反旗を翻すためにも、私は離脱票を投じたくなる。が、二つの事柄がそれを止める。難民の群れに「もう限界」のスローガンを貼った悪趣味なUKIPのポスターと、労働党議員ジョー・コックスの死だ。〔中略〕だが、ロンドンの外に出て労働者たちに会うと、彼らはまったくレイシストではない。彼らはチャーミングな人々だ。ただ、彼らはとても不安で途方に暮れているのだ。それなのに彼らがリベラルなエリートたちから「邪悪な人間たち」と否定されていることに私は深い悲しみを感じてしまう。

（『ガーディアン』二〇一六年六月二二日）

労働党左派もこのムードを感じ始めたから、潔癖左翼のジェレミー・コービンでさえ「移民について心配するのはレイシストではない」と言い始めたのだろう（『デイリー・メール』二〇一六年六月二日）。オーウェン・ジョーンズらの左派論客や、労働党議員たちもある時期から同様のことを言い出した。戦略を切り替えたのだ。怒れる労働者たちを「レイシスト」と切り捨ててはいけない。むしろ、彼らをこそ説得しなければ離脱派が勝つと判断したからだ。

そもそも、反グローバル主義、反新自由主義、反緊縮は、欧州の市民運動の三大スローガンと言ってもよく、そのグローバル資本主義と新自由主義と緊縮財政押しつけの権化ともいえるのがEUで、その最大の被害者が末端の労働者たちだ。

だから、「大企業や富裕層だけが富と力を独占するようになるグローバリゼーションやネオリベや緊縮は本当に悪いと思うけど、それを推進しているEUには残りましょう」と言っても説得力がなく、そのジレンマで苦しみ、説得力のある残留の呼びかけができなかったとしていよいよ退任を迫られそうなのがジェレミー・コービンだ。

「貧困をなくし、弱者を助ける政治を目指す」と高らかに言って労働党党首に選ばれた人が、グローバリゼーションと緊縮財政のWパンチで「移民の数を制限してもらわないと、賃金は上がらないし、家賃は高騰するし、もう生活が成り立ちません」と訴えている当の貧民たちに、「そんなことを言ってはいけません。自由な人の移動は素晴らしいコンセプトです」と言っても、今リアルに末端で苦しんでいる者たちには「はあ？」になる。

離脱派のリーダーはいなかった

UKIPのナイジェル・ファラージが嬉々として勝利宣言を行い、「今日は国民の休日。英国の独立記念日だ」などとまたキャッチーなことを言っていたが（『デイリー・メール』二〇一六年六月二四日）、『ガーディアン』のジョン・ハリスは全国津々浦々のワーキングクラスの街を離脱投票前の一週間取材し、「労働者階級の離脱派を率いているのはUKIPのファラージでも保守党右派のボリス・ジョンソンでもなく、人々のムードそのものだった」と気づいたそうだ。左派ライターとして知られる彼も、ワーキングクラスの街を回るにつれて自らの考えが揺らいできたことを認めている。

このワーキングクラスのムードの根底には何かきわめて重大なことがあるのではないかと気づいている左派の人々でさえ、まだ彼らのことを、「自分たちとは違う思想の人々に率いられて崖っぷちに向かっている愚衆。もっと物をわかってくれたら」と考えたがっている。だが、僕が会った人々は実のところ誰にも率いられていない。僕の経験から言えば、これらの人々のほとんどは、ファラージやボリス・ジョンソンを、残留派の人々と同じぐらいに懐疑的な目で見ている。

僕たちは二つのことを覚えておかねばならない。まず、EUから離脱したい人々の多くは、自由な人の移動がもたらした結果について心配し、怒っているのだということ。〔中略〕二つ目は、ファラージやジョンソンがEU離脱を利用して、生き残りたければ自分で何とかするしかない社会へのスピードを加速化しようとすれば、おそらくそれについていくだろう労働者階級の人々もいるということだ。

僕は喜んでこんなことを書いているのではない。僕は近代の保守主義を憎悪するし、残留に票を投じるつもりだ。だが、左派が復権するためには、こうしたことを胸に刻んで行動することが今後は必須になるだろう。

緊縮財政と「自由な人の移動」は致命的なミスマッチだ。この二つは合わない。なぜなら、その犠牲になるのは末端労働者たちであり、英国の場合、この層はいつまでも黙って我慢しているような人々ではないからだ。

（『ガーディアン』二〇一六年六月二三日）

子どもを学校に送った帰り道、車の上に四本聖ジョージの旗を立てている近所の離脱派の中年男性が車内に掃除機をかけていた。

「離脱だったね。大変なことになるってテレビも大騒ぎしてる」と言うと彼は言った。

「おう。俺たちは沈む。だが、そこからまた浮き上がる」

残留派のリーダーたちにはこのおじさんや郵便配達のお父さんや、ストリートのリアルな生活者の姿が見えていなかったのである。

英EU離脱の教訓

――経済政策はすべての層のために機能しなければ爆弾に引火する

二〇一六年七月八日　Yahoo!

「アイデンティティ」政治ではなく経済の問題

先の労働党政権の元首相、ゴードン・ブラウンが「ブレグジット〔英国のEU離脱〕が残した最重要な教訓は、グローバリゼーションは英国のすべての人のために機能せねばならぬということ」というタイトルの記事を書いていた。彼は、EU離脱投票の結果は昨今流行りのアイデンティティ・ポリティクスの枠組ではなく、経済問題として考えるべし。ということを、いかにも彼らしく地味に、いぶし銀のような筆致で描いている。

我々の国のように多様化した国が離脱派のキャンペーンのような内向きの、反移民のレトリックで何年も過ごすわけにはいかない。だが、同様に我々は、この国の鍵を握る心配事を拒否する残留派のタクティクスでは前進できない。〔中略〕誰もが認識しているが口に出したくない重要な問題は、グローバリゼーションだ。我々のグローバル経済における劇的な変化のスピード、範囲、規模。その結果、我々が失ったものを最も明らかに表しているのは、アジアとの競争にさらされた製造業の崩壊で空洞化した労働者の街だ。〔中略〕グローバリゼーションは抑制可能で、自分たちの利益を守ることも可能なのだと思えない人々は、当然ながら「人間の移動」を争点にした反グローバリゼーションのムーヴメントに参加することになる。

(『ガーディアン』二〇一六年六月二九日)

英国のユーロ導入を阻止した元首相の提言

しかしながら、ブラウン元首相は、今後の行き方はある。と提案する。

グローバリゼーションだって公平でインクルーシヴなものにできるのだということを我々が示せなければ、反グローバル主義運動があちこちに現れ、政治は国籍や民族、または「アイデンティティ」を軸にして動くことになる。昨今の政治を分けているのは「オープンな世界」か「閉じられた世界」かの概念だと言う人々もいる。だが、この考え方は、システムからイデオロギーを取り除きたい人々や、グローバリゼーションのアキレス腱である「開き過ぎる格差」と直面したくない人々の逃げ場であるように僕には思える。本当に政治を分けているのは、不公平に立ち向かい、うまく管理されたグローバリゼーションを支持するのか、介入を許さない完全に自由なグローバル市場を求めるのか、シンプルに反グローバル主義を唱えるのか、ということであろう。

（『ガーディアン』二〇一六年六月二九日）

ブラウン元首相は、「資本、労働力、モノとサービスの自由な移動、即ちマイグレーションから派生する（だがヒステリックなまでの物議を醸すことがある）様々のイシューを調査する委員会」を設置し、世界中からこの問題の専門家を集め、担当大臣も配置せよと提案している。ブラウン元首相はブレア政権の財務相を務めていた頃、英国の単一通貨ユーロ導入の是非を測定する「五つの経済テスト」を行い、英国のユーロ導入は時期尚早と判断した人物でもあり、彼がその決断を下したときのように、ノルウェーやスイス、カナダ、WTOモデルなど、あらゆる可能性を深く探るべきだと書いている。

そしてスコットランド人でもある彼は、スコットランドも、自分たちの年間貿易額は対イングランドで四六〇億ポンド（約七兆三六〇〇億円）、イングランドに関連した仕事の数は一〇〇万であるのに対し、対欧州大陸では年間貿易額一二〇億ポンド（約一兆九二〇〇億円）、関連する仕事の数は二五万であるという事実を冷静に受け止め、欧州と英国の双方の一部であることの恩恵をダブルで受けられるように立ち回るべきと書いている。

内向きになったイングランドにはプログレッシヴなスコットランドはついていけない

わ。と短絡的に動かず、民の生活をまず考えろ。といぶし銀のブラウンは言っているようだ。

反緊縮派が止められなかった緊縮をブレグジットが止めるのか

米ダートマス大の経済学の教授、デヴィッド・ブランチフラワー(二〇〇六年から二〇〇九年までイングランド銀行金融政策委員会の外部委員を務めた)は、反緊縮派が止められなかった保守党の緊縮財政をブレグジットが完全に終わらすことになるだろうと書いている。

ポンドは急落、銀行、不動産、建設業の株価も急落、特にロンドンでの住宅価格の急落も不可避と言われ、リセッションの恐れが英国中を覆っている。マイケル・ゴーブとボリス・ジョンソンが率いた離脱派の勝利はすでに英国に一〇〇億ポンド(約一兆六〇〇〇億円)以上の損失をもたらしたとも言われている。

格づけ会社S&Pは英国のEU離脱を「影響力の大きな出来事」と呼び、英国の格づけをAAAからAAに格下げ(二〇一〇年に本格的な緊縮財政への移行を宣言したとき、保守党政権はAAAだけは維持すると約束していた)、フィッチもAA+からAAに格下げ、バークレイズは二〇一六年の第3および第4四半期のマイナス成長を予測している。クレディ・スミスも二〇一七年の英国の成長率はこれまでの予想の二・三%からマイナス一・

〇%に落ちると予想している。これを受け、すでにイングランド銀行のマーク・カーニー総裁は経済刺激策の必要性をほのめかしている。

ブレグジット後の英国がリセッションに突入すれば、二〇二〇年までに財政均衡化を果たすと言ってゴリゴリの緊縮を進めてきたオズボーン財相の計画は持続不可能になる。社会の末端で餓死者が出ても、子どもの貧困率を押し上げても、障害者の生活保障を極限以上に削減して国連の調査が入るという大変不名誉なことになってもひたすら財政均衡を目指した保守党の緊縮財政が、皮肉なことにブレグジットで終焉を迎える、と同教授は書いている。

これは緊縮という破滅的な実験の終焉だ。それは屈辱的な失敗に終わるだろうと私は最初から反対していた。

「もう(政府に)金は残されていないのだ」とあのときオズボーン財相は言った。もしあのときになかったのなら、今は間違いなく何も残されていないだろう。彼自身が爆弾で吹っ飛ばしてしまったのだから。　(『ガーディアン』二〇一六年七月五日)

こうなるまでわからなかったのか、と思えば「緊縮は病気である」と言われるのも無理はない。

だが、緊縮がいつかは引火する爆弾だとすれば、抱えていたのは英国だけではない。

昨年(二〇一五年)、シリザ率いるギリシャが反緊縮の狼煙《のろし》を上げてEUに反旗を掲げたとき、欧州理事会議長ドナルド・トゥスクは「政治の季節」と言われた一九六八年のような反体制運動や革命が欧州全土に広まるのではないかと懸念していたという。EUはギリシャを抑えることには成功した。だが、不満を抱えた爆弾は欧州にはいくつも転がっている。

ブレグジット・ツーリズム

二〇一六年一〇月　PANIC

なんともクレイジーな時代になったものである。巨額の現金をベッドのマットレスの下に隠すのは、犯罪者か大昔の人々のすることかと思っていたが、『フィナンシャル・タイムズ』(FT)によれば、英国の銀行や金融機関も同じことを考えているらしい。これはマイナス金利のせいであり、民間銀行が中央銀行に預金をすると、利息がつくどころか、目減りする時代になってしまったからだ。

二〇一四年に欧州中央銀行の金利がマイナスに転じて以来、銀行セクターは、少なくとも二六億四〇〇〇万ポンド(約四三二〇億円)の損失を出していると、FTは見積もっている。年金ファンドの中には、現金を保管する際のスペースを考えて、五〇〇ポンド札の発行を真剣に要求しているところもあるという。いったい、いつの時代の話なんだよと思うようなニュースだが、SF作家も風刺作家も、まさかこんな未来が来るとは予測できなかっただろう。

もう一つの「時代の退行」と言われた事象に「ブレグジット」がある。国境を開き、自由に人やモノや資本が行き来する方向に世界は動いていたはずなのに、英国の人々はいきなりEUから抜けるなどと言い出した。

「移民が多過ぎる」「移民を制限しなくては」という内向き志向が離脱派のエネルギーだったと言われていたが、どうもEU離脱決定以来、いっそう外国人の姿が増えているように見えるのは、わたしの思い過ごしなのだろうか？

だが、それはわたしの妄想ではなかった。突然の英国観光ブームが訪れているのだ。この現象は「ブレグジット・ツーリズム」と呼ばれ、EU離脱が世界中で報道されたために英国への関心が高まり、さらに、EU離脱決定でポンドが急落したせいで、観光客が急増しているらしい。

ブレグジットで製造業や金融セクターの今後は不透明だが、おかげで観光業界だけは絶好調。雨ばかりでうっとうしい英国の天候の悪さでさえ、ここでは有利に働く。雨にぬれながら道端を歩きたくない人々が、店舗に入って買い物をするからである。

国境を閉じたくとも、人やマネーはどんどん入ってくる。

排外主義の象徴と言われた国旗さえ最近では違う意味合いを持っている。離脱派の人たちが着ていたユニオンジャックのTシャツを、今度は観光客が着て歩いている。

うたぐり深い政治の時代

二〇一六年一一月　PANIC

フランス北部カレーの難民キャンプが撤去された。カレーには九〇年代後半から、中東やアフリカから英国に入国しようとする難民や移民がキャンプを行うようになり、昨年(二〇一五年)、フランス政府がキャンプを一カ所に集め、約八〇〇〇人の難民・移民が滞在していた。キャンプ内の衛生状態は劣悪で、治安も悪化していたため、フランス政府が年内撤去を決定し、一〇月末から立ち退きが始まった。

これを受け、英国政府は、英国内に親類縁者のいる子どもの移民・難民の受け入れを始めたが、これが未成年ではない経済移民が子どものふりをして入国しようとしているとして大騒ぎになり、保守党議員のデヴィッド・デイヴィスは、「これ以上、非難はしたくないが、僕は本物の子どもたちが英国に到着している姿を見たい。この疑問を抱く権利は、我々にもあるのではないか」と発言した。

「本物か偽物か」の政治の時代である。

この手の報道は、四年ほど前、保守党政権が障害者福祉の大幅カットに手を付けたときにも見られた。政府や右派メディアは、「社会の最も脆弱な人々を装った詐欺はけしからん」キャンペーンを繰り広げ、『デイリー・メール』は、「何千人もの障害者を装った人々が、我々の税金で買った新車に乗っている」と書いた。

「本物か偽物か」を見分ける手法はいろいろある。カレーの難民の場合には、歯型を取って年齢を見分ける方法が提案されているし、障害者の場合には何メートル歩けるかというような問診票がある。でも、妙に歯が大きい一〇代の子がいるかもしれないし、聴力の障害は歩ける距離では測定できない。

だが、そんなことは関係ないのだ。「本物か偽物か」検査は、偽物を助ける愚行を避けるためのものであり、本物より偽物を見つけることが大事だからだ。

こんなうたぐり深い政治は、人間同士を敵にする。「他者を助けたい」より、「本物だろうか」が重要になる。

そして最終的には、困っている人が隣に座っていても平気な社会になる。「どうしてこの人は困っているのだろう」ということより、「この人は本物なのか」を、みんなが知りたがるようになる。

そんな社会は著しく衰退するだろう。原因ではなく、真偽だけを知りたがる文化・文明に進歩はないからである。

ポピュリズムとポピュラリズム
――トランプとスペインのポデモスは似ているのか

二〇一六年一一月一六日　Yahoo!

米大統領選の結果を受け、スペインでは、ポデモスのパブロ・イグレシアス党首とドナルド・トランプを比較する人々が出て来たので、イグレシアスはこれに憤慨し、「ポピュリストとはアウトサイダーのことであり、似たようなメソッドを使うことはあるものの、それは右翼でも、左翼でもあり得るし、ウルトラ・リベラルの場合も、保護主義者の場合もある」と主張していると『エル・パイス』(El País)紙が伝えている。

ポピュリズムとは大衆迎合主義なのか

パブロ・イグレシアスは、「ポピュリスト」の概念についてこう語っている。

ポピュリズムとは、イデオロギーでも一連の政策でもない。「アウトサイド」から政治を構築するやり方のことであり、それは政治が危機に瀕《ひん》した時節に拡大してくる。

ポピュリズムは政治的選択を定義するものではない。政治的時節を定義するものだ。

(『エル・パイス』二〇一六年一一月一一日)

スペインは今年(二〇一六年)六月に再総選挙を行ったが、昨年末の総選挙同様に議席が二大政党と新興二党に分裂したまま政権樹立に至らなかった。その上、最大野党の社会労働党が内部クーデターが起きるなどしてゴタつき、ラホイ首相続投の是非を問う信任投票で棄権したため、結局は国民党が政権に返り咲いている。イグレシアスは社会労働党のふがいなさを激しく非難しており、ポデモスは野党第一党になる黄金のチャンスを摑んでいるとも報道されている。「妥協をしながら国家制度のなかで地位を確立するポデモス」と「左派ポピュリズムとしてのポデモス」との折り合いをどうつけるかという以前からあった問題が、いよいよ切実なものになってきたようだ。イグレシアスはこう言っている。

これからの数カ月、議論しなければならないのは、ポデモスはポピュリストのムーヴメントとして存在し続けるべきか否かということだ。

(同前)

「ポピュリズム」という言葉は、日本では「大衆迎合主義」と訳されたりして頭ごなしに悪いもののように言われがちだが、Oxford Learner's Dictionaries のサイトに行くと、「庶民の意見や願いを代表することを標榜《ひょうぼう》する政治のタイプ」とシンプルに書かれている。一九世紀末に米国で農民たちの蜂起から生まれた政党の名前がポピュリスト(人民党)だった。これは populace に由来する言葉だ。一方、popular から派生したポピュラリズムは最近よく政治記事で使われるようになってきた言葉だが、昔から音楽関係の英文記事を読んでいる人は目にしたことがあると思う。クラシックに大衆音楽の要素を混入したり、インディー系の知る人ぞ知るアーティストがポップアルバムを出したりするときに、評論家たちは「ポピュラリズム」と呼んできた。

「ポピュリズムの行き過ぎたものがポピュラリズム」という解釈もあるが、ポピュリズムは大前提として「下側」(イグレシアス風に言えば「アウトサイド」)の政治勢力たらんとすることで、テレビに出ている有名なタレントを選挙に出馬させたりする手法は単なるポピュラリズム(大衆迎合主義)だ。そのタレントが下側(アウトサイド)の声を代表するつもりかどうかはわからないからである。

左派と地べたの乖離

　EU離脱、米大統領選の結果を受けて、新たな左派ポピュリズムの必要性を説いているのは『ガーディアン』のオーウェン・ジョーンズだ。

「統計の数字を見れば低所得者がトランプ支持というのは間違い」という意見も出ているが、ジョーンズは年収三万ドル以下の最低所得者層に注目している。他の収入層では、二〇一二年の大統領選と今回とでは、民主党、共和党ともに票数の増減パーセンテージは一桁台しか違わない。だが、年収三万ドル以下の最低所得層では、共和党が一六％の票を伸ばしている（『ニューヨークタイムズ』二〇一六年一一月八日）。票数ではわずかにトランプ票がクリントン票に負けているものの、最低所得層では、前回は初の黒人大統領をこぞって支持した人々の多くが、今回はレイシスト的発言をするトランプに入れたのだ。英国でも、下層の街に暮らしていると、界隈の人々が（彼らなりの主義を曲げることなく）左から右に唐突にジャンプする感じは肌感覚でわかる。これを「何も考えていないバカたち」と左派は批判しがちだが、実はそう罵倒せざるを得ないのは、彼らのことがわからないという事実にムカつくからではないだろうか。

　ラディカルな左派のスタイルと文化は、大卒の若者（僕も含む）によって形成されることが多い。〔中略〕だが、その優先順位や、レトリックや、物の見方は、イングランドやフランスや米国の小さな町に住む年上のワーキングクラスの人々とは劇的に異なる。〔中略〕多様化したロンドンの街から、昔は工場が立ち並んでいた北部の街まで、左派がワーキングクラスのコミュニティに根差さないことには、かつては左派の支持者だった人々に響く言葉を語らなければ、そして、労働者階級の人々の価値観や優先順位への侮蔑を取り除かなければ、左派に政治的な未来はない。

（『ガーディアン』二〇一六年一一月一〇日）

右派ポピュリズムを止められるのは左派ポピュリズムだけ?

『エル・パイス』は、ポデモスとトランプは三つのタイプの似たような支持者を獲得していると書いている。

一　グローバル危機の結果、負け犬にされたと感じている人々。
二　グローバリゼーションによって、自分たちの文化的、国家的アイデンティティが脅かされていると思う人々。
三　エスタブリッシュメントを罰したいと思っている人々。

「品がない」と言われるビジネスマンのトランプと、英国で言うならオックスフォードのような大学の教授だったイグレシアスが、同じ層を支持者に取り込むことに成功しているのは興味深い。

マドリード自治大学のマリアン・マルティネス＝バスクナンは、ポデモスとトランプが相似している点は「語りかけ」だと指摘する（『エル・パイス』二〇一六年一一月一一日）。「トランプには理念があるわけではなく、彼の言葉は、ヘイトや、オバマ大統領が象徴するすべてへの反動に基づいています。人々の感情を弄び、極左や極右がするように、共通のアイデンティティを創出しようとします。問題は、人々の情熱がどのように利用されているかということなのです」と彼女は話している。

感情と言葉の側面については、英国のオーウェン・ジョーンズもこう書いている。

プログレッシヴな左派は、ファクトを並べて叫べば人々を説き伏せることができると信じている。だが人間は感情の動物だ。我々は感情的に突き動かされるストーリーを求めている。一方、クリントンの演説は、銀行幹部の役職に応募しようとしている人のように聞こえた。（略）左派も感情を動かすヴィジョンを伝えなければならない。ただ事実を述べてわかってくれるだろうと期待しているだけでは、右派の勢いを鈍らせることも、プログレッシヴな勢力の連合も築けないとわかったのだから。

（『ガーディアン』二〇一六年一一月一〇日）

ポデモスの幹部たちは「右派ポピュリズムを止められるのは左派ポピュリズムだけ」と言ったベルギーの政治学者、シャンタル・ムフに影響を受けているという。『エル・パイス』によれば、スペインは欧州国としては珍しく、英国のナイジェル・ファラージのＵＫＩＰや、フランスのマリーヌ・ルペンの国民戦線のような右派ポピュリズムがまだ出現していない。

ちょっと希望の押しつけ過ぎではないかとも思うが、オーウェン・ジョーンズが「ポデモスが崩れたら欧州の左派に未来はない」と言うのも、右派ポピュリズムへの抑止力として機能している左派ポピュリズムが他に見あたらないからだろう。

二〇一七年

『わたしは、ダニエル・ブレイク』はチャリティ映画じゃない。反緊縮映画だ

二〇一七年三月二四日　Yahoo!

ケン・ローチのもっともな主張

ケン・ローチ監督の『わたしは、ダニエル・ブレイク』日本公開に際し、日本の配給元を中心とした関係者が、「ダニエル・ブレイク」基金を設立しており、劇場公開鑑賞料の一部が寄付されることになっている。これについて、ケン・ローチはこうコメントしている。

「一つだけ付け加えたいのは、ともかくチャリティは一時的であるべきだということ。ともすると、チャリティというものは不公正を隠してしまいがちだが、むしろ不公正の是正こそが最終目的であることを忘れてはならない」

（『シネマトゥデイ』二〇一七年三月一四日）

チャリティはだいじ。だいじなんだが、そればかり強調されると、英国でのこの映画の捉えられ方とはずいぶん差がでてくる。

ケン・ローチは、実際にフードバンクを視察したり、そこに来ている人々に取材したりして『わたしは、ダニエル・ブレイク』を作っている。そして、彼の怒りはフードバンクをもっと増やせとか、慈善活動を充実させろとかそういうことではない。

むしろ、そもそもそんなものがあるのがおかしいのだ、緊縮やめろ、と怒っているのだ。

緊縮財政は歴史的にヤバい

本作の舞台である英国の保守党政権が、本格的な緊縮財政政策を始めたのは二〇一〇年のことだ。

キャメロン元首相とオズボーン元財相の「緊縮コンビ」は、財政健全化を最優先とする政策を打ち出し、福祉、教育、医療といった地べたの庶民の生活にもっともダイレクトに影響を与える分野での財政支出を大幅に削減していった。

歴史的に見て、英国の保守党は緊縮が好きだ。いつもこれをやっている。例えば、一九二九年のウォール街での株価大暴落後。せっかく第四回選挙法改正で二一歳以上の女性に選挙権が与えられ、労働者階級の女性たちの投票の影響で労働党政権が発足していたにもかかわらず、これは国の非常事態だってんで挙国一致内閣が組閣され、事実上の新政権の支配者は保守党になる。

で、何が起きたかというと、やっぱり緊縮だ。世界恐慌は緊縮で乗り切るしかないとか言い出し、その結果どうなったかといえば、スラムを広げ、困窮する北部と裕福な南部に国を分断。失業者が増えると「この人たちを税金で養っていくのは我々なのか?」と中流階級が不安と不満を感じ始めて、そのムードを緩和すべく、政権は失業保険で生きる人々を懲罰的に扱い始める。

鉄の女、マーガレット・サッチャーも緊縮魂の人だった。英国の経済再生は、支出抑制による財政再建によってしか達成できないと言い、「投資と雇用回復を求めるのなら、英国民は生活水準の低下を受け入れる以外に道はない」と主張した。「平等に貧しくなりましょう」+「この道しかない」のダブルパンチである。

で、彼女の緊縮政策によって何が起きたかというと、富裕層の生活水準は落ちなかったが、貧しい労働者階級の生活水準はどんどん落ちていった(そもそも、保守党がどうしてそんなに緊縮が好きなのかというと、それは保守党の支持基盤である裕福な層やエスタブリッシュメントが満足する政策だからだ。緊縮は間違っても地べた民の側に立つ政策ではない)。

で、こんな世の中になるとどうなるかというと、サッチャーの時代は英国各地で暴動とテロが頻発した血なまぐさい時代になった。緊縮は社会を分断し、対立を生む。

（以上、参考文献はセリーナ・トッド著『ザ・ピープル――イギリス労働者階級の盛衰』みすず書房）

そしてダニエル・ブレイクへ

二〇〇九年の景気後退にしても、保守党政権は二〇〇八年の金融危機の影響を無視し、「労働党政権時代の使い過ぎのせい」として、この不景気を乗り切るには緊縮しかないと言った。オズボーン財相は四〇〇億ポンド（約六兆円）の歳出削減を宣言し、大幅な福祉削減、公務員賃上げ凍結、付加価値税率引き上げなどを発表した。その一方で、キャメロン元首相は「ブロークン・ブリテン」と呼ばれる荒れたアンダークラスを更生させると宣言。失業保険、生活保護受給者を懲罰的に扱うようになる。保守党の政治は判で押したようにいつも同じコースを取る。

そのおかげで二〇一三年にはフードバンク利用者が前年比三〇〇%になった。「生活保護受給者へのサンクション（制裁）」などという言葉が新聞の見出しを飾り始めたのもキャメロン元首相が政権を取ってからだ。だいたいサンクションなどという言葉は、テロ支援国家指定された国に経済制裁をかけたりするときに使われるものだったのに、いつの間にか一般庶民まで福祉当局からサンクションをかけられるようになっていた。つまり、働かない人間は、国からテロリスト同然だと見なされるようになったのだ。

『わたしは、ダニエル・ブレイク』で福祉からサンクションを加えられている主人公たちも、国家からテロリスト認定されたのだ。

何のために？　緊縮財政の非人道性に抗い、尊厳を持って生きようとしたために、だ。

この映画は作り話ではない

昨年(二〇一六年)、本作が英国で公開されたとき、労働年金大臣のダミアン・グリーンは、「『わたしは、ダニエル・ブレイク』は現実味を欠くフィクションだ」と言った。しかし今年(二〇一七年)一月には、呼吸困難など複数の症状を訴えていた男性がロンドンのケンティッシュタウンの失業保険事務所のアセスメントで就労可能と判断され、失業保険事務所でのアポの帰りに心臓発作で亡くなるという事件が実際に起きている(『インディペンデント』二〇一七年一月二〇日)。

「経済政策で人が死ぬというのは大袈裟だ」とこの映画の公開時にも保守党議員たちは言った。彼らは緊縮財政政策をやるときにいつもそう言う。歴史的に言い続けてきた。

ふざけるな。

というのが英国の反緊縮運動のエッセンスである。

ケン・ローチは、同志たちとレフト・ユニティという政党を二〇一三年に立ち上げている。

その設立理由は、こうだった。

新政党、レフト・ユニティの設立の理由は、主流政党が「緊縮」と呼ばれる政策を支持する政党ばかりだからです。「緊縮」は財政支出を削減し、労働者たちが何十年もかけて築いてきた社会的・経済的利益を破壊するものだからです。

（レフト・ユニティ　オフィシャルサイト）

慈善はそれが継続的なものであれ、応急処置である。それがゴールと思われるのは心外だから、ケン・ローチはあえて冒頭のようなことを言ったのだ。「社会には弱者はいるものだから助けてあげましょう、というのは右派の芸術作品だ。左派は弱者がいる状況に抵抗する姿を描く」と自ら言っている人なのだから。

ケン・ローチはよくこう言っている。

「『アジテート、エデュケート、オーガナイズ』という古い言葉がありますが、映画にできることは「アジテート」です」

八〇歳の英国の映画監督は、世界的な反緊縮運動の必要性をアジテートしているのだ。

組合、だいじ。

二〇一七年四月　PANIC

最近、英国労働者階級の歴史について書いている。で、セリーナ・トッドというオックスフォード大学の歴史学者の本を参考にしているのだが、目からうろこが落ちまくっている。

例えば、一九三〇年代。世界恐慌の影響で欧州を不況が襲い、不穏な時代がやってくる。失業労働者たちは極右に走り、ドイツやイタリアでファシスト勢力が台頭。現代の世界情勢と似ていると指摘される時代だ。

英国にも、モズリー卿というナチのシンパが率いる英国ファシスト連合があった。そして都市部や港湾地区などの、仕事の不足と過密な住宅状況の中で移民を迎え入れていた地域で支持を伸ばす。だが、英国では極右の勢力拡大は限定的に終わり、一九三六年に英国ファシスト連合がロンドン東部のユダヤ系住民の多い地区で反ユダヤ的な行進を行ったときには、数万人の下町の住民たちがこの行進に反対して大規模な暴動に発展した。「ケーブル・ストリートの闘い」と呼ばれるこの出来事を、今でもロンドン東部の高齢の労働者たちが誇らしげに話すのをわたしは知っている。

では、なぜ英国の労働者たちはファシスト政党に流れなかったのだろう。政治学者たちは、これを「英国には民主主義の伝統が強く根づいていたから」と説明する。が、わたしはずっとこれには納得できなかった。

しかし、セリーナ・トッドはもっと地べた側からの解釈をしている。「英国では失業者のほとんどが労働組合に参加していた」「イギリスの組合活動はドイツの労働運動に比べて強力であり、自律的だった」ということを彼女は理由に挙げているのだ。

つまり、英国では失業者たちが孤立していなかったのだと。そして、英国の労働者には「英国人」というアイデンティティ以外に、「組合員」という別のアイデンティティが存在したので、一つの極端な思想だけに凝り固まることがなかったのだという。

これは非常にふに落ちたので、家で配偶者に話すと、「でも、今は英国だって組合は弱体化してるからな」と寂しげに言っていた。

排外主義や極右台頭が騒がれるこの時代、組合や労働運動が本当に重要になってくる。それは国境や人種やその他の人間を分断する壁を超え、労働者という共通項を世界中の人々に与えることができるからだ。

組合、だいじ。

レフトの経済

二〇一七年五月　PANIC

先月、仏大統領選第一回投票が行われたとき、怒濤の追い上げを見せた左翼党のメランションを見ていると、強烈なデジャビュに襲われたような気分になった。

実際、もしも社会党のアモン候補が降り、メランションを左派統一候補として立てていれば、彼が決戦投票に残ったという声も少なくなかった。

メランションはガチの経済左派なので、大胆な政策を打ち出していた。財政支出の拡大（住宅、雇用創出、教育、若年層支援、福祉、環境への大規模投資）、富裕層増税と租税回避阻止、加盟国に緊縮政策を強いるEUに変革を求めるスタンス（それがかなわなければEU離脱も厭わぬと明言していた）。「新時代のケインズ主義者」とも呼ばれるその政策は、米国のバーニー・サンダースをほうふつとさせた。サンダースや、二〇一五年に英国労働党党首選で圧勝したときのコービンのように、メランションも若者に熱狂的に支持されていた。こうした古参のオールド・レフトが昔ながらの左派経済政策を掲げて若者たちの間で旋風を巻き起こすケースが続いている。

あまりにも長い間、右派と左派を分けるものは、外交、文化的な理念だけだと思われてきたので忘れられていたが、実は経済政策にも、右派と左派があるのだ。欧州の左派は伝統的に国民のためにカネを使う。健全財政を目指して緊縮の道を選び、不況をさらに悪化させて若者を失業させたり、学生を借金まみれにしたり、子どもの貧困を増加させたりしない。その資金がなければ政府がカネをつくる。

だが、左派がこの政策を放棄すると、極右が人気取りのためにそれを盗むことになる。フランスでは、大統領選第一回投票の結果の直後、パリ、リヨンなどの都市で、若者たちの暴動が発生した。彼らは、決戦投票に残った候補者のどちらにも投票したくないと絶望していたのだった。

新大統領に選ばれたマクロンは、政治的にはリベラルでも経済は右派であり、「ファシズムから欧州を救うヒーロー」は、若者たちのためにカネを使わないと彼らは怒っていたのだ。左派の経済を盗んでいたのはルペンだったのだから。

「ノー・ルペン、ノー・マクロン」と彼らはあのとき叫んでいた。これは遠い国の声じゃない。野放図に新自由主義を推進してきたすべての国の若者たちの声だ。

HUMAN(不満)

二〇一七年六月　PANIC

不満の夏である。六月の総選挙を控え、英国ではいよいよそんな雰囲気が盛り上がっている。

昨年(二〇一六年)のEU離脱投票の後、「今、大切なのは、すべての人のために機能する経済なのです」と言ったメイ首相(任期二〇一六―二〇一九年)は、緊縮の手を休めると言っていたくせに、今年(二〇一七年)九月から小・中学校教育への本格的財政支出削減が始まる。六年前、子どもが小学校に入学して以来、PTAから抗議活動への参加要請のメールが回ってきたのは初めてだ。「我々の学校を守れ」と添付されてきたチラシに書かれている。

今年九月からは、今まで週一五時間だった三歳児保育の国の負担額が二倍の三〇時間に引き上げられる。ということは、子どもを保育施設に預ける人の数が激増するはずだが、キャメロン元首相が中心になって進めていたこの保育改革も、彼がEU離脱の国民投票後に突然辞任してからは、誰が率先して推進しているのかわからない。保育業界の不安は膨らむばかりである。ハコも足りなければ保育士も足りない。英国でも待機児童問題が始まるだろう。

保育？　そんなことは取るに足りない問題だ。我々は今、ハード・ブレグジットか、ソフト・ブレグジットかという近代英国史上最大の命題を抱えているんだ、ということなんだろうが、予言しておく。

今年九月以降、英国では、不満を抱えた親たちによる大規模な「保育園よこせ」運動が起こるだろう。

その一方で、政権が「認知症税」と呼ばれる老後のケア制度を打ち出し、早い話が、高齢者が死後に持ち家を手放すことによって、自らのケア費用を支払う方向に英国の制度を変えたがっている。これには、勤労者が親族のケアのために一年間の無給休暇を取れるようにするという「働き方改革」もセットでついているが、要するに、家族が、家族の労力と資産を使って高齢者のケアをやりなさい、国は出資しませんという究極の緊縮政策の一環だ。

ハードだのソフトだのコンタクトレンズじゃあるまいし、ブレグジットばかりが選挙争点にされている間に、国内でこんな無茶ぶりをしている政権が、六月八日には選挙で大勝するのだろうか。

「不満」という字は、アルファベットでＨＵＭＡＮと打てばローマ字変換されることに気づいた。

ヒューマンを無視した政治への不満が、じりじり労働党の支持率を押し上げている。

政治に目覚めた庶民たち――「人への投資」が心摑んだ

二〇一七年六月二二日　欧州季評

欧州に古くて新しい政治の風が吹いている。教育費を増やし、勇気をもって未来に投資する政治が人々の心を摑んでいるのだ。それを世界に知らせるように六月八日の英国総選挙は大番狂わせの事態になった。メイ首相は大勝を確信して解散総選挙に打って出たのに、コービン党首の労働党が怒濤の猛追をし、与党の保守党の議席が過半数割れを起こした。

総選挙直前、子どもの学校の前でPTA役員たちが労働党のチラシを配っていた。「保守党はブライトン&ホーブ市の学校予算を一三〇〇万ポンド(約一九億五〇〇〇万円)削減します」とあり、地元の小中学校の年間予算削減額が示してある。息子の小学校では児童一人当たりに換算すると三六五ポンド(約五万四八〇〇円)減。二人の教員を失うことに相当する。二〇一九年四月からの税務年度までに、約三〇億ポンド(約四五〇〇億円)の教育予算が削減される方針を知り、英国の親たちは「学校を救え」という運動を全国で立ち上げて闘ってきた。総選挙での労働党の追い上げを可能にしたのは、彼らのような地べたの人々だが、教育予算が争点の一つだったことはあまり知られていない。

＊

今回の選挙での草の根運動の盛り上がりは、終戦直後の一九四五年の総選挙を思い出させた。このときの総選挙は今でも「人々の革命」と呼ばれる。英国の人々は、戦前の格差と貧困の時代に戻ることにノーを突きつけ、戦争で国を勝利に導いたチャーチルではなく、スラムに移り住んで苦しい生活を共にする「セツルメント運動」出身のアトリー率いる労働党を選んだ。アトリー政権は、医療、住宅、教育、福祉など、いわゆる「ブレッド&バター・イシュー」と呼ばれる、庶民の生活に根差した分野への大規模投資を行った。このときのことはケン・ローチ監督の映画『一九四五年の精神』に詳しい。特筆すべきは、当時は荒唐無稽と言われていた医療の大改革だった。無料の国民医療制度、NHSを設立したのだ。

コービン党首は、これにならい、NES（国民教育サービス）の設立をマニフェストに盛り込んだ。初等、中等、高等教育だけでなく、幼児教育もこの枠に入れて、二歳児保育（週三〇時間までの上限付き）から大学までの無償教育を実現するという大胆な提案だ。日本でも、高等教育の無償化やその財源をめぐる議論はあるが、この提案は先を行っている。

一九四五年の労働党のマニフェストを読むと、教育の箇所に「教育の重要な目的は、一人一人の市民に自分で考えられる能力を与えることです」と書かれている。コービン党首も、選挙戦で何度もこう言った。

「あなたたちは、学校の一クラスの人数が増えているのを見てうれしいですか？」

これは一九四五年の労働党の精神だ。自分で考えられる市民を育てるということは教育者が十分な時間を一人一人の子どものために割くということであり、それを可能にする投資を国が行うということを意味する。

人に投資する政治は、若者たちの熱い支持を集めている。昨年(二〇一六年)のEU離脱の投票では、一八歳から二四歳の投票率は実は低く、「結果に不満なわりには投票しなかった」と批判されたが、今回は大学生が全国の学内投票所の前に長い列を作っていた。NESの実現は、大学無償化を意味する。これは彼らにとって「荒唐無稽」ではない。彼らの親たちは無料で大学に通えた世代なのだから。

NESは一昔前まで「英国名物」と呼ばれ、充実していたファーザー・エデュケーション(公的成人教育制度)の復興も含む。コービン党首は、かつてブレア政権が行った保育・教育の改革プロジェクトの名称「すべての子どもが大事」をもじって「すべての子どもも、そして大人が大事」のスローガンを掲げた。保守党の緊縮財政で閉鎖になった成人教育カレッジの元教員たちや授業料値上げで中退した元学生たちも労働党のマニフェストには顔を輝かせた。

＊

二〇〇八年の金融危機以降の不景気と、緊縮財政下の七年間は終わりなきトンネルのようだった。若者たちは「自分たちは損な世代なのだ」と諦め、大人たちも「もう昔とは違う」と俯《うつむ》き、そういう時代なんだと自分に言い聞かせてきた。それが突然、そうじゃないんだと、昔できたことが今できないのは政治家が優先順位を変えてしまったからなんだ、と言う政治家が現れた。英国のコービン、スペインの政党ポデモスら欧州の反緊縮派は、国が人に投資する政治は歴史の教科書の中の話ではなく、今だってやる気になればやれるのだと主張。そんな彼らが新左派と呼ばれるのは皮肉だ。彼らが新しく見えるのは、未来へのヴィジョンを示す政治が存在しなかったからだ。

終戦直後の英国の庶民がスラムの広がった時代に戻ることを拒否したように、人々はもう生活困窮者に食品を配るフードバンクの時代に飽き飽きしている。削減の政治は人々から希望を奪い、貧困と分断を押し広げた。今こそ恐れずに未来に投資しなければ、人も国も暗い時代に沈む。古くて新しい政治が支持を広げているのは、庶民こそ肌感覚でそれを知っているからだ。

飢える休日

二〇一七年八月　PANIC

ホリデー・ハンガー。という言葉がある。「ホリデー(休日)」と「ハンガー(飢餓)」なんて、普通は結びつかない感じの言葉だが、これが英国の一部の子どもたちの現実だ。夏休みに入り、給食がなくなると飢える子どもが増える。最近の調査によれば、今年(二〇一七年)も、三〇〇万人の子どもたちがホリデー・ハンガーを経験するリスクにさらされているという。

イースト・サセックス州でフードバンクを運営しているジュリー・コーツが、『ガーディアン』に記事を寄稿している。

平素でも、彼女のフードバンクの食糧の三分の一は子どもたちに提供されているという。トラッセル・トラストの調査によれば、昨年(二〇一六年)、英国では、七月と八月の二カ月で約四五〇〇食の子ども用緊急食糧が提供された。

ジュリー・コーツのフードバンクでは、食糧提供だけではなく、ホリデー・クラブと呼ばれる休暇中の学童保育も行っている。フードバンクを利用している親たちの多くが、自分の子どもが夏休み中に出かけることができる場所はホリデー・クラブだけだと語っているという。

人々は貧困とは孤独なのだということに往々にして気づかない。小学校への児童の送り迎えが義務づけられ、一人で子どもを外に遊びに行かせれば育児放棄と言われる英国で、家族旅行やレジャーに使う資金や、子どもの友達を招いて遊べる住居を持っていない家庭では、夏休みの間、子どもたちは孤独に家の中で過ごす。

フードバンクが運営する学童保育では、サッカーやダンス、工作やピクニックなどさまざまな行事を行う。思えば、わたしが働いていた慈善施設の託児所もこういう場所だった。だがそれは、フードバンクではなく、失業者や貧困層の人々にさまざまなコースを提供する施設で運営されていた託児所だった。「パンと薔薇」で言えば、「薔薇」の部分を提供する場所だったのだ。それが、今は、文字通り「パン」を提供する施設が子どもたちを預かるサービスも運営する。

フードバンク運営の学童保育も、多くのボランティアや地元企業の寄付で成り立っているという。

ひどい時代に地べたで立ち上がり、政府の代わりに働く人々が出て来るのは英国の良いところだ。だが、そこで働く誰もが、本当はフードバンクなんかではない場所で、子どもたちや親たちと触れ合い、地域のハブを作りたいと願っている。

命の格差、広がる英国――緊縮財政で医療の質低下

二〇一七年九月二二日　欧州季評

九月から、息子が中学校に通い始めた。小学校は公立カトリック校に通っていた(英国は公立でも宗教校がある)が、中学からは、公営住宅地ど真ん中の地元校に通っている。息子が通ったカトリック校は、隣接する高級住宅地と公営住宅地の二教区の信者のために建てられたが、教会に所属し、毎週ミサに通っている家庭は、高級住宅地のほうに多いので、比較的余裕のある家庭の子たちが多かった。つまり、中学生になった息子はまったく違う層の子どもたちが通う学校に入ったのである。

初登校の日、彼はショックを受けた表情で帰ってきた。

「教室で「どんな夏休みを過ごした?」って話してたんだ。そしたら「ずっとおなかがすいていた」と言った子がいた……」

夏になると、英国では「ホリデー・ハンガー」という言葉が聞かれる。直訳すれば「休日の飢え」。長期の休みに入り、給食がなくなると飢える子どもが増えることから、こんな言葉が使われるようになった。フードバンクでは、子ども用の夏季緊急食糧も配

布されている。

ロイヤル・カレッジ・オブ・ペディアトリックス・アンド・チャイルド・ヘルス(英国王立小児保健協会)は、今年(二〇一七年)一月発表の報告書で、子どもたちの健康が危機にさらされていると警告した。「特に懸念されるのは過去五年間で拡大した子どもたちの健康格差」と指摘し、「乳幼児期や学童期の健康上の問題は、未来の成人たちの問題となり、経済的にも生産性を減少させる」と。

＊

一九九八年から二〇〇二年のスコットランドの調査で、グラスゴーのたった数キロしか離れていない高級住宅地レンジーと貧困区カルトンで、男性の平均寿命の差が二八年(前者が八二歳で後者が五四歳)だったことが判明した。そこまで極端な数字ではないにしろ、英国全土でも、ゼロ年代にはわずかに縮小していたはずの健康格差が、二〇一〇年以降、再び拡大している。二〇一五年の統計で、高級住宅地と貧困区の男性の平均寿命の差は、イングランド平均で九・二歳、女性では七・一歳。平均寿命の伸びもほぼ横ばいだ。英国は世界で最も豊かな国の一つであり、医療技術は発展こそすれ、後退することはない。ならば平均寿命は右肩上がりで伸びていくのが当然だろうが、二〇一〇年以降、足踏み状態だ。

健康格差が広がり、平均寿命の伸びが止まった二〇一〇年は、何が起きた年だろう。

それは労働党から政権を奪還した保守党が、戦後最大と言われる規模の緊縮財政政策を始めた年である。経済学者たちに「危険なレベル」と言わしめるほど医療や社会保障への財政支出を切り始めた年だ。

格差が広がっているのは寿命だけではない。日常生活に支障なく過ごせる期間を示す「健康寿命」の格差はさらに大きい。マンチェスター大学が七月に発表した調査によれば、高級住宅地と貧困区の健康寿命の差は、実に二〇年近くまで広がっている。これは緊縮財政によるＮＨＳの人員削減、インフラ削減と明らかにリンクしている。ＮＨＳが提供している医療サービスの質が落ちているのだ。

「ゆりかごから墓場まで」と言われ、公的医療のモデルとなった無料の国家医療制度ＮＨＳも、予算削減でサービスが劣化し、注射一本打つにも何週間も待たされる。だが、裕福な層はこうした事実の影響は受けない。高額な医療費を払って私立病院を使うことができるからだ。

寿命格差や健康寿命格差ほど赤裸々に経済的不平等を示すものはない。これは命の格差である。それが広がるほど、富める者は生き、貧する者は死ぬしかない野蛮な時代に社会が戻っているということだ。戦争が人の生命を脅かすように、経済政策も人の生命を奪う。

＊

英国のキャメロン元首相の時価一五〇万ポンド(約二億二五〇〇万円)の別荘がファッション誌で紹介されて話題になったが、「まあ落ち着け。単なる不況じゃないか」と書かれたポスターがキッチンに飾られていたことがわかって物議を醸している。

「まあ落ち着け。早死にするだけじゃないか」「まあ落ち着け。子どもが飢えているだけじゃないか」の文句では洒落たインテリアにはならないだろうが、これこそ為政者と庶民の認識のギャップを端的に示している。彼に言わせれば、格差も「まあ落ち着け。昔から貧しい者は先に死んできたじゃないか」なのかもしれない。

キャメロン元首相は、EU離脱の国民投票を行った首相として歴史に名を残すだろう。彼を辞任に追い込んだ国民投票の結果は、現状への怒りとその打破を求める人々の声を反映したものではなかったか。離脱派が多かった貧しい北部の人々は、残留派が多かった豊かな南部の人々に比べると、七五歳までに死亡している確率が二〇%高いという。

昨年(二〇一六年)の英国のEU離脱投票の結果は、欧州の時計の針を逆戻りさせるような出来事と形容された。だが、離脱を選んだ人々の意識が欧州の歴史を逆戻りさせているのではない。彼らが暮らしている社会環境の野蛮さこそが時代に逆行しているのだ。

ラディカルな政治

二〇一七年一〇月　PANIC

わたしが住むブライトンで、労働党党大会が開かれた。あんな光景は見たこともない。党大会というよりフェスティバルだ。ひと目でいいからコービン党首を見たいという人々が街に溢れ、映画監督のケン・ローチらも演説に来ていた。そこで、ある印象的なシーンを目にした。

「あなたは、いつ社会主義をよみがえらせるつもりですか?」

党大会の会場に入っていくコービンに、街頭に立っていた群衆の一人が尋ねた。

「我々は、もうそれをやってますよ」

コービンは晴れやかに笑って答えた。

ほんの二年前、ミリバンド元党首がガス・電気代を値上げできないように凍結すると言うと、保守党から反資本主義の狂信者と呼ばれた。

ところが、今や凍結どころか、ガス・電力会社を国営化すると公約するコービンが大人気で、メイ首相の支持率を抜いているのである。半年前には「ジョーク」と呼ばれたコービンを、テレビで識者たちが「次の首相」と呼んでいる。

だいたい「社会主義」という言葉が普通に使われるようになっていることがすごい。長い間、それは禁句だったはずだ。保守党はその禁句を悪魔化してきたが、冷戦は若い世代には歴史の本に書かれている話だ。ドイツが東西に分かれていたことを覚えているのは三〇代後半以上の人である。極左思想＝独裁のイメージなんて若者たちにはない。

実は、コービン躍進の原動力になっているのはブレグジットという説もある。「まさかそんなことになるわけがない」と誰もが思っていた国民投票の結果が出たことで、人々が「ラディカル」慣れしているというのだ。

ある意味、保守党はEU離脱などという国の命運がかかった事柄を国民に決めさせたことで、すべてのラディカルな現象をノーマルにしてしまったのだ。

さらに、労働党が左に傾けば傾くほど、保守党のメイ首相は頑迷にハード・ブレグジットを主張して右傾化していくから、二大政党がきっぱりと右と左に分かれている。政党がすべて中道に寄り、どこの政策も似たり寄ったりと言われていた頃が嘘のようである。

あれは、たったの二年前だったのだ。

今、最もラディカルなのはこのスピードなのかもしれない。伸るか反るかの政治の時代の到来だ。目まぐるしいからこそ、しっかり目を開けていなければ。

鉄の天井

二〇一七年一一月　PANIC

日本の政治家が「鉄の天井」という言葉を使ったそうだが、「本物の鉄の天井とはこっちだ」と思うような記事が英紙に載っていた。

フリーランスの女性ジャーナリストが、インターン時代にセックス産業で働きながら生計を立てていたと『ガーディアン』で告白しているのだ。

もはやメディアやジャーナリズムの世界には、インターンシップを経験せずに入っていくことができなくなって久しい。大卒の若者たちは、出版社やテレビ局などで無給のインターンとして働き、「こいつ使えるな」と思われたら徐々にお金がもらえるようになるという制度だ。これは、インターンとして働いている間、経済支援してくれる親がいる若者にしか選べないキャリアとも言える。

だが、このジャーナリストは果敢に階級の壁を突き破った。彼女の父はれんが職人で母はパブ店員、祖父は炭鉱労働者だった。典型的労働者階級の娘で、一言で言えば「貧乏だった」と彼女は書く。

ジャーナリズムを志し、大学卒業と同時に北部からロンドンに引っ越した彼女は、雑誌編集部でインターンとして働き始める。熱心さが認められ、最初は交通費だけもらえるようになり、その金額が少しずつ増えていった。だが、そうなる前にはまったく無給で働いていた期間が何カ月もあったのだ。

最初はエリートの恋人がいたので、彼に養ってもらった。だが、彼と別れると、インターンとしてタダ働きしながら、セックス産業で生計を立てた。

そうやって夢を果たした彼女は、メディアでの自分の特異さに気づいたという。

周囲はみな上中流階級の出身で、彼女のような階級で育った人材がいない。夢を諦めなければならなかった貧しい北部の優秀な友人たちがいる一方で、メディア界は画一的な考え方をする似たような出自の人ばかりだということに彼女は気づいた。

多様性という言葉をわれわれはよく口にする。人種やジェンダー、性的志向などにおける多様性の重要性は語られるが、「階級の多様性」というもう一つのベクトルが忘れられてきたのではないか。現在、英国のジャーナリストのわずか一一％が労働者階級出身の人々だという調査結果がある。

鉄の天井、ならぬ鉄の要塞で囲まれた狭い場所は停滞し、よどむ。多様性は閉じた業界の劣化を防ぐために必要なのだ。

週四日勤務は夢？

二〇一七年一二月　ＰＡＮＩＣ

失業率を低下させ、メンタルヘルス、高血圧といった国民の健康上の問題を改善し、生産性を高め、環境により優しく、家庭生活の向上、男女平等な社会を実現することが、たった一つの政策でできると言ったら信じる人はいるだろうか。

それが「週四日勤務」の導入なのだとオーウェン・ジョーンズが『ガーディアン』に書いている。

人々が働く時間を減らせば、勤務時間の再分配が可能になって失業者を減らすことができ、働き過ぎに端を発する疾病も減らせる。英国では、昨年(二〇一六年)一年間で、一二五〇万日の労働者の勤務日数が、仕事に関連したストレスや鬱《うつ》、不安障害のために失われている。ストレスは高血圧や心不全にもつながり、長時間勤務と過剰飲酒とのリンクも調査で明らかになっている。働き過ぎによって蝕まれた国民の健康が経済にもたらす損失は年間五〇億ポンド(約七五〇〇億円)とも試算されている。

また、シンクタンクのニュー・エコノミック・ファウンデーションの調査で、勤務日数の少ない国ほど二酸化炭素排出量が少ないこともわかっている。勤務時間の減少が経済に悪影響を及ぼすという説も、英国より平均勤務時間が短いドイツやオランダのほうが景気が良いことを考えれば疑問である。

最近、スウェーデンの高齢者介護施設で勤務時間を一日六時間に短縮する実験が行われ、その結果、生産性が上がり病欠も減ったということがわかった。生産性向上で収益が増大すれば、勤務時間短縮が減給につながる必要もない。さらに、勤務日数が減れば男性が育児や家事にもっと参加できるので、男女の平等性も増す。

思えば、超過労働からの解放は、常に労働運動の最も重要な要求の一つだった。南北戦争の灰の中から立ち上がった米国の労働組合員たちは、一日八時間労働を求めて闘った。英国でも、一八九〇年に労働者たちがハイドパークに集結して八時間労働を求める歴史的なデモを行った。

現代は、AIの登場による新たな産業革命の時代と呼ばれる。労働のあり方が再び大きく変わるこの時代、労働運動も、一九世紀の労働者たちの闘いを思い起こさねばならないのではないか。産業革命が不可能を可能に変えたように、労働運動もそれまでの常識では不可能だった要求を可能に変えてきたのだ。

週四日勤務なんて夢だと考えていると時代に取り残される。

二者択一の不条理——EU離脱が招く和平の亀裂

二〇一七年一二月九日　欧州季評

地下鉄の駅での人身事故や発砲事件がニュースで報じられるたびに、「またテロか」と反射的に思ってしまう。ふと、二〇年前に英国に来た頃のことを思い出す。誰かの忘れ物が不審物と見なされて物々しく駅が封鎖され、電車が止まるたびに、この国ではまともに通勤すらできないのかと思ったものだった。もうあのテロの時代は過去の話になったと思っていたが、既視感ある日常が戻ってきた。

一九六六年から九九年まで、英国とアイルランドでは、テロ事件のために三六〇〇人以上が亡くなっている。ダブリン、バーミンガム、シャンキル、モナハン、わたしが住むブライトンでも爆破事件があった。カトリック系住民の多いアイルランド南部は一九二二年に独立し、一九四九年には英国連邦からも離脱したが、プロテスタント系住民の多い北部は英国に留まった。北アイルランドでは、独立派のカトリック系と英残留派のプロテスタント系の紛争が絶えず、各地でテロが横行した。

だが、和平交渉が始まり、アイルランド、英国、欧州、米国の政治家たちがプロセスの調停を行った。この間もテロはやまなかったが、沈静化していった。そしてついに一九九八年、英国政府とアイルランド政府の間で結ばれたベルファスト合意は、長い年月をかけた努力と犠牲の果てに締結された和平協定だった。合意後、両政府が共にEU加盟国であることを背景に、国境を緩やかにし、双方の交流が進んできた。

＊

だが、EU離脱を決めた国民投票から一年半が過ぎ、この和平協定がEU離脱交渉の障害になると騒ぎになった。英国が単一市場からも関税同盟からも抜ける形でEUを離脱し、北アイルランドとアイルランドの間に鉄条網や検問所を設置する国境(ハードボーダー)を再び設けることは、和平協定の破棄だとアイルランド政府が主張したからだ。

EU離脱を問う国民投票の前、北アイルランドでは、これは切実な問題として語られていた(北アイルランドでは五六％の人々が残留に票を投じた)。だがイングランドでは、かつて和平協定に向けての交渉に関わったメージャー元首相とブレア元首相がわずかに言及したほかは、この問題は話題にもされなかった。離脱と残留を訴えて対立する人々の喧騒《けんそう》の中で、北アイルランドの人々の声はかき消されてしまったのだ。

現地に住む人々にとり、これは日々の暮らしの問題だ。ベルファスト合意締結後の二〇年間、一度は国境とテロで分断されたコミュニティが一つになっていたからだ。和平の結果、分断されていた親族や教区、ビジネス界が再び統合された。平和は多くの人命も救った。北アイルランドのデリーに、アイルランド政府が出資して最先端技術を誇る心臓病とがんの治療センターができた。ここではアイルランド北西部のドニゴール州の人々も治療を受けることができる。北アイルランドで重い病にかかった子どもたちも、ダブリンで治療を受けられるようになった。北アイルランドは、英国領土でありながら、アイルランドの一部とも見なされていた。「あれか」「これか」の二者択一ではなく、「どちらでもある」という緩やかなアイデンティティを持つことを許されていたのである。

ところが、EU離脱で、北アイルランドが英国領土という一つのアイデンティティしか持てなくなったらどうなるだろう。北アイルランド内外にテロリストのグループはまだ存在している。再び対立感情が復活し、テロリストを援助する人々が出て来ないと誰に言い切れるだろう。

＊

英国政府とアイルランド政府、そしてEUは水面下で北アイルランド問題をめぐる交渉を続けてきた。だが、メイ政権はあまり本気で対策を講じていなかったようだ。『ガーディアン』によれば、八月の政策方針書には、「テクノロジーを用いて「不可視の国境」をつくる」と書かれていたそうで、これはEUから「魔術的な思考」として一笑に付されている。

メイ首相は、単一市場と関税同盟から抜けるハード・ブレグジット(強硬離脱)を志向しつつ、北アイルランドとアイルランドの間にハードボーダーを設置しないと言い続けてきたが、これは実質上、北アイルランドだけはソフト・ブレグジットを行うということだ。この地域だけを特別扱いするということは、北アイルランドは英国の一部ではないと言っているも同然だ。それは、長い間国家や共同体としてのアイデンティティの問題で苦しんできた地域の人々に、疎外感を与え、また対立の火種を残すかもしれない。何をどうやっても、もう丸くは収まらないのだ。

そもそも、なぜ「あれか」「これか」の二者択一を迫られる必要性があったのか。英国でもあり、アイルランドでもあった北アイルランドのように、英国もまた、EU圏でもあり、英国でもあったのである。

不必要な二者択一が生んだ亀裂が思わぬところにも広がっていく。「あれでもあり、それでもある」の緩やかなアイデンティティで分断は乗り越えられることを、われわれは二〇年前に知っていたはずなのに。

二〇一八年

もう一つのクリスマス

二〇一八年一月　PANIC

毎年一二月二五日の午後、英国ではBBCが女王のクリスマス・スピーチを放送するのが伝統になっている。他方、チャンネル4は『オルタナティヴ・クリスマス・スピーチ』という番組を放送し、その年に話題になった人物が登場する。

昨年(二〇一七年)は、グレンフェル・タワーというロンドンの高層住宅に住んでいた子どもたちがこの番組でスピーチを行った。六月に大火災が発生し、世界中で報道された公営団地に住んでいた子どもたちだ。グレンフェル・タワーの火災の最終的な死者の数は七一人と確定されたが、正確な人数は決してわからないと言われている。英国では、第二次世界大戦後最悪の犠牲者数を出した火災だった。

火の回りが早かったのは、使用禁止とされている安価の外壁材が使われていたからで、スプリンクラーも設置されていなかったことが判明した。住人の多くが低所得層・貧困層だったことから、格差社会の象徴のような出来事と言われた。

この火災で二一〇世帯が家をなくした。「クイーンズ・スピーチ」の裏番組で「オルタナティヴ・スピーチ」を行った五人の子どもたちも、まだホテルや仮住まいの家に住んでいる。

「私のクリスマス・スピーチは、すべての人が愛し合い、互いを尊重しなければいけないということです。明日は何があるかわからないから」

一二歳の少女がこう言うと、二つ年下の妹は言った。

「私はすべての家族が温かくてナイスな家を持つべきだと思います。世界中のすべての人たちが、せめて住む家を持つべきです」

姉妹は母親と一緒に二一階に住んでいた。当時妊娠中だった母親は、火災発生の数時間後、煙を吸引して昏睡状態に陥り、男児を死産した。

英議会に提出されたグレンフェル・タワー火災事故の調査書には、「できるだけ安く建てて、問題や欠陥の責任は取らない自治体や企業の体質」が悲劇を生んだと明記されている。「格差は良くないし、分配は大事。しかし……」と、政治家たちは貧者が置かれている境遇に目を瞑り続ける。大火災とホームレスを体験した七歳の少年は優先課題をちゃんと知っているのに。

「クリスマスには、みんなで食べ物を分け合いましょう」

グレンフェル・タワーに住んでいた少年のスピーチは、何よりも二〇一七年を象徴していた。

子どもの権利

二〇一八年二月　PANIC

「女性の権利」「LGBTの権利」「障害者の権利」「移民・難民の権利」。こうした人権問題は頻繁に議論されるが、「子どもの権利」も人権問題だと言うと、意外な顔をする人がいる。労働党のブラウン元首相は、子どもの権利を「市民権運動の未完の仕事」と呼んだ。

子どもの権利を提唱したのは、英国の社会改革家、エグランティン・ジェップだ。彼女は一九二四年の「児童の権利に関するジュネーブ宣言」の草稿を書いた。ジェップの「ジュネーブ宣言」から約一〇〇年後、スコットランドに続き、ウェールズでも選挙権が一六歳に引き下げられる。ウェールズでは、二〇二二年の地方選挙から一六—一七歳のティーンたちが投票できるようになる。

有権者資格と、子どもの貧困や児童虐待の問題を結びつけて語れば、首をひねる人もいるだろう。しかし、これらはリンクしている。国連の「児童の権利に関する条約」には子どもの選挙権は含まれていないが、子どもが自分の声を上げる権利、そしてその声を聞かれる権利は明記されている。例えば、英国では通知表に子どもが自分の意見を記す箇所がある。担任教師だけでなく、生徒の所見欄もあるのだ。

右派の政治家たちは、子どもではなく、親の権利を強調する傾向にある。体罰にしても、家庭の方針に社会が口出しすべきではないと言う。

一方、体罰反対派は、自分の子どもであっても野蛮な虐待は許されないと叫ぶ。だが、ここではとても大事なことが忘れられている。体罰は、たたかれたくない、痛い目に合わされたくないという子どもの声が無視されているからいけないのだ。

貧困の問題にしても同じだ。もう成長の時代は終わったと決めつけ、とりあえず財政均衡と財政支出を切り詰める政治で福祉予算を削減し、いったいどれだけの子どもたちを貧困に落としてきたのか。豊かになりたい、未来に夢を持ちたいという子どもの声が、彼らの人権が完全に無視されている。

保守党政権は同性愛者の結婚、トランスジェンダーの権利、DV撲滅のための法改正などの改革を行ってきたが、子どもの権利では大きく後退している。

「市民権運動の未完の仕事」は、世界中で今後大きな課題にならなければならない。一六歳選挙権は、そのほんの始まりに過ぎないのだ。

バッド・フード

二〇一八年三月　PANIC

英国のミレニアル世代（一九八〇年代から二〇〇〇年までに生まれた世代）の七〇％が、中年に達する前に肥満になるだろうと報道された。これはキャンサー・リサーチUKの調査で明らかになったもので、現代では英国の若年層の健康を脅かすのはドラッグではなく肥満だという。その原因は不健康なライフスタイルやエクササイズ不足だけではない。食べ物である。

禁煙を広めることで肺がんリスクを減らしたように国の問題として肥満に取り組まねばならないと識者らは言う。ファストフードや冷凍チップスのような食品の宣伝を禁止すべきという運動もある。

だが、最も効果があるのは、「バッド・フード」の値上げだという意見が根強い。

英国では、四月から砂糖税が導入される。糖分を多く含む飲料に税金が課されるのだ。加工食品や脂肪分の多い不健康な食品にも税金をかけて値段をつり上げれば人々が買わなくなるというリベラルがいる。こうした政策に政府が踏み切れないのは、大手食品企業とつながっているからだと彼らは憤る。

他方では、貧困と肥満のリンクも取り沙汰されており、保健省の調査によれば、貧困層の子どもは、それ以外の子どもよりも肥満である確率が二倍だ。加工食品や冷凍チップスや脂肪分の多い食事が食卓に並んでいる確率が高いからだ。

それは、こうした食品のほうが新鮮な野菜や食肉を買って健康的な食事を調理するよりも安くつくからだ。なのに安上がりな食品が値上げされたら、いったい彼らに何を食べろと言うのだろう。

学校で子どもたちに肥満の危険性を教えろという声もあるが、これには教員たちが反対している。校内にはさまざまな体型の生徒や教員がいるので、いじめにつながりかねないからだ。

「バッド・フード」は、現代社会が抱える問題を象徴している。教育、国民への啓発、企業への圧力。そうした方面からの対策は講じられるのに、大本にある直接の原因を解決すべしとは誰も言い出さない。真の原因は貧困であり、貧困を作り出す社会のシステムではないか。

ロンドンには、地元の屋外マーケットの協力を得て、貧困家庭や若者に野菜のバウチャーを配り始めた団体もある。素晴らしい相互扶助の精神だ。だが、それが必要になる原因を「いつの時代もあること」と思っていたら何も変わらない。

緊縮病「失われた一〇年」——待ちわびる、冬の終焉

二〇一八年三月一〇日　欧州季評

春まだ遠い英国に雪が降った。ホームレス支援の慈善団体に勤めている友人から電話がかかり、食料をカンパしに行った。悪天候のため、友人が働いている団体では、事務所や倉庫を開放してホームレスの人々の緊急シェルターにしている。

「今年〔二〇一八年〕は本当に路上生活者が多いから、教会やカフェ、ナイトクラブのオーナーまで自分の店を開放して受け入れを行っている」と友人は言っていた。それでもまだ路上にいる人々のため、パトロール隊が出て、どこに行けばいいか案内して回っているそうだ。若いボランティアがリュックに食料を詰め、ポットにティーを入れて次から次に出ていく姿を見た。雪でカレッジや大学が休講になったので手伝いに来たと言っていた。英国には相互扶助の機動力がある。

こういう話は今、英国中にあり、ニュースで毎日のように報道されている。だが、他方では悲惨な話もある。先月、国会議事堂の最寄り駅である地下鉄のウエストミンスター駅で、路上生活者の遺体が発見された。亡くなったのはポルトガルからの移民だった

と判明し、同国のレベロデソウザ大統領はこの事実を「非人道的」と公に批判した。ロンドンでは、年初の六週間だけで四人の路上生活者が亡くなっている。その一人となったポルトガル人男性は三五歳の元モデルだった。

＊

二〇一〇年に保守党が政権を握って緊縮路線になって以来、路上生活者の数は六九％増になった。昨年(二〇一七年)の総選挙で、メイ首相は二〇二二年までにその数を半減させ、二〇二七年にはゼロにすると公約した。だが、福祉予算が削られ続け、悪天候の緊急支援すら民間の善意に頼っている状態で、そんなことができるのだろうか。

路上生活者の増加が社会問題になるにつれ、五月にヘンリー王子の挙式が行われるウィンザーでは、路上生活者の取り締まりを強化した。公共スペースに寝具を置く者や物乞い行為に対して一〇〇ポンド(約一万五〇〇〇円)の罰金を科すと自治体が発表。ロイヤルウェディングで世界中から観光客や取材陣が集まることを想定しての一掃作戦である。これは全国的に物議を醸したので、さすがに自治体は撤回を余儀なくされたが、普通に考えれば、罰金は珍妙な案だ。路上生活者をなくしたいのならシェルターを提供したほうが早い。

メイ首相の路上生活者ゼロ宣言に現実味がまったくないのも、ウィンザーの自治体がシェルターに予算を使えないのも、理由は同じ。緊縮で財政支出をカットしているからだ。

国会議事堂の目と鼻の先で路上生活者が死亡したことについて、ポルトガルの大統領が英国の状況を批判したのは皮肉だった。ポルトガルは、緊縮病にかかっていると言われているヨーロッパにあって例外的に大胆な反緊縮の政策を取り、成功している国だからだ。

ユーロ加盟国は、「ギリシャのようになりたくなければ緊縮しなさい」と言われてきた。多くの政治家や知識人が、愚かにも一国の財政を家庭の財布になぞらえ、「倹約して借金を返済しないと破産します」と財政均衡ファーストのマントラを繰り返してきたのである。

＊

ところが、ギリシャ同様に財政危機に陥ってＥＵから緊急融資を受けたポルトガルは、二〇一五年に社会党政権が発足すると、一転して反緊縮に舵《かじ》を切り、最低賃金引き上げ、逆進性の高い増税案の破棄、公共部門職員賃金と年金支給額の引き上げなどを行った。「まやかしの経済」「すぐ財政破綻してまた救済が必要になる」と緊縮派は激しく批判した。が、ポルトガル経済は奇跡の復活を見せた。13四半期連続で堅調な経済成長を遂げ、財政赤字も快調に減らしている。内需が拡大しているからだ。二〇一六年には、単年度の財政赤字額の比率がＧＤＰの二％になり、初めてユーロ導入国に課された財政基準を満たした。

つまり、ポルトガルは、「ドイツとEUが提唱する緊縮をしなくとも経済は好転し借金も返せる」ことを体現する存在になっているのだ。これは混迷する欧州に灯った希望の光だ。しかし、同時に腹立たしくもなる。他国はどうなっているのだと思うからだ。

いまだに半数以上の若者が失業し、自殺者が増加したギリシャは？　ローンや家賃が払えなくなった人々が続々と住宅退去させられたスペインは？　経済不安から極右が台頭しているフランス、そして路上生活者が増え続けている英国は、いったい何のために緊縮財政を続けているのだろう？　統計上のEU全体の経済は好調でも、各国の問題は深い。

今年（二〇一八年）一月、ポルトガルの経済復興の立役者であるセンテーノ財務相が、ユーロ圏財務相会合（ユーログループ）の新議長に就任した。この人事を推したのはドイツだったと言われており、メルケル首相は欧州の緊縮体制が機能していないことをようやく認めたとささやかれている。もしそうだとすれば、欧州の長過ぎた冬はついに終わるかもしれない。二〇〇八年の経済危機で始まり、緊縮が悪化させた「失われた一〇年」の終焉を告げる暖かな春の光を、欧州の地べたは待ちわびている。

パスポート狂騒曲

二〇一八年四月　PANIC

ブレグジット・ブルー、という言葉をご存じだろうか。この「ブルー」が意味するのは、EU離脱に反対する残留派の失望感でも、ちっともEUとの交渉が円滑に進まず、不安を抱いている英国民の憂鬱でもない。

パスポートの表紙の色のことである。

英国は約三〇年間、EU加盟国のパスポートの標準色であるワインカラーのパスポートを使用してきた。ところが、EU離脱を機に、約一〇〇年前に使われ始めた英国の伝統的なパスポート色であるブルーに戻すと政府が決めた。昨年(二〇一七年)末、メイ首相は、ブルーのパスポートは「我々の独立と国家主権の象徴」と宣言した。

これには右翼政党UKIP関係者や、離脱派の人々は大喜びで、「ようやく我々のパスポートが戻ってくる」とツイッターでも大騒ぎになった。

が、それから三カ月後。このブレグジット・ブルーが再び話題になっている。新たなパスポートの製造業者が、フランスの企業に決まりそうだからだ。

現在のパスポートの製造を行っている英国企業の代表は、政府の決断についてBBCラジオ4の番組にこう語った。

「これは大きく失望させられる、驚きの決断です。英国の象徴とも言えるパスポートがフランスで作られるなんて」

決断の理由はきわめてシンプルだ。競争入札で、最も安上がりなコストを提示したのがフランスの企業だったのである。離脱派の保守党議員には、これを「国家的な屈辱」と呼ぶ人もいる。他方で、残留派の自由民主党からは、「バカバカしい。もともと保守党は自由市場を支持してきたではないか」の声も上がっている。

EU離脱投票以降、ずっと英国で展開されてきた離脱派vs残留派の「友敵ヒステリア」がまた盛り上がっているわけだが、中には冷静な離脱派もいて、「僕は英国の企業が作ってくれたほうがうれしいが、英国の納税者たちの税金を節約できるのなら、まあいいんじゃないの」とツイートした保守党議員もいる。

実際、フランスの企業を製造業者にすることで、英国は約一億ポンド(約一五〇億円)の支出を節約することができそうで、当該企業は英国内に工場を持っているので、雇用も創出できる。官邸は「英国の納税者にとって最も費用効率が高い業者を検討中」とだけコメントしている。

ブレグジット・ブルーも、コスパには勝てないようだ。

中道の貴公子

二〇一八年五月　PANIC

ブレグジットの国、英国も大変だが、お隣の国、フランスがなんだか騒がしい。

「中道の貴公子」と呼ばれたマクロン大統領誕生から一年が過ぎ、彼の政権に不満を抱く国民が五八％に達している。「極右が台頭する欧州の救世主」と海外メディアにもてはやされたマクロンだが、実は彼が大統領に選ばれたのは、幸運によるところが大きい。

そもそも、昨年(二〇一七年)の大統領選の第一回投票で、彼は四分の一の票数も稼げなかったのだ。それが決戦投票では、極右の国民戦線のルペンと一騎打ちになったから、「マクロンも嫌だけどルペンだけは避けたい」と思った人々が彼に投票した。これを「フランス人たちは鼻をつまんでマクロンに入れた」と表現したメディアもあったほどだ。

ところが、海外で救世主と呼ばれて勘違いしたのか、マクロンは自分の力を過信し、隣国の英国から「ミニ・サッチャー」と呼ばれるほど強気らしい。米国のシリア攻撃には英国のメイ首相よりもノリノリで参加し、国内の反対者たちを「何もしない者たち」「腰抜け」(トランプ大統領のツイートみたいだ)と呼んだ。また、公務員削減に反対しデモを行う労働者には「混乱を起こさず仕事を探せ」と非難した。

彼が「ミニ・サッチャー」と呼ばれる理由はこうした発言だけではない。時代遅れな新自由主義の推進もある。富裕層への減税、中低所得者への増税、雇用・労働規制の緩和、国営企業の民営化など、そもそもフランスの人々が「マクロンも嫌」と思う原因になっていた政策をゴリ押ししている。

これに反旗を翻したのがフランス国有鉄道の四主要労組だ。国鉄民営化を視野に入れた改革案に反対し、三カ月で計三六日のストを予定している。興味深いことに、このストを支持しているのが極右のルペンと急進左派のメランションだ。

マクロンには、サッチャーやブレアの政治は過去の遺物になったことがまだわかっていない。なぜブレグジットが起こり、欧州で極右政党が台頭しているのかが理解できていない。「中道」が、従来どおりの新自由主義を意味するのなら彼にもフランスにも明るい未来は訪れない。このままでは、次の大統領選でルペン勝利のシナリオもあり得る。隣国の強気な貴公子の慢心は、さらに中道を没落させ、労働者をベクトルの右端に向かわせる恐れもある。

「学校福祉」

二〇一八年六月　PANIC

「こんなひどい話はない。もっと温情のある対応がなされるべきです」とニュース番組でエセックス州の小学校の校長が喋っていた。彼の学校では、親が期限付き在留資格しか持っていない移民の子どものために、学校予算から給食費を捻出しているという。

英国で期限付きの在留資格を与えられる移民は、ビザに「No Recourse to Public Funds」と明記されている。一般にNRPFと呼ばれるこの在留条件は、「公的資金に頼りません」ということである。つまり、生活保護など各種補助金の世話にならない、という滞在許可の条件がビザに記されているのだ。

一方、英国では小学校二年生までは給食費が無料だが、三年生以降は、生活保護などを受けている家庭や、低所得と認められた家庭を除いて、有料になる。

ところが、親がNRPFのビザしか持っていない子どもたちは、英国人なら低所得と認められる収入層であるにもかかわらず、給食無料の対象にならないというのだ。このため、最も貧しいコミュニティの子どもたちが給食を食べられないという事態が発生し、見かねた学校側が、予算の一部をこうした子どもたちの給食費に充てているという。「算数のための予算を生徒の食費に使わねばならない状況は普通に考えておかしいのではないか」と前述の校長は視聴者に訴えていた。

こんな話は身近でもよく耳にする。授業中に腹痛を訴え、おなかをぐうぐう鳴らせていた生徒のために朝食を用意してくる教員の話や、家庭訪問に行ったら生徒の家に何も食べ物がないことに気づき、スーパーに食料品を買いに走った教員の話。英国の貧困地域の公立校教員たちは、今、子どもたちにご飯を食べさせる仕事も兼務している。

このことは学業以前の問題を抱えている子どもが増えていることを意味する。そして、本来ならそうした子どもの世話をするソーシャルワーカーが人員削減されているために教員たちがその代役を果たしていることも。

目の前で子どもたちの惨状を見ている教員が動き出すのは当然のことだろう。だが、教育予算削減と人員不足による業務激増で教員たちもまた悲鳴を上げているのだ。現場の善意に基づく「学校福祉」にも限界がある。

緊縮財政とは、そして財政支出削減とは、誰のための政策なのか。未来を担う世代のためでないことだけは確かだ。

治安悪化するロンドン——若者への投資、削減の末

二〇一八年六月九日　欧州季評

ロンドンで二月と三月に起きた殺人件数が、現代史上初めてニューヨークを上回ったことが四月に明らかになった。ロイヤルファミリーとアフタヌーンティーの国の首都が、ニューヨークより治安の悪い都市になったというニュースは、英国のみならず、世界中を驚かせた。

ロンドン警視庁の発表によれば昨年(二〇一七年)四月から今年(二〇一八年)三月までのロンドンの殺人件数は前年比四四%増、若者の犯罪件数が約三割増だ。銃の発砲事件は二三%、ナイフ犯罪は二一%上昇した。週末になるとロンドンで一〇代の少年や二〇代の若者が刺殺・射殺されたという報道が流れ、「ユースクライム(若者犯罪)」という言葉がクローズアップされている。ふと思い出すのは、二〇一一年のロンドン暴動の後で息子の友人のお父さんが言っていた言葉だ。長年ロンドンの貧困区で若者支援に関わるユースワーカーとして働いた彼はこう言った。

「政治が若者支援の予算を削減し続けたら、ロンドンはかつてないほど危険な都市に

なるだろう」

　地方自治体の福祉予算削減で職を失い、ブライトンに引っ越してきた彼は、暴動はそのほんの始まりに過ぎないと予言した。一一年から一七年までの間にロンドンでは八八のユースセンターが閉鎖されている。彼もそうしたセンターの一つで働いていた。

＊

　ユースセンターは、地域の一〇代の青少年たちが集まって放課後や余暇を過ごせる場所である。そこで働くユースワーカーたちは、ティーンの話し相手となり、問題を抱えた青少年を指導し、学校や福祉課、警察と連絡を取りながら支援していく仕事をする人々だ。こうした若者支援サービスの縮小が青少年犯罪の増加に結びついているという声が福祉関係者から上がっている。ティーンの日常から、お金がなくても集まって遊べる場所や、親に言えないことを相談できる大人たちの存在が取り上げられているのだ。一〇年以降、公的な若者支援への支出は約三億八〇〇〇万ポンド(約五七〇億円)削減されており、一二年から一六年までに閉鎖された全国のユースクラブは六〇三に上る。

　それだけではない。一一年には、低所得家庭の学生を対象とする教育維持補助金が廃止された。一〇年から一四年の間に一六歳から一九歳の青少年への教育予算は実質で一四％削減された。また、メンタルヘルスの問題を抱える若者たちが、人員とインフラの不足で機能不全のＮＨＳからしかるべきカウンセリングや治療を受けることが不可能になっているという指摘もある。

ロンドン暴動の発端の地トットナムを選挙区とする国会議員、デヴィッド・ラミーは、「暴力とギャング文化の燃料になっているのはドラッグ経済」と言う。彼は、今や税制を通じた再分配ではなく、ドラッグの売買を通じて富める層から貧しい層への富の移転が行われていると指摘する。裕福な層のコカイン摂取量が増えており、その違法な調達を担っているのが貧困層の若者たちだと彼は言う。貧困家庭の子どもたちが最初はディーラーに運び屋として雇われ、地元ギャングの世界に足を踏み入れていく。公営住宅地のギャングの抗争で流される血を、裕福なコカインの購入者たちは知らない。

ロンドンの若者犯罪の増加は複雑な要因が絡み合っている。しかし、その背後には「緊縮」の二文字が浮かび上がってくる。保守党政権は緊縮財政を推し進め、財政支出を削減してきた。だが、青少年が教育を受けることや、メンタルヘルスの治療を受けることや、余暇を過ごせる安全な場所を与えられることや、専門の知識と経験を持つ大人に相談する機会を得ることを困難にすればするほど、都市の暴力犯罪件数は増える。これは現代の若者たちが理解不能な生き物になっているわけでも、親の養育が急に劣化したわけでもない。若者たちへの投資が圧倒的に足りていないのだ。経済政策の欠陥と社会現象の明らかなリンクを、精神論や道徳論にすり替えるわけにはいかない。

＊

首都の治安を守る警察もまた、人員削減の一途をたどっている。政府は警察の予算削減と暴力犯罪増加には関連性がないと主張してきたが、ロンドン警視庁の警視総監はそのリンクを認める発言をした。路上を常時パトロールして不審人物に声掛けし、反社会的行動を取り締まる地域治安維持補助官(PCSO)が、ロンドンでは〇八年から一六年までに六五%も減らされている。市内一四九カ所にあった警察署や交番も半数以上が閉鎖されて七三カ所になった。捜査に十分な人材を投入できないために重犯罪の不起訴率が上がっており、それが犯罪者を助長している可能性があると記された内務省の内部書類もリークされている。

「若者たちがナイフを持ち歩くようになったのは、警察も、コミュニティも自分の安全を守ってくれないと知っているからだ」

と前述のユースワーカーは言った。

一〇代が凶器を持ち歩くのが日常になれば、取り返しのつかない悲劇が生まれる機会が増える。未来を担う若者たちを守れずに、何のための緊縮財政なのか。われわれはこの悲劇に決して慣れてはいけない。

図書館と薔薇

二〇一八年七月　PANIC

英国で公共の図書館の閉鎖が相次いでいる。全国で四〇〇館以上が閉館になり、地方の田舎の町まで本を乗せて走っていた移動図書館の車両サービスも、一四〇台以上が廃止になった。

図書館は、市民社会の基盤の一つである。わたしたちは図書館で今は亡き人々と対話することができる。過去の著者たちの声を聞き、現代のわたしたちが抱える問題に違う光を当て、考え、学ぶことができる。

英国の歴史のほとんどの部分で、図書館は私立だった。だから本にアクセスを許されない階級は文化から排除されていた。公共図書館が開館されたのはヴィクトリア朝時代のことだが、それは人々の生活や社会を変えた。もはや貧困も、偏狭な考えを持つ保護者たちでさえ、子どもや若者が好きな本を読むことを阻止できなくなったからだ。こうして一部の人々だけに独占されていた知識や文化が社会全体にあまねく広がっていった。

だが、現代の英国政府は緊縮財政による予算削減の矛先を公共図書サービスに定め、図書館を閉館し続けている。ヴィクトリア朝以前の時代に戻ろうというのだろうか。

インターネットの時代に本を読む人は少なくなったので、妥当な予算の削減分野だという声もある。警察も消防署も、病院すら予算削減の対象になっているときに、図書館のようなものはぜいたくだからもっと削れという意見さえある。「パンと薔薇」という歌もあるが、人々がパンを奪い合って生きているときに、本などという薔薇はぜいたくだというのだ。

縮小するパイの奪い合いは醜い。

これは緊縮財政が推し進められている欧州に蔓延《まんえん》するムードだが、しかし、例外的な国もある。

お隣のアイルランドでは、図書館を閉鎖・縮小どころか、全国約二〇〇カ所の図書館で開館時間を朝八時から夜一〇時までに延長し、週七日間休日なしで開館しようと政府が提案した。アイルランドでは、図書館利用者の減少を予算削減の言い訳に使うのではなく、策を講じて向こう五年間で利用者数を倍増させる計画だという。

さすがはジェイムズ・ジョイスやサミュエル・ベケットを生んだ国というか、詩や文学を重んじる国ならではの決断だ。英国政府の方針とは真逆なのである。チャールズ・ディケンズは草葉の陰で泣いているだろう。

ヒートウエーブ

二〇一八年七月二六日　紙つぶて

英国も暑い。こんなに長くヒートウエーブ（熱波）が続いたのは一九七六年以来だという。

夏らしい時期が短い英国の住宅には冷房がないし、長くて寒い冬の暖房を逃さない建材を使っている。そのため家の中はうだるようで、九州生まれのわたしですら、情けないことに熱中症らしき症状でダウンした。

「七六年のヒートウエーブも何週間も続いたけど、あのときは子どもだったから、ただ長い夏が嬉しくて遊び回っていた。でも、今は海面上昇とか洪水とかいろいろ想像して気持ちが沈む」

ママ友は電話でそう言っていた。

この暑さは英国だけではなく、カナダ東部でも記録的暑さで多数の人が死亡し、米国カリフォルニア州でも四〇度超えの熱波の影響で停電が発生するなどの騒ぎになった。

「これは始まりに過ぎない」と警告する科学者もいる。住宅、水道、農業などさまざまな分野で、本腰を入れて気候変動対策を始めなければならないと彼らは訴える。なのに、「喉元過ぎれば熱さ忘れる」という言葉のように、わたしたちは「夏が過ぎれば暑さ忘れる」ことを繰り返す。

異常気象は天災でも、その健忘症は人災だ。手遅れになる前に、政治の優先順位を変えなければ。そう思わせるものが今年の暑さにはある。

我慢するな

二〇一八年八月　PANIC

世界中が猛暑だ。カナダでは記録的暑さで死者が七〇人に達したと言われ、米国のカリフォルニア州でも四〇度を超える熱波で停電などが発生している。

英国でも四二年ぶりと言われる熱波が続き、環境問題に関心のない人々でも、さすがに今年(二〇一八年)は変だと心配し始めた。

わが祖国、日本も例外ではなく、大変な酷暑らしい。英国の熱波などより一〇度近く高い気温になっているのに、エアコンのない学校があるとかで、熱中症で命を落とした小学生の痛ましいニュースを目にした。

これまでわたしはさまざまな媒体で英国や欧州の緊縮財政について書いてきた。医療や教育や福祉の分野への財政支出を政府がケチっているために起きている悲劇をくどいぐらいに書いてきた。

緊縮財政は人を殺す。非情な財政均衡主義よりも未来への投資をと言うたびに、「日本と欧州の状況は違う」と批判されるが、日本で起きていることは英国と同じにしか見えない。

新自由主義でどんどん政府が小さくなっていくと、社会の末端では政府が存在しないアナーキーな状態になると昔書いたことがある。

だが、あれはまだ序の口だった。緊縮は新自由主義の最終進化形だ。こうなるともう、アナーキーどころか人命が失われる。財政というカネの問題が人命より大切になり、財政規律という経文を唱えさせられ、その道しかないと財政支出の削減を受容させられる。

文科省の昨年(二〇一七年)の調査によれば、日本の公立小中学校の冷房設置率は四一・七%だという。なのに、教員たちの中には「我慢することも重要」として冷房は要らないと言う人々がいるそうだ。むしろ彼らは、劣悪な環境で働かされている自分たちの待遇にこそ怒るべきで、労働者として闘ってこなかったこともこの窮状を生んだことに気づくべきだろう。「労働安全衛生法」に基づく事務所衛生基準規則では、しかるべき室温は(空気調和設備がある場合)一七度から二八度と定められているそうだ。学校等の公的施設にはこれが真っ先に導入されるのが、あるべき先進国の姿だろう。

「我慢」は道徳的に聞こえるが、闘わない言い訳になる。それは緊縮を進めたい勢力に容易に取り込まれ、利用される。

何度でも繰り返すが、緊縮は美徳ではない。新自由主義の呼び名が変わっただけの究極の進化形だ。

女王の「お気持ち」

二〇一八年八月二日　紙つぶて

エリザベス女王は公に政治的主張をすることはできない。だが、こっそり自分の言いたいことを託しているのではないかと言われているアクセサリーがある。ブローチである。

昨年(二〇一七年)六月、英議会で政府の施政方針を述べる女王演説を行ったときには、青い上着に円環状のブローチを着けていたので、「女王がEUの旗になっている」とネットで騒がれた。また、ウィリアム王子の結婚式ではラブノット(縁結び)のデザインのブローチを身に着けていて、「粋《いき》だね」と評判になった。

その女王が、トランプ米大統領の訪英時に着けていたブローチが再び話題を呼んだ。訪英初日のブローチは、オバマ前大統領からのプレゼントだったという。さらに二日目には、女王の母親が夫のジョージ六世の葬儀で身に着けたブローチを着け、三日目にはトランプ政権と仲の悪いことで有名なカナダから贈られたブローチを着けていた。EU離脱後には英米の関係強化が肝要になるが、女王がトランプ夫妻と面会したときに着けていたのは、「EUの旗みたい」と言われたときと同じ青い上着だった。

戴冠六五年のベテラン女王が、自分の服装が世界中で解釈され騒がれることを知らないはずがない。彼女の「お気持ち」は、たぶんファッションの中にある。

反緊縮モデル国

二〇一八年八月九日　紙つぶて

ポルトガルのモンテ・ゴルドという南部のリゾート地に感銘を受けた。海辺に広がる砂丘の上に、木製デッキ状の橋が何本も架けられ、駐車場から砂丘を踏まずにビーチに行ける。また、ビーチにはデッキの遊歩道が一キロメートル以上も築かれ、車いすで行けるようになっている。

「いったい、いくらかかったんだろう」

と英国人の友人は驚いた。昨年完成した大規模な工事は、バリアフリー、砂丘保護、そして地域経済活性化の目的で公的資金を投入して行われたという。遊歩道に沿ってオープンした洒落た飲食店では、地元の若者たちが陽気に働いていた。

ポルトガルは、ギリシャ同様に財政危機に陥っていた。他の欧州国に倣い緊縮財政に舵を切ったが経済は改善せず、二〇一五年に社会党のアントニオ・コスタ率いる左派政権が誕生。一気に反緊縮政策に転じ、劇的な経済回復を見せ、南欧で先陣をきって債務危機から脱出した。

コスタ首相は、ポルトガルでは「民主主義的な制度やEUに対する人々の信頼が回復している」とEU議会で報告したばかりだ。EU崩壊の懸念と右傾化が叫ばれる欧州の他の国々とは正反対の現象がポルトガルで起きている。

左派が反緊縮の経済を行えば、人々の意識は変えられる。必要なのは思考の転換だ。別の道はある。

常識は変えられる

二〇一八年八月一六日　紙つぶて

一九一八年、英国で女性に初めて選挙権が認められた(当時は一定の財産を持つ三〇歳以上の女性に限定されていたが)。一九世紀末から二〇世紀の初めにかけて、「言葉より行動を」をモットーに女性参政権を求めて闘った女性たちをサフラジェットと呼ぶ。その運動を率いたWSPU(女性社会政治同盟)の指導者、エメリン・パンクハーストと娘たちを描くミュージカルが、今秋(二〇一八年秋)、ロンドンで上演される。

サフラジェットはこれまで何度も映画やドラマに登場してきたが、今回のミュージカルがユニークなのは、パンクハースト親子を演じてるのが黒人女性だという点だ。この配役には批判の声も上がったが、エメリンを演じるR&B歌手、ビヴァリー・ナイトはこう語っている。

「一〇〇年が過ぎ、黒人女性の私が白人だった人物を演じるというのはとても面白いことです」

ヒップホップあり、ソウルあり、ファンクありのストリートミュージック満載の舞台になるそうで、これまで見たこともないサフラジェットのストーリーになるのは間違いない。

常識を疑え、「女は投票できない」という常識は変えられる、と信じて一〇〇年前のサフラジェットたちは闘った。彼女たちなら、この新たなミュージカルにエールを送るに違いない。

フードバンク泥棒

二〇一八年八月三〇日　紙つぶて

英国マンチェスターのフードバンクから、二五〇〇ポンド(約三七万五〇〇〇円)相当の生理用品や紙おむつが盗まれてニュースになっている。

生理用品が買えない貧困女性の増加が「ピリオド・ポヴァティ(生理の貧困)」と呼ばれて英国で社会問題になっているが、今回、フードバンクの倉庫からごっそり盗まれたものは、まさにそうした女性たちを支援するプロジェクトで大手スーパーから寄付された物品だった。

被害にあったフードバンクのサルフォード・フードシェアは、「とても悲しいことに、生理用品と紙おむつのストックが盗まれました。すでにほとんど支給していますが、それでも生理の貧困プロジェクトにとって大きな後退です」とツイッターで報告している。

犯人グループは、近くにある別のフードバンクにも侵入しようとした形跡があるという。フードバンクは、困窮している人々が利用する場所であり、貧者の命と尊厳を守る場所だ。そこから物品を盗む窃盗グループが現れたことは、慈善の伝統を持つ国の人々に大きな衝撃を与えた。

昔は泥棒といえばお金持ちを狙ったものだが、今はフードバンクが狙われる。最低賃金労働者はしっかり税金を取られるのに、富裕層は租税を回避する時代だ。世相まで逆進性を帯びてきている。

経済とマインド

二〇一八年九月　ＰＡＮＩＣ

それはディケンズの小説に出て来るような話だった。

英国南西部のコーンウォールで、二〇代の若い路上生活者を見つけた男性が、温かい朝食を食べさせたいと思い立ち、二人のホームレスの若者を連れてパブに行った。ところが、全国チェーンのパブ、ウェザースプーンの支店に入ると、スタッフが出てきて「ホームレスや「匂う人」の入店は禁止している」と言って若者たちが店に入るのを許さなかった。

庶民派のパブとして知られるウェザースプーンで起きたこの出来事は、英国で大きな話題になった。ディケンズの昔から貧窮する人々に温かい食事や飲み物を提供することがストリートの伝統だった国が、ついに同情心や慈善の習慣さえ失ったのかと嘆く声も上がった。

パブから追い出された二三歳の男性は、「入店を断られたとき、自殺したい気分になって立ち去った」と証言している。

二〇一〇年に保守党が政権を握り、緊縮財政政策を始めて以来、英国の路上生活者の数は六九％増加している。メンタルヘルスの問題を抱えている路上生活者も多く、ホームレスの若者の約四分の一が家族に縁を切られたＬＧＢＴＱの人々だという調査結果もあるという。

また、路上生活者の約三分の一が物を投げられたことがあると答え、約一〇分の一が放尿されたことがあり、約半数が暴力で脅されたことがあると答えた。

新自由主義の社会では、トップにいる人々は「賢く、能力があり、そこにいる資格がある人」と見なされ、底辺に落ちた人々は「怠け者で能力がない、そこにいるのがふさわしい人」と見なされる。今でも英国では、四〇％以上の人々が「ホームレスの人々は、おそらく自分ではコントロールできない事情で現在の状況に身を置いている」と考えているのは心強い。が、二五％以上の人々が「ホームレスの人々は、自分で誤った選択をした結果としてそうなった」と信じている。

他方では障害者への虐待も増えており、その原因は、メディアや政権が福祉を受ける人々を「国にたかる人」として描き始めたからと指摘する慈善団体もある。学校での貧困家庭の子どもへのいじめも増加の傾向だ。

ディケンズの国のマインドが変わっていく。新自由主義の本当の恐ろしさはこんなところにある。

緊縮とブレグジット

二〇一八年九月六日　紙つぶて

ブレグジット投票から二年が過ぎ、原因に関する議論は出尽くした感がある今、ウォーリック大経済学部のティエモ・フェッツァー准教授が、「緊縮がブレグジットを引き起こしたのか?」という題名の調査書を発表して話題を呼んでいる。

それによれば、二〇一〇年から保守党政権が始めた緊縮財政政策による福祉予算削減幅が大きかった地方自治体の選挙区ほど、離脱を唱える右翼政党のUKIPが支持された。

こうした選挙区でのUKIPの支持拡大は著しく、もし緊縮が行われていなければ、残留派が一〇%近い差をつけて勝利したという試算も行われている。福祉削減で実際に経済的な影響を受けた層ほど、政権に不満を抱き、右翼政党支持に回っていたと新たなデータが示している。

一一月には、貧困の深刻化を調査するために国連特別報告者のフィリップ・アルストン氏が英国を訪問する。同氏も、極端化する英国内の貧困と、厳しい緊縮財政政策とのリンクに特に関心を持っているという。

今なおブレグジットは迷走し、二度目の投票を求める声もある。が、そもそも緊縮さえなければ、この政治的カオス(混沌)には至らなかった。世界中の政治家は、これを「反面教師」として受け止めるべきだ。

親子の仲にも礼儀あり

二〇一八年九月一三日　紙つぶて

英国では、九月は入学、進学のシーズンだ。最初の登校日には、制服姿の子どもを写真に撮る親も多いが、そうした画像をソーシャルメディアに投稿するのはちょっと待って、とサイバーセキュリティ企業のマカフィーが呼びかけている。

英国の親たちがソーシャルメディアに投稿する子どもの画像の数は年間で約一三億にもなり、うち約三〇％が誰にでもアクセスできる。同社の主任研究員は「こうした画像は学校、住所、名前、生年月日までの個人情報を集め、人物像を割り出すために使われることがある」と警告を発している。同社の調査によれば、約半数の親たちが小児性愛者によるアクセスを恐れているが、五三％はそれでも子どもの初登校写真を投稿するつもりだと答えている。

他方、世論調査会社のコムレスによれば、一〇歳から一二歳の子どもの約四分の一が、親が自分の写真をネット投稿することを恥ずかしく、または不安に感じている。だが、それを考えてみたことがある親は二七％しかいなかったという。

子どもの承諾なしに親が投稿した写真が拡散され、いじめに使われることもある。親であれ、子どものネット上のアイデンティティを勝手に作ることはできないのだ。親しき仲にも礼儀ありというが、これぞデジタル時代の親子の礼儀だろう。

英国の女性参政権一〇〇年——緊縮財政が招く権利後退

二〇一八年九月一五日　欧州季評

今年(二〇一八年)は英国で女性に参政権が認められて一〇〇周年だ。当時は一定以上の資産を持つ三〇歳以上の女性のみが対象だったとはいえ、それは長い女性参政権運動の末に勝ち取ったものだった。なかでも「言葉よりも行動を」を信条としたサフラジェットと呼ばれた女性たちの闘争は世界中の女性解放運動に影響を与えた。

英国政府はこの一〇〇周年を記念するために、関連イベントや女性たちのプロジェクト援助資金として五〇〇万ポンド(約七億五〇〇〇万円)の予算を投じた。が、その裏では、同じ政府が推進している緊縮財政政策のために多くの女性たちが貧困と生活苦に追い込まれ続けている。

昨年(二〇一七年)、英国中部リーズで一〇歳以上の貧困層の少女たちが生理になると学校を休んでいることがメディアで大きく報道されて話題になった。家庭に生理用品を買う余裕がなく、ソックスにティッシュを詰めたり、新聞紙を重ねたりして生理の時期を過ごしているので、制服が汚れることを恐れて登校できないのだ。これは全国的な現象であり、生理用品を買うのも困難なほどの女性の貧困を表す「ピリオド・ポヴァティ」(生理の貧困)という言葉も使われている。#MeToo運動に比べて知名度はないが、少女たちへの生理用品の無料配布を求める#FreePeriods運動も立ち上がった。「生理の貧困を終わらせよう」がこの運動のスローガンだ。

こうした極端な英国内での貧困を調査するため、今年一一月には国連特別報告者のフィリップ・アルストン氏が英国入りする。彼は、英国内における貧困の深刻化と緊縮財政政策の関係性に特に関心を持っているという。

＊

緊縮は、フェミニストが闘うべきイシューだ。なぜなら、緊縮の影響をより激しく受けるのは、女性だからである。昨年、野党第一党の労働党は、保守党が政権に返り咲いた二〇一〇年から政府が行ってきた政策がさらに男女格差を広げており、緊縮によるしわ寄せの八六%が女性に及んでいるとして、税制と支出政策のジェンダー監査を行うように政府に求めた。この分析は、緊縮による税制改革、福祉制度改革によって受ける損失を男女別に割り出したもので、二〇一〇年から二〇二〇年までの財政支出削減による損失の推計は、女性で総額約七九〇億ポンド(約一一兆八五〇〇億円)、男性で約一三〇億ポンド(約一兆九五〇〇億円)になるという試算を行っていた。

緊縮は貧しい層ほど痛めつけられる政策と言われる。女性の平均所得は男性のそれよりも低く、シングルペアレントも男性より女性のほうが多い。よって女性は財政支出削減の影響を受けやすいのだ。緊縮による福祉削減の一環として打ち出された、所得補助、求職者手当、雇用・生活補助手当、住宅給付などを一本化する新福祉制度、ユニバーサル・クレジットの導入によって、多くの女性が貧困に陥っている。

さらに、ゼロ時間雇用契約(最低労働時間を定めないオンコールの雇用契約)も許される非正規雇用の時代に、臨時雇用やパートの仕事をしているのも女性が多く、女性就労者の四二%がパートで働いている(男性は一三%)。そのため、低所得者への補助金削減や、公共セクターの賃金凍結(NHSの職員の七七%が女性)で最も影響を受けるのは女性なのである。加えて、緊縮で政府が育児支援、介護などの分野でのサービスを縮小すれば、家庭で女性たちがケアを担うことになり、働けなくなったり、勤務時間を短縮しなければならなくなったり、と所得はさらに減少する。

こうした打撃を著しく受けているのがシングルマザーだ。福祉制度改革で、両親と子ども二人の家庭は年間約一一〇〇ポンド(約一六万五〇〇〇円)の所得減になるが、一人親の家庭ではその二倍以上の所得減になっているという試算もある。保育施設や学童保育に子どもを預けることができず、就労につけずに貧困から抜け出せない女性も多いが、最低賃金で働いていても困窮し、フードバンクを利用しているワーキングプアの母親たちもいる。

緊縮は女性の貧困を拡大させ、男性と女性の所得格差を広げるものだ。これは女性の権利の後退である。フェミニズムの原則の一つとは、フルタイムで働いて子どもを育てることができなければ、その原因は個人にあるのではなく、政治の優先順位を間違っている社会にあるという考え方である。パートナーの有無にかかわらず、女性が自分の所得を持ち、子どもや介護が必要な親がいても貧困に陥らずに生きることを可能にする福祉社会は、フェミニズム運動の成果でもあったのだ。

＊

女性参政権一〇〇周年を祝う方法は、華やかなイベントやマーチに参加するだけではなく、現代ならサフラジェットたちは何をしただろうと考えることだ。彼女たちが闘ったのは、単に男性と同じ参政権が欲しかったわけではない。参政権を手に入れて、女性の利害を反映した政治を実現させたかったのである。

フェミニズムは単なるアイデンティティ政治の問題ではない。経済の問題でもある。男女格差を広げる財政政策はジェンダー平等の理念に逆行する。緊縮はジェンダーの問題なのである。

マンスプレッディング

二〇一八年九月二〇日　紙つぶて

「マンスプレイニング」という言葉を広めた作家レベッカ・ソルニットの『説教したがる男たち』(左右社)を献本いただいた。「マンスプレイニング」はMan(男性)とEx-plaining(説明)を合わせた造語で、男性が見下した態度で女性に物事を説明することを意味する。

一方、欧州や米国では「マンスプレッディング」という言葉も浸透している。Manと Spreading(広がる)を合わせたこの言葉、電車の中などで脚を広げて座る男性のことだ。こちらは公共スペースでの迷惑行為として各国で撲滅運動が立ち上がり、スペインのマドリードでは、路線バスに「マンスプレッディング禁止」の表示も導入されている。

これを受け、英紙インディペンデントが「マンスプレッディング」は男性の肉体的構造のせいという説を紹介し、女性よりも骨盤の小さい男性は、大腿骨頸部《だいたいこつけいぶ》のなす角度の違いによって、脚をそろえて座るのが困難だと脊髄神経外科医がコメントしている。

こうした説が「マンスプレッディングは医学的に裏づけされている」とマンスプレイ

ニングする男性の根拠になっているが、疑問は残る。それならばなぜ、骨盤の大きな女性たちは狭いスペースに我慢して座ることに慣らされてしまっているのかと。

肉税問題

二〇一八年九月二七日　紙つぶて

砂糖税が導入された英国で、次は肉税をとの議論がある。国連機関は、肉の生産は温室効果ガス排出に影響を及ぼすとして食肉への課税を示唆する報告書を発表しており、世界保健機関も、肉食は昔考えられていたほど健康的なものではないと警告している。

加工肉(ハム、ソーセージなど)は「発がん性がある物質」と分類され、一日に五〇グラムの加工肉を食べると、結腸・直腸がんのリスクが一八％増えるそうだ。これに抗生物質が効かなくなる危険性、患者の増加による医療サービスへの負担、環境へのダメージなどを考えれば、課税して肉の消費量を減らさない理由がないという。

ちなみに砂糖税は、糖分の多い清涼飲料水に課されたもので、お菓子やデザートは対象ではない。肉税も加工肉が対象になり、ステーキ肉には課されないことになりそうだ。となれば、この税金を多く払うことになるのは誰なのか。高価な果汁一〇〇％のスムージーやステーキは買えないから、糖分の多い炭酸飲料やソーセージを食べて暮らしている所得層ではないだろうか。

環境や健康に無頓着な食生活は意識の高さや低さというより、単なる経済的貧しさに起因していることが多い。この事実を無視した税の議論は、ソーセージが入ってないホットドッグぐらい空疎だ。

健康アプリは不健康？

二〇一八年一〇月四日　紙つぶて

「インソムニア」は不眠症を意味する言葉だが、最近、新聞や雑誌で「オーソソムニア」なる言葉を目にするようになった。

「オーソドックス」などに使われるオーソ(ortho-)は連結形で「正しい、標準の」を意味する。つまり、「オーソソムニア」とは、正しい睡眠を取ることにこだわるあまり、インソムニアになる現象を指すそうだ。

近年は睡眠の質にこだわる人に向けて数多くのスマホのアプリが開発されている。睡眠パターンを追跡し記録するもの、睡眠の深さを計測するものなど、個人の睡眠に関する情報をデータ化して示すアプリだ。だが、そのデータの数値が気になり、ストレスにさえなって、睡眠不足になる人々が増えているという。

「オーソレキシア」という言葉もある。こちらは正しい食生活を求めるあまり摂食障害になることだ。ここでも食品群チェッカーや栄養計算機といったアプリの使用が症状を悪化させているケースが多い。

健康管理アプリをチェックし過ぎて不健康になるのでは本末転倒だ。わたしたちは、自分がデータを活用する頻度やパターンをチェックする必要があるかもしれない。そういうアプリがもう開発中かもしれないけど。

のど飴とメイ首相

二〇一八年一〇月一一日　紙つぶて

熊本市議会の本会議で、のど飴《あめ》をなめていたことを理由に緒方夕佳《ゆうか》議員が退席を求められたことが話題になっている。英国でのど飴と言って思い出すのは、昨年の保守党の党大会だ。メイ首相が演説中に咳き込み、ハモンド財務相が壇上の彼女にのど飴を渡したのである。そのときの写真と熊本市議会のケースを比較して「このぐらい優しい議員がいてもいいのではないか」とつぶやいていたツイートも見た。

だが、実のところ、あれはそんなにほのぼのとした場面ではなかった。のど飴を渡された後でメイ首相はこう言った。

「みなさん、財務相がタダで何かを与えたことに気づいてくださったでしょうね」

これは政府の緊縮政策と社会保障削減が野党に批判されていることを受けてのジョークだった。どっと会場の保守党員たちが笑う。雇用創出の話を続けた首相は、「タダで何かをもらうことはできません。すぐに財務相は払うべき代償があると私に言うでしょう」と咳をしながら言った。

善意の飴などあるものか、福祉が欲しければ税金を払いなさい、と言わんばかりにゴホゴホ咳をしながら演説するメイ首相の姿に、われわれは保守党の緊縮魂を見た。あののど飴は、そんなに優しげなものではなかったのである。

離脱へのカウント

二〇一八年一〇月一八日　紙つぶて

二〇一六年の国民投票以来、英国のEU離脱問題はすったもんだの迷走を続けてきた。日本ではもう離脱したものと思っている人もいるようだが、まだEUと英国の間の交渉はまとまっていない。来年三月の離脱に向けて、不気味な仕事をする人々を英国政府がこっそり募集していたことがわかり、話題になっている。

コミュニティ・地方自治省が、EU離脱後に起きる「すべての種類の緊急事態への対応・回復を行う」職員を募集しているのだ。EUとの交渉が成立しなければ、合意なき強硬離脱もあり得る。その場合、薬品が不足して市民の暴動につながる可能性や、物価上昇への広域な抗議活動がエスカレートする可能性もあると、国家緊急時に警察官の配置を調整する政府の警察機関も警告している。

「なんという修羅場！　政府はEU離脱で起きる「緊急事態」に対応する専門家を雇おうとしているのだ」と、ある労働党員はツイートした。こうした英国政府の動きを「自傷行為」とも表現している。ジャビド内務大臣は、BBCの番組で「強硬離脱になるとは思いません。でも、われわれはあらゆる不測の事態に備えるべきで、それはまったく正しいことです」と話している。英国に、なんとも不穏な季節がやってくる。

食料砂漠

二〇一八年一〇月二五日　紙つぶて

英国のシンクタンクと食品大手ケロッグが共同で行った調査によると、英国では約一二〇万人が「食料砂漠（フードデザート）」と呼ばれるエリアに居住している。貧困や公共交通機関の不足、スーパーマーケットが近くに存在しないことにより、手ごろな生鮮食品を手に入れるのが難しい地域のことだ。国内の最貧地域の約一〇分の一が「食料砂漠」だという。これらは郊外の公営住宅地や都市圏の貧困区で、往々にしてファストフード店だけは多く存在し、肥満や糖尿病の増加が懸念されている。

遠くまで行く交通費が払えない貧困層や、移動が難しい高齢者、障害者が最も深刻な影響を受けている。低所得層がスーパーマーケットを利用しやすい環境を整えることが肥満の減少につながるという報告書を、ケンブリッジ大学も昨年発表したばかりだ。

英国では過去一〇年の間に「食料革命（フードレボリューション）」と呼ばれる潮流が起き、オーガニック食品やエキゾチックな果物がスーパーの棚に並ぶようになった。「まずくて不健康」と言われた英国の食事が格段に進歩したのだ。が、革命の裏で、貧しい地域には砂漠が広がっていた。「飽食の時代」に存在する「食料砂漠」ほど、この国の格差を象徴するものはない。

右翼紙の変化

二〇一八年一一月　ＰＡＮＩＣ

英国に『デイリー・メール』というタブロイド判の新聞がある。

日本でも、ある学者がエビデンスとして同紙の記事を使用したときに「あれはフェイクニュースだらけの極右紙」と言われて炎上したことがあったので、知っている人もいるのではないかと思う。

その『デイリー・メール』の変化を評価する論説が、なんと左派紙『ガーディアン』に出ていた。

『デイリー・メール』は、強硬ＥＵ離脱派のプロパガンダ新聞として知られてきた。もともと保守党支持の新聞なのに、同党のキャメロン元首相がＥＵ離脱投票で残留を呼びかけたときに反旗を翻し、反移民感情をあおる記事を連日掲載。右翼政党ＵＫＩＰ寄りのスタンスさえ見せ、ソフト路線のＥＵ離脱(単一市場に残る形での離脱)を訴える議員をこき下ろしたり、「腰抜け」呼ばわりにしてきた。

ところが、ここにきて同紙の論調が大きく変化している。合意なき強硬離脱を求めるハード路線の離脱派議員たちに、『デイリー・メール』が非難の言葉を浴びせているのだ。

同紙がこれまでヒーロー扱いしてきた強硬離脱派のボリス・ジョンソンやデヴィッド・デイヴィスらを「低俗なチョイ役の政治家たち」「裏切り者の陰謀家たち」と呼び、「ずる賢い離脱派たちは、自己宣伝のためにEU離脱を利用し、国民のことを考えていない」と手厳しく批判している。

『デイリー・メール』の変化の背景には、今年(二〇一八年)九月、二六年ぶりに編集長が交代したという事実がある。

しかし、それだけではない。

同紙は、もともとカルト教団の洗脳現場をスクープしたり、残忍なレイシズム殺人の容疑者の顔写真を公開したりして、大衆が求めているものを大衆に与えてきた。売るためなら何でもやる新聞なのである。それが強硬離脱派を批判し始めたのは、一般の人々のEU離脱に対する心情が変わってきたからだ。

いくら右翼紙でも、読者がもう求めていなければ、排外的で攻撃的な記事を載せ続けることはできない。彼らはイデオロギーで新聞を出しているわけではなく、ビジネスをやっているのである。

本当にメディアの論調を変えるのは、一時的な不買運動ではなく、世間のムードが自然にシフトしてきたときだ。

英国のＥＵ離脱投票はわずか二年半前のことだったのである。

風は、思ったより早く向きを変える。

非道な税金

二〇一八年一一月一日　紙つぶて

一九九〇年三月にロンドン市内で、有名な「人頭税」反対デモが行われた。これに参加したというママ友がいる。

「ロンドン中の若者がそこにいた。今だったら、みんなスマホで写真を撮りまくっていたわね」と彼女は笑う。

「あの頃は携帯なんてなかったもんね」とわたしも笑うと彼女は続けた。

「今でこそ約二〇万人が参加したって記録からはっきりしているけど、当時は報道で数千人にされていた」

「考えてもみて。ミック・ジャガーと彼の豪邸の清掃人が同じ額の税金を払うのよ。そんな非人道的な税は絶対に許せなかった」と彼女は言った。

人頭税は、納税能力に関係なく、国民一人につき一定の額を課す税金だ。税を徴収する側にすれば、税務調査コストが低く抑えられる。が、一万円の価値は月収一〇万円と一〇〇万円の人ではまるで違うのだから、低所得者ほど高負担になるという逆進性を持つ。人頭税への抗議デモは、二〇世紀の英国最大の暴動に発展したのだった。一一年も一強支配を続けたサッチャー首相は、これがきっかけでついに首相の座から追われることになった。

所得額に関係なく課される消費税も逆進性が高い。税率が上がれば生活が苦しくなるのは低所得層だ。サッチャーを失脚させたのは非道な税だった。同じことが他国で起きないとは誰にも言えない。

孤独問題と読書

二〇一八年一一月二三日　紙つぶて

今年(二〇一八年)、英国に孤独問題担当国務大臣が設置されて話題になった。英国のシンククタンク「デモス」によれば、二〇三〇年までに英国では孤独感に悩む人の数が急増するという。六〇歳以上では約七〇〇万人が孤独に生活することになり、寿命に影響する人の数も約二〇〇〇万人に上ると予想されている。孤独は脳卒中や認知症、メンタルヘルスの問題ともリンクしているという。

デモスは、こうした問題を解決する上で読書が重要な役割を果たすと指摘する。読書は脳を鍛えて認知症を防ぐだけでなく、他者と密接な関係を築くことができるようにし、孤独感や鬱を緩和する効果があるそうだ。

インターネットの時代に本が社会問題の処方箋になるというのは、にわかには信じがたい。だがデモスは英国政府に対し、読書を使って孤独問題を解決するために二億ポンド(三〇〇億円)を投入するよう提案している。英国を「リーダーズ・ソサエティ(読む人々の社会)」にする必要があると言う。

確かに、本を読むことと、ネットで断片的な情報を拾うことは違う。読書はゆっくり著者の話を聞く経験であり、読書会で感想を他者と分かち合うこともできる。英国では財政緊縮で続々と図書館が閉鎖されたが、まずはそれらを復活させてほしい。人も社会も、パンだけでなく、薔薇もなければ病んでしまうのだ。

フルカラーの戦争

二〇一八年一一月二九日　紙つぶて

『ゴグルボックス』という人気番組が英国のチャンネル4にある。各地で同じテレビ番組を見ている複数の家庭の様子を放送するという内容だ。家族構成や人種、話す英語のアクセントなどが違い、同じ番組を見ていて反応する部分や感想がそれぞれ異なることも面白いのだが、先日の番組ではある映像に全家庭が同じリアクションを示した。

彼らはピーター・ジャクソン監督のドキュメンタリー『ゼイ シャル ノット グロウ オールド(彼らは年を取らない)』をBBC放送で見ていたのだ。この作品は、白黒で記録された第一次世界大戦の映像をフルカラーにしたものだ。白黒の兵士たちの映像に色がついた瞬間、どの家族も驚きの声を上げた。

「これ俳優なの?」

「いや、本物の兵士だよ」

合図の笛が鳴り、塹壕《ざんごう》から兵士たちが飛び出し、敵軍の銃声が無情に鳴り響く場面でどの家族もしーんとなった。泣いている人もいる。「彼らを忘れちゃいけない」「なんでこんなことになったんだ」とみな茫然《ぼうぜん》としている。

テクノロジーは前へ進むものだが、それだけではない。過去のある時点に立ち戻り、そこにあったものを鮮やかに生き返らせることができる。カラーになった戦争の記録にわたしたちの感情も刷新された。あの映像を見た人々にとって、戦争はもう色あせた過去の出来事ではない。

ディストピア

二〇一八年一二月　PANIC

「英国はもう緊縮やめるんでしょ」と複数の日本の人から言われた。ハモンド財務省が予算案発表で「英国に緊縮の終焉が訪れようとしている」と発言したので、「英国の緊縮は終わった」説がまことしやかに流れているらしい。

だがそれはちょっと楽観的過ぎる。第一、ハモンド財務相が発表したのは来年度(二〇一九年度)四月からの予算だし、その内容を見る限り、「緊縮の緩和」ではあっても「脱緊縮」と言えるほどの予算ではない。

そもそも、保守党政権は二〇一〇年から各省庁の予算を平均で二〇%以上も削ってきているのだ(地方自治体への交付金は四九%縮小)。これを裏返すにはよっぽどの財政支出拡大を行わないと無理だ。何より、福祉制度の一本化として考案された、働かない人々への懲罰的側面を持つユニバーサル・クレジット制度の見直しが検討されていない。これは多くの貧困層を今日明日の生活費もない状態に追い込んできた制度だ。制度に予算をつぎ込んでも、制度自体に重大な欠陥があれば、飢える人も路上生活者も減ることはない。

英国の大手スーパー、セインズベリーズでは、ついに売り場の食品に、「地元チャリティへの優先アイテム」のマークを付け始めた。どういう意味かと言えば、フードバンクに適した食品のことである。缶詰やロングライフ牛乳など、賞味期限の長い食品に付けられている。消費者が買い物をする際に、こうした寄付用の食品も一緒に買い、レジのそばの寄付用食品置き場に置いて帰れるシステムになっている。

一見、慈善的で良いことに思える。が、この倒錯ぶりはどうだろう。

人々がフードバンクに通わねばならないほど福祉予算を削った政府が「慈善的な英国民の地べたの組織力」を褒めたたえる。そしてセインズベリーズのような大企業は、緊縮の最中にも低い法人税の恩恵にあずかってきたのだ。それが買い物と寄付をセットにする文化を作ろうとしているとは、いったいどんなディストピアなんだろう。

一〇代の子どもたちのアイデアから始まった、と心温まる美談として宣伝されているが、売り場とフードバンクが一体化することで、飢える人のいる社会がどんどんノーマル化されていく。EU離脱の大騒ぎの裏でこっそり進行していることに、最近ゾッとするときがある。

若者の時代

二〇一八年一二月一三日　紙つぶて

世論調査会社 YouGov が面白い調査結果を発表した。英国の人々の四〇％が、現代よりも一九六〇年代と七〇年代のほうが若者として生きるには良い時代だったと考えているという。この時代はビートルズやデヴィッド・ボウイなどが活躍した時代で、英国が若者文化の震源地と言われた頃だ。

年代別に見ると、第二次世界大戦のすぐ後に生まれたベビーブーマー世代では、そう答えた人は四九％になり、現代のほうが若者にとって良い時代と答えた人は二二％。八〇年代から九〇年代に生まれたミレニアル世代でも、前者が三二％で後者が二六％だ。この調査では「ジェネレーションZ」と定義されている一八歳から二一歳だけが、現代のほうが若者にはいい時代だと答えた人が多かった。まだ学生の年齢のジェネレーションZは別にして、社会に出たミレニアル世代は現代を「若者の時代」とは考えていないようだ。

逆に、高齢者として生きるにはどちらの時代が良いかという質問では、全世代が一致して現代のほうが良いと答えた。総合すると、ベビーブーマー世代は自分たちはいい時代を生きたと考えていることになる。EU離脱問題で世代間格差がよく話題になるが、親が子の世代を不憫《ふびん》がり、子が親の世代を羨望する、そんな時代をわたしたちは生きている。

貧困を直視せぬ指導者——英国のEU離脱

二〇一八年一二月一五日　欧州季評

二〇一六年のEU離脱の是非を問う国民投票の前に、ギリシャのヤニス・バルファキス元財務相は、英国が離脱を選んだ場合について予言した。「『ホテル・カリフォルニア』ブレグジット」になるだろうと。

イーグルスの「ホテル・カリフォルニア」の歌詞に、いつでも好きなときにチェックアウトできるが決して去ることができないホテルのことが書かれている。英国のEU離脱がまさにそうなると言っていたのだ。過去二年半、われわれは連日EU離脱についての報道を目にしてきた。状況が二転三転し、今秋からはまたEUとの間の離脱合意案をめぐる是非、メイ首相の退任を求める閣僚や議員、労働党の政権への圧力など、政局のゴタゴタが延々と続く。

バルファキス氏はギリシャの債務問題でEUとの交渉を担当した経験を踏まえ、EUとの交渉の困難さを歌にたとえた。が、EUホテルの出口探しに右往左往している間に、宿泊者の英国自体が倒れてしまうのではないかとさえ思える。

*

ＥＵ離脱のカオスが国の内外で大きく伝えられている陰で、ひっそりと発表された報告書がある。英国内の貧困の実態調査を行うために英国入りしていた国連特別報告者フィリップ・アルストン氏が調査結果をまとめたのだ。氏は、保守党政権の「懲罰的で狭量、往々にして無情な」政策は、経済的必要性よりも社会の再構築を行う政治的欲望を優先させたものであり、英国内の人々に「すさまじい窮乏」を経験させていると報告した。

国連人権理事会に提出される二四ページの報告書は、「特に二〇一〇年以降の英国が経験していることは、貧困は政治的選択だということを浮き彫りにしている」と結論づけている。二〇一〇年は、保守党政権が戦後最大規模の財政支出削減に乗り出した年だ。英国は、女性、子ども、障害者、経済的・社会的権利、に関する四つの人権条約に違反していると報告書は指摘した。例えば、福祉手当の給付対象となる子どもの数を一家庭二人までに制限することは中国の一人っ子政策のようなものであり、地方自治体の予算を半減させたことが英国の社会構造にダメージを与えていると警告している。

『ガーディアン』は、全国各地を回ったアルストン氏に随行し、大きく報道した。彼がニューカッスルのフードバンクを訪れたときには、「そう遠くないうちに、人々は犯罪に走るでしょう。ガラスを打ち割って欲しい物を手に入れるようになる。今に暴動が起きるでしょう」と利用者の女性が言っている。「我々のフードバンクに来る人々の多くは働いている人。看護師や学校の教員がフードバンクに来ている」と職員は説明したそうだ。

ロンドンのニューアムでは、九歳の子どもを持つ女性が「多くの女性が貧困に陥り、売春に追い込まれている。私は極貧で、ホームレスです。転々としています」と自らの生活について赤裸々に語った。ニューアムは、二〇一二年ロンドン五輪のホスト自治区の一つだった。貧困を減らすのが五輪開催の目的の一つだったのに、昨年(二〇一七年)、ニューアムは英国で最も子どもの貧困率が高い自治区のリストで三位になっている。

英国の人口の五分の一にあたる約一四〇〇万人が貧困の状態にあり、そのうちの約一五〇万人は極端な貧困を余儀なくされている。そして、子どもの貧困率は二〇一五年から二〇二二年までに七ポイント上昇して四〇%にも達すると予測されている。ハモンド財務相は来年度(二〇一九年度)の予算案発表で、緊縮財政を終わらせる方針を示した。だが、そのわりには生活保護給付額の凍結を予定より早く終わらせることをしない。国連の報告書は彼の予算案の矛盾も突いている。

＊

国連の報告書とは直接関係はないが、アルストン氏が英国入りする四カ月前には、ウォーリック大学経済学部のフェッツァー准教授も「緊縮がブレグジットを引き起こしたのか？」という調査報告書を発表し、もし緊縮が行われていなければ国民投票で九・五ポイントの差をつけて残留派が勝った可能性があるという試算結果を示して話題になっていた。福祉削減の影響を受けた家庭ほど極右政党の支持に傾いていたことがデータで明らかになったのだ。そもそもEU離脱は排外主義やEUへの反感だけが起こしたものではない。その底には、経済や社会に対する人々の強い不満と怒りがあった。

労働党のコービン党首は、議会でメイ首相に尋ねた。

「首相は（国連の）報告書を読んで、どちらにショックを受けましたか。国連が使った言葉の数々？　それとも英国における衝撃的な貧困の増加ですか？」

首相は「あの報告書には我々は同意しません」と冷淡に答えた。

こうした指導者の意識と、地べたの現実との乖離が、隣国フランスで燃料税値上げに抗議する「黄色いベスト」のデモを引き起こした原因ではなかったのか。与党が「ホテル・カリフォルニア」の出口探しで内紛を繰り返し、そもそもなぜチェックアウトしなければならなくなったのかという原因を放置しているうちに、パリの暴動の炎が英国に飛び火しないとは誰にも言えない。

黄色いベスト

二〇一八年一二月二〇日　紙つぶて

先日、ロンドンの地下鉄の駅に黄色いベストを着た小学生の集団がいた。「えっ、あんな小さな子どもまで……」「デモやってるのはパリじゃなかったの？」と、どこからともなく日本語が聞こえてきた。振り返ると旅行者らしい女性が二人いる。ああそうか、フランスの「黄色いベスト」デモの報道を見て、小学生たちの姿に反応しているのか、と気づいた。

蛍光イエローのベストやジャケットは英国では「Hi Vis」（ハイビス、High Visibility の略）と呼ばれる。運転手用のベスト、と日本で報道されているのを見たが、建設現場、倉庫、工場、駅、線路、空港の滑走路など、危険に巻き込まれる可能性のある場所で働く人は着る。わたしのような保育士も、園児を連れて公園に行くときに着たり、園児たちに着せたりする。つまり、駅にいた小学生たちも先生に連れられてどこかへ行く途中だったのだ。

他にも警察官や、自転車に乗る人も着るが、やはりガテン系の服というイメージはある。欧州の住宅は、玄関を開けるとげた箱ではなく上着をかける場所があり、そこに黄色いベストや上着がかかっていると、ああ労働者の家なんだと思う。わが家にも、配偶者とわたしのベストがかかっている。

フランスのあれは階級闘争だよ、とわたしたちは言っている。

二〇一九年

EU離脱はどうなっとんねん——リバタリアン・ドリームの崩壊

二〇一九年一月一日　図書新聞

ブレグジット、ブレグジット、ブレグジット、ブレグジット。テレビをつけても新聞を読んでも、過去二年半の英国はこれ一色だ。ニュースを見ればイーグルスの「ホテル・カリフォルニア」を思い出し(ギリシャの元財務相、ヤニス・バルファキスは「英国のEU離脱は「ホテル・カルフォルニア・ブレグジット」になる。EUは、いつでも好きなときにチェック・アウトできるけど決して去ることのできないホテルみたいなもの」と予想していた)、EUとの離脱合意案をめぐってエンドレスに揉めている政界の権力争いを見ていると鶴田浩二の「傷だらけの人生」の一節が脳裏をよぎるが(「右〜を向いても、左を見ても〜、バ〜カああと阿呆のお〜絡み合〜いいいいい」)、まあそんなことを言っていてもしょうがない。わたしはカラオケ屋に座っているわけではないのだ。原稿を書くことにしよう。

国民投票でEU離脱が決まったのは二〇一六年六月のことだった。その翌月、サッチャー政権下で財務相を務めた保守党の重鎮で離脱派のナイジェル・ローソンは嬉々としてこう言ったそうだ。

「マーガレット・サッチャーが始めた仕事を我々が終わらせるのだ」

ちょっと待てよ、サッチャーと言えば新自田主義の権化であり、EU離脱はグローバルに広がっていく新自由主義に対する異議申し立てであって、人や物の自由な動きを止める保護主義を求めて内向きになった英国の人々の心情の現れではなかったのか、と思う人もいるかもしれない。だが、英国には右派自由市場主義者と呼ばれる人たちがいて(いわゆる「右派リバタリアン」)、この人たちはブリュッセルの官僚たちの支配下にあるEUから自由になり、オーストラリア、カナダ、ニュージーランド、米国といった国々と密接な貿易協定を結んだほうが得策(いわゆる「エンパイア2.0」)だと以前から考えていた。

サッチャーは一九八八年の有名なブルージュ演説で「私たちは英国の国境をうまく縮小することに成功しておらず、欧州というレベルに再び押し込まれています」と語った。この言葉こそが、保守党のリバタリアン強硬離脱派たちの理念の原点と言われている。

「もはや低成長しか見込めないEUから出て、中国のような国と単独で貿易協定を結んだほうが有利。EUはもう狭過ぎる」みたいなことを離脱派の政治家や識者がよくテレビなんかで言っているのもこの流れである。彼らはグローバル資本主義の新たなフロンティアを求めてEUというご近所組合みたいな鎖を断ち切ろうとしているのだ。「離脱派は保守主義で、残留派は自由主義」という単純な定義が成立しないのはこのせいである。離脱派の上のほうにはゴリゴリの自由市場主義者たちがいる。

だが、リバタリアンたちの夢は過激なファンタジーに過ぎなかった。もし英国が二〇一九年三月二九日の予定期日までにEUを離脱したとしても、少なくとも二〇二〇年一二月まではEUで定められた法や規制に従わねばならない（いわゆる「移行期間」）。北アイルランドとアイルランド共和国の国境問題の解決法が考案できない以上、英国はEU圏外の国々と自由に貿易協定を結ぶこともできない。英国の一部である北アイルランドとアイルランド共和国の間に国境を設けることができなければ、英国全体がEU関税同盟に残留するしかないからだ。

北アイルランド問題が深刻な離脱の障害になっている理由は、一九九八年にブレア政権下で英国とアイルランドの間に締結されたベルファスト合意であり、これは、両国がEU圏の国になったという事実があってこそ成り立つものだったからだ。この合意で、英残留派とアイルランド統一派の紛争による流血の歴史にピリオドが打たれ、南北アイルランドの国境なき往来が可能になっていた。なのに、英国がEU離脱することで北アイルランドとアイルランド共和国の間に再び国境が築かれたら、この合意は反故《ほご》になり、英残留派とアイルランド統一派の対立が再び激化する可能性もある。

が、なぜかEU離脱投票の前にキャンペーンを行っていた人々は、まったくこの問題に触れていなかった。もし「北アイルランドの問題があるから離脱は無理です」とあの時点で残留派が騒いでいたら、投票結果は違うものになっていたかもしれない。はっきり言って、みんなすっかり北アイルランドのことを忘れていたのだ。だが皮肉なことに、(その時点ではまさか自分が首相になるとは思っていなかった)テリーザ・メイだけは、「離脱に票を入れることが、北アイルランドとアイルランド共和国の間の国境にネガティヴな影響を与えないなんてことはあり得ない」と警告を発していた(彼女は首相になる前は残留派だった)。

「北アイルランドとアイルランド共和国の間に国境が築けないのなら、北アイルランドだけをEU関税同盟に残したらいい」とEU側は提案したが、これはこれで英国政府には大問題になる。なぜなら、これもまた皮肉なことに、メイ首相が圧勝を確信して行った二〇一七年の解散総選挙でコービン党首率いる労働党に猛追され、まさかの与党過半数割れになったとき、北アイルランドの民主統一党(DUP)との閣外協力を取りつけてようやく政権を保っていたからだ。で、このDUPが北アイルランドだけをEU関税同盟に残して英国から切り離すようなやり方は許せないと言っているから、メイ首相は袋小路に立たされた。彼女が二〇一七年に解散総選挙さえしなければ、北アイルランドをEU関税同盟に残して英国は離脱するという選択肢もあったろう。

しかしまた、そうなったらなったでスコットランドも黙っていない。そもそもスコットランドでは残留票のほうが多かったのよ、北アイルランドが関税同盟に残るなら私たちも同じ扱いにしてちょうだい、と「北の赤い雌ライオン」ことスコットランド首相のニコラ・スタージョンが牙をむいて吠えてくる。個人的に面白いのは、DUP党首のアーリーン・フォスターを含め、ブレグジットは女性リーダーたちの三つ巴《みつどもえ》の闘いになってきたということだが、北アイルランド問題がEU離脱の最大の障害として浮上している状況にはなんとも因縁めいたものを感じずにはいられない。

EUの足枷《あしかせ》から自由になって世界に新自由主義のフロンティアを広めたいリバタリアンたちの「エンパイア2.0」の野望が、「エンパイア1.0」の置き土産とも言える北アイルランドとアイルランド共和国の国境問題に行く手を阻まれているからだ。

一方で、労働党のコービン党首は、ブレグジット問題にばかりかまけていないで、国内における貧困の惨状に目を向けよと一二月初週のPMQ(首相質疑応答)でメイ首相を追い詰めた。一一月に国連特別報告者のフィリップ・アルストンが英国入りし、英国内における貧困の現状を調査し報告書をまとめたからだ。二〇一九年に国連人権理事会に提出される予定のこの報告書の中で、氏は、保守党政権の「懲罰的で狭量、往々にして無情な」政策は、経済的必要性よりも社会の再構築を行う政治的欲望を優先させたものであり、英国内の人々に「凄まじい窮乏」を経験させていると、激烈な表現を使って保守党政権を批判した。

コービン労働党の躍進劇に象徴されるように、リバタリアンたちが忌み嫌う「大きな政府」のコンセプトが今再び復活している。二〇一八年のBTS(British Social Attitudes)の調査で、六〇％の英国の人々が「大きな政府」を望んでいることがわかった（過去一五年間で最高の数字）。「小さな政府」を望む人はわずか四％に過ぎない。特に無料の国家医療制度NHSへの財政支出拡大を望む声が大きい。地べたの人々はブリティッシュ・エンパイアなんてどうでもいい。そんなことよりも、一九四五年発足の労働党政権が設立したNHSに代表される「福祉国家の時代」の復活を願っている。

アイルランドを植民地にして後にそれを南北に分割して南部だけが独立した過去や、「ゆりかごから墓場まで」と呼ばれた手厚い福祉国家だった過去や、サッチャリズムがそれをぶっ潰した経緯が英国に存在するという過去の歴史が、強硬離脱派たちの「エンパイア2.0」の野望を完全にブロックしている。

保守党のリバタリアンたちは今、英国の歴史から復讐されているのだ。

ケチは不道徳

二〇一九年一月　PANIC

最近、日本の反緊縮派の有識者の方が、「ケチは不道徳です」という発言をしている映像を見た。

実は英国でも二〇一〇年に保守党政権がゴリ押しの緊縮財政を始めて以来、まったく同じことが言われてきた。で、日本の有識者の方は、家庭の親を例に出し、支出をひたすらケチってまともに子どもに食べさせず、子どもがいつもおなかをすかしていたらそれは不道徳ですとおっしゃっていた。

英国では、ケチの不道徳性を語るとき、よく名前があがるのがチャールズ・ディケンズの『クリスマス・キャロル』に出て来るスクルージだ。実際、保守党政権は「スクルージ政府」とも呼ばれてきた。

守銭奴《しゅせんど》で人の心の温かみや優しさとは無縁の生活を送ってきたスクルージは、一緒にビジネスをやってきた相棒の葬儀に行って冥銭《めいせん》を盗むぐらいの強欲さだ。しかし、その相棒の亡霊がクリスマス・イヴに彼を訪れ、血も涙もないエゴイスティックなドケチにどんな悲惨な運命が待っているかということを教える。

スクルージは、今ならまだ悪夢のような未来が変えられると気づく。そして人が変わったように寛大で慈善的になり、資産をため込まずに恵まれない人々のために使って、周囲の人間に愛されて明るい光に満ちた生涯を歩むのだ。

この話は緊縮財政の非人道性と誤りの比喩としてよく使われる。

スクルージのように、自分一人で金銭を貯金して人に渡さなくなると、お金が流通しなくなって他の人々が貧しくなる。経済というのは「お金の流れ」のことなので、流れの総量を少なくする人たちが出て来ると、経済が縮小し、社会の貧困化が進むのだ。

つまり、緊縮で財政支出を削る政府や、尋常でない資産をため込んでいるスーパー富裕層などは現代のスクルージである。

これをなんとかせねばならんという経済理論が近年欧米で話題のモダン・マネタリー・セオリー(MMT)であり、米国史上最年少で下院議員となったアレクサンドリア・オカシオ＝コルテスはその信奉者だ。彼女は「赤字支出は経済のために良いこと」と発言し、超富裕層への税率七〇％を提言している。「スクルージたちよ、金を使え」と言っているのだ。日本では、経済学者の松尾匡教授の薔薇マーク運動がMMTを研究している。

そろそろ左派は経済政策で武装しよう。

あんたらの国

二〇一九年三月　PANIC

英国が危機にあることはご存じだろう。メディアの見出しは、この三年ばかりいつも同じだ。「国家の危機」「議会政治の危機」「民主主義の危機」。

元首相に、野党党首、閣僚、与野党議員、有識者。テレビをつければいろんな人たちが「首相のせい」「議会のせい」「国民のせい」と責任をなすりつけ合い、ケンカしている。

EU離脱交渉でメイ首相が犯してきた失敗の歴史が日曜紙の冒頭の一六ページも割いて伝えられていた。他方、ティーンに石を投げられて殺されたホームレスの事件や、子どもの貧困率上昇のニュースには五センチ程度の枠しか与えられていない。

「ブレグジットの経済への影響は計り知れない」とテレビでブレア元首相が警告を発したとき、パブでそれを見ていたおばちゃんが、「ふん。何がGDPだ。それはあんたたちのGDPだ。あたしらのじゃない」と言ったのが印象的だった。

国民が、その国のGDPは、私たちのものではないと言う国。じゃあいったいそれは誰のものなのか。

経済は回復しています、たくましく成長しています、と政治家は言うが、いつまでたってもそんな実感はない。上層さえ拡大を続ければ、下層は縮小しても、総量としてはオッケーというのが経済なら、それは単なる庶民からのぼったくり制度だ。

二〇一七年の英国総選挙で選ばれた国会議員の半数以上が、政治、法律、財界でのキャリアを持つ人々だったという。彼らは、福祉削減や増税を主張するのに、「痛みを分け合う」というレトリックをよく使う。彼らは痛みに泣きながら本当に何かを諦めたことがあるのだろうか。

「緊縮は経済サドマゾキズムだ」と言ったのは『負債論』(邦訳、以文社)のデヴィッド・グレーバーだが、下層にとっての緊縮は、財政徴兵制のようなものだと思う。要するに、血のコストを払えと言われているのだ。茶番に茶番を繰り返している国家のために。EU離脱を利用して政権を握ることや出世することばかり考え、国民のことなど、まったく考えていない政治家たちのために。

「あれはあたしらの議会じゃない」と思う人が増えていることは、デモや署名運動が盛り上がる一方で、EU離脱のニュースを見ない人が増えていることからもわかる。

この国の分断は三年前より今のほうが深刻だ。

ブロークン・ヨーロッパ――希望を持つ勇気はあるか

二〇一九年三月九日　欧州季評

英国で「ブロークン・ブリテン」という言葉が使われ始めたのは一〇年以上前だった。一〇代のシングルマザー、幼児虐待、ドラッグやアルコールの問題、暴力的なギャング・カルチャーなど社会的荒廃を意味する言葉としてそれは登場した。二〇一〇年の総選挙で保守党は「ブロークン・ブリテンを修復する」と言って戦い、政権交代を起こした。

やがて「ブロークン・ブリテン」は政治的荒廃をも意味する言葉になった。議員のスキャンダルや政治腐敗、不正選挙、緊縮財政による警察やNHSの機能不全など、底が抜けたとしか言いようのない政治状況が「ブロークン」と形容されるようになった。

そして最近、耳にする言葉が「ブロークン・ヨーロッパ」だ。この言葉で特集を組んだ『ニュー・ステイツマン』誌に寄稿したケンブリッジ大学のブレンダン・シムズ教授は、現代の欧州連合(EU)の状況を、約五〇〇年前に欧州で宗教改革の嵐が吹き荒れた時代になぞらえている。

＊

一五〇〇年頃、西はアイルランドから東はポーランド、リトアニアまで、また、北はノルウェーから南はイタリアまで、欧州はローマ・カトリック教会の「法とイデオロギー」に支配されていた。しかし、当時、ローマ・カトリック教会は聖職者の腐敗と世俗化で重大な危機に瀕していると見なされていた。そのためドイツ、スイス、イギリス、フランスなど各地で宗教改革が起こり、教会の分裂が進んでいく。

ＥＵもまた、「法とイデオロギー」で欧州統一を目指した。が、まず南北の亀裂が現れた。南部でユーロ圏のバブルがはじけると、ギリシャ、スペイン、ポルトガルが債務危機に陥って「ＥＵの南北問題」が発生し、緊縮財政によってさらに分断は深刻化していった。

加えて、東西にも亀裂が走った。ポーランド、ハンガリー、スロバキア、ブルガリアといった国々の人々は、中央・西ヨーロッパで主流のリベラルなイデオロギーに違和感を覚えた。これらの国がシリアからの難民の受け入れで見せた対応はそれを浮き彫りにした。

そして英国が国民投票でブレグジットを決め、メイ首相がＥＵと共に「ブレグジットの成功」を成し遂げたいと言ったとき、ユンケル欧州委員長は、成功は「あり得ない」と一蹴した。五〇〇年前にローマ・カトリック教会がカトリックの教義から離脱すれば救われることはないと宗教改革派たちに言ったのに似ている。ブレグジットはEUが掲げるイデオロギーに対する罪だった。

だからEUは英国を罰さねばならない。とことん欧州内で周縁化し、EUに戻るしかもうオプションはないと英国の大半の人々が思うところまで追い込めば、愚かなことをした子は頭をうなだれて戻ってくるだろう。これは「しつけ」の論理だ。

＊

しかし、もっとポジティヴなやり方がある、と提案するのがギリシャ元財務相の経済学者で、EUの改革を求める運動団体DiEM25を率いるヤニス・バルファキスだ。彼はEUにも抜本的改革の必要があり、まず欧州の経済的環境を改善すべきだと主張する。金融危機から一〇年経ってもその影が長く尾を引いているのは、山積する負債と膨らんでいく貯蓄が共在する欧州の経済状況が原因だと彼は説く。貯蓄増加でマイナス金利になったドイツのような国がある一方で慢性的不況に苦しむ国もあり、緊縮財政で国民の多くは疲弊していくのに銀行と大企業は肥え太る。

彼は欧州に必要なのはグリーン・ニューディールだと言う。欧州全土に有毒な空気をまき散らした緊縮財政を終わらせ、地球温暖化対策や自然エネルギーに大胆な投資を行い、雇用を創出し、経済成長を促して再び欧州に希望の光をもたらす。財源は欧州投資銀行が欧州中央銀行との連携で債券を発行することで賄《まかな》う。自らそれを行うため、バルファキスは今年(二〇一九年)、EU議会選挙に出馬する。「今年はいよいよひどい年になる」と識者たちが暗い顔で警告するときに、「欧州の春」を実現するなどと言っているのは彼だけだ。

欧州に希望とデモクラシーが戻ってくれば、英国も国民投票をやり直し、EUに戻ってくるとバルファキスは言う。確かにこのシナリオは「しつけ」よりはるかに明るい。しかし、だからこそこれは現実味のないポピュリズムと呼ばれる。いつしか欧州では「明るいヴィジョン」と「ポピュリズム」は同義語になってしまったようだ。彼はその暗いマインドを払拭《ふっしょく》しようとしている。欧州の外でも、米国のバーニー・サンダースと連携し、世界に反緊縮運動を広げていくと発表した。

『絶望する勇気』(邦訳、青土社)という本をスラヴォイ・ジジェクは書いたが、机上でそんな勇気を振り絞らなくても、ブロークン・ヨーロッパの地べたはもうその前が思い出せないほどずっと絶望している。今希望することのほうが、どれだけ胆力がいることか。

経済を崩壊させるのは「終わりの予感」だとバルファキスは言う。マインドの大転換が今、求められている。

コービンの失敗

二〇一九年五月　PANIC

三年前(二〇一六年)に出版した『ヨーロッパ・コーリング』(岩波書店)という本で取り上げた欧州の新左派が次々と迷走している。スペインのポデモスが同国総選挙で大幅に議席を減らした後は、コービン党首率いる英国労働党が欧州議会選挙で大敗を喫した。

ＥＵ離脱の遅延と混乱でメイ首相が退任を発表するなど、有権者の信頼を損ねた与党保守党の惨敗は理解できる。

が、それなら野党第一党が大躍進するはずだが、有権者はコービンの労働党にも背を向けた。結党まもないブレグジット党が三二％の票を獲得して第一党となり、ぶれずに残留を訴えてきた自由民主党が二〇％で続いた。労働党は一四％の票しか獲得できず、九％の保守党と共に二大政党が撃沈だ。

もちろん、欧州議会選挙と国内の選挙では、人々の投票傾向は違う。欧州議会選では、経済や福祉などの国内問題ではなく、ＥＵ離脱の一点だけが争点になったからだ。だから、合意なき離脱を訴えるブレグジット党と、国民投票のやり直しを求める自由民主党が有利になることは誰もが予測した。労働党や保守党のような大所帯は、明確で極端なスタンスが打ち出しにくい。とはいえ、労働党の票の落としぶりは尋常ではない。牙城のロンドンでも、自由民主党に第一党の座を奪われている。

二〇一五年に泡沫候補と呼ばれたコービンが党首に当選したとき、労働党は再び「理念の政党」になるのだと人々は夢見た。自転車で国会に通勤し、最も経費を使わない国会議員にも選ばれた彼は、「正直で誠実な政治」を英国にもたらす唯一の希望の星と人々を熱狂させた。

だが、EU離脱の問題になると、彼は自分の立場を明らかにせず、メイ首相の失態と与党の内紛を傍観しながら政権奪回の機会をうかがっている策略家に見えた。あれだけ彼が批判してきた「政局ゲーム」を彼も始めたのである。離脱派には「国民投票の結果という民主主義の尊重」を約束し、残留派には「強硬離脱派もいる保守党にはEU離脱を任せられない」と訴えれば、両側から票を獲得できるという彼の戦略は、しかし完璧に失敗した。

「最も政治家らしくない」という理由で支持された人が、「普通の政治家」になったとき、有権者はそれを罰するのだ。この皮肉な現実を踏まえ、英国労働党はどこに向かうのだろう。

格差とシニシズム

二〇一九年六月　ＰＡＮＩＣ

ジョージ・オーウェルは、死期に近い時期に書いた日記の中で、「英国の上流階級の声」について言及している。

「過剰に養われてしまった実体のない自信、何でもないことを絶え間なく嘲笑《あざわら》うような声。……こんな話し方をする人々は知性や繊細さや美の敵だということが、本人を見なくとも本能的にわかる。どうりで我々が嫌われるわけだ」

小説家のロバート・ハリスは、英国の次の首相と目されているボリス・ジョンソンのインタビューを見ていて、このオーウェルの言葉を思い出したそうだ。

ブロンドのざんばら髪や、だらしなくズボンからシャツを出して歩く姿などから、トランプ大統領と比較されたり、アンチ・エスタブリッシュメント的と勘違いされることのあるジョンソン。だが、実はこの人ほど英国上流階級を体現する人はいない。

父方の祖先には英国王ジョージ二世がおり、名門イートン校からオックスフォードに進んだ彼は、大学ではかの有名なブリンドン・クラブ（名門私立校出身の超エリート男子しか所属できない排他的社交クラブ）に所属していた。同クラブは上流階級の男子がタキシードで正装し、レストランで酒を飲んでは暴れることを活動内容としていた。

このクラブをモデルにした『ライオット・クラブ』という映画がある。日本語版の宣伝文句は「美しく気高く腐った男たち」だ。「美しい」かどうかは別にして、彼らが腐ったらんちき騒ぎを繰り返したのは真実のようで、やはり同クラブに所属したキャメロン元首相の当時の淫猥な写真の存在が明らかになり、スキャンダルになったこともある。

慈善団体サットン・トラストが発表した報告書によれば、現在、英国の各界で影響力ある立場にある五〇〇〇人のうち、私立校出身者は三九％だという（英国の人口全体では、私立校出身者の数は七％に過ぎない）。

王族も通うイートン校からオックスフォードに進んだ首相がEU離脱投票の責任を取って辞めてから三年後、われわれはまた似たような出自の首相を迎えようとしている。エスタブリッシュメントと庶民の意識の乖離が、現在の英国の混迷の元凶と言われているのに、である。

もちろんこれは格差の象徴でもある。

だがそれ以上に、これほど英国政治のオワコン感とシニシズムを象徴する事象はない。

EU離脱の混沌と子どもたち——後始末負う世代に投資を

二〇一九年六月一三日　欧州季評

今世紀に入った頃、何年かぶりで帰省したら日本の雑誌の見出しに感嘆符がたくさんついているのを見て驚いたことがあった。この用法は感嘆符を無効化する、と思ったが、今、英国で暮らしているとそのときのことを思い出す。「国家の危機！」「政治の崩壊！」と三年以上も連日メディアに連呼されたら、人は麻痺《まひ》状態に陥る。「ニュースでEU離脱の話題になると頭がぼうっとなって停止し、天気予報が始まると再びスイッチが入る」と言っている友人さえいる。

＊

垂れ流されるEU離脱報道を目にしているのは大人だけではない。「ナショナル・クライシスって何？」「ソフト・ブレグジットって何？」と子どもたちは親に聞く。英国の親たちはみな、この複雑な状況を子どもに説明しなければならない。

『ガーディアン』は、子どもに説明するにはたとえ話が効果的だと説く。「友達グループがあるとしよう。その中には何でもみんなで一緒にしたい人たちもいる。お小遣いを集めて、洋服も取り換えっこして、お互いの家に行き来する。でも、そうしたくない人たちもいる。英国はEUの友達にそれほど会いたくないし、特に家に泊めるのは嫌だ。中国とか米国とかのクールな友達とつきあいたいと思っている」という例文が同紙に載っている。「危険なのは、そんなことをしていると英国には友達がいなくなるかもしれないということだ。独りぼっちでランチを食べながら、平気なふりをしなければならなくなる」という現実も教えておけと言う。

また離脱派と残留派の両方の議論を教えるべきだと同紙はアドバイスする。EUはヨーロッパを安全(戦争をしない、燃えやすいソファの販売を禁止する)で公平(男女の賃金格差の是正、障害者の権利)な場所にし、好きな国に行って勉強したり仕事したりできるようにした。でもEUはお金がかかるし、時間がかかるし、複雑だし、EUがどうしてそんなに良いものなのか説明するのが下手くそだ。共通の言語がないのだからみんなにわかる言葉で説明すればいいのに、EUで働いている人にしかわからないような難しい言葉を使う。また、英国にも仕事ができる人たちがいるのに外国から来た人が猫の寄生虫駆除をしたり、火事の火を消したりするのは嫌だと思う人たちもいる、という解説も省けない。

「ソフト・ブレグジット」は、「公には友人ではないけど、まだ一緒に座ってランチを食べている状態」で、「ハード・ブレグジット」は「ハムスターが死んだときみたいに悲しくて決定的」と教えるとよいという。「だからと言ってもう学校でフランス語を勉強する必要がなくなるわけではないんだよ」と子どもたちの希望的観測に対応することも大切だ。

息子が通う中学校ではいわゆる「ブレグジット・ジョーク(〈一向に物事が進まなくてブレグジットみたいだ〉など)」を飛ばす先生はいるが、EU離脱について教わることはないそうだ。「先生たちの個人的意見でバイアスがつくといけないからだよ」だそうだ。いつも選挙の前後には「○○の家は保守党支持」「○○の両親は緑の党」と言っているのに、EU離脱に関してだけは、子どもたちは学校で親のスタンスについて話さないらしい。

＊

意見の違う大人たちが激しく対立し、政治家たちが責任をなすりつけ合い、首相が泣きながら辞任を表明する姿を見ながら英国の子どもたちは育っている。だが、全英校長組合(NAHT)の書記長は「政治家たちが残したこのカオスの後始末をさせられるのは、子どもたちの世代だ」と言う。EU離脱によるダメージを修復できる世代を育てなければならないときに、教育予算を削減することのリスクを彼は組合の会議で訴えた。

教育や福祉への財政支出が削られ、劣化した環境でポストEU離脱の時代を担う世代を育てている英国は確かに自殺行為をしている。二〇一八年の子どもの相対的貧困率はついに三〇%を超えた。三人に一人の子どもが貧困の状況にある。二〇一九年も貧困率は上がり続けており、三七%に到達する見込みとのデータをビッグイシューのUKサイトが紹介している。

「政治家たちはこの国を混沌に陥れた。英国の国際的地位は地に落ちた。先が見えない状態だ。（略）どんな結果になるにせよ、我々は今、教育を受けている世代にそのダメージの修復を頼らざるを得ない。今、我々が彼らをだまして投資をケチるようなことをすれば、教育予算を削るようなことをすれば、我々は自らをリスクにさらしていることになる」とNAHTの書記長は演説した。

メディアも政治家も識者たちも、EU離脱だけが英国の危機であるかのように「総がかり」で騒いでいる間に、本物の危機が足元の地べたにぽっかり開いた暗い穴のようにじわじわと広がり続けている。どうして自分たちはこんなに貧しくなっているの、と子どもたちに聞かれたら、大人たちはEU離脱のように機知に富んだ解説をすることはできないだろう。

勝ち過ぎた男

二〇一九年九月　PANIC

キャメロン元首相が久しぶりにインタビューに応じ、大きな話題になっている。さすがに三年半も揉めているEU離脱について責任を感じ、逃げ隠れせずに物を申す気になったのか。と思っているとそうではないらしい。

『For the Record』という新刊自伝のプロモのため人前に出て来ているのである。まだ英国の明日が闇に包まれているときに、その混乱のもとになった張本人が本を売ろうとしているのだから、したたかとしか言いようがないが、『ニュー・ステイツマン』誌の編集長、ジェイソン・カウリーがこんな新事実を明かしていた。

「ある日の閣僚会議の後で、――それは二〇一三年一月二三日にキャメロン元首相がブルームバーグ・ロンドンで演説を行う直前のことだった。彼はこの演説で、二〇一五年の総選挙で勝利したら、英国がEUに留まるべきかどうか国民投票にかけると約束したのだ――親EU派のベテラン議員、ケン・クラークはキャメロンに近づいて「何をしようとしているんだ？」と言った。「国民投票を行うのはあまりにもリスキーだ。我々が負けたらどうするんだ？」キャメロンは、いかにも彼らしい無頓着な感じで、クラークを見て言った。「ケン、心配はいらない。僕はいつも勝つんだよ」」

そして結果は、キャメロンの負けに終わった。国民投票は離脱派の票が勝り、彼は結果が出るとともに首相を辞任、大荒れの国政から隠れるように最近までメディアに姿を現さなかった。

確かにキャメロンは、シリアル・キラーならぬ、シリアル・ウィナーだった。裕福な株式仲買人の息子として生まれ、名門イートン校、オックスフォード大学を卒業。四〇歳になる直前に保守党党首になり、五年後には首相になった。

二〇一四年のスコットランド独立をめぐる住民投票でも彼が支持した残留派が勝ったし、二〇一五年総選挙でも保守党が勝った。しかし、その選挙で議会過半数を獲得するために、EU離脱の国民投票実施を約束して致命的な敗北を喫した。

これにより、彼は英国を前代未聞の大混乱に陥れた首相として後世に汚名を残すだろう。勝ち続ける人間は弱い。負けを予想せず激烈な失敗をするからだ。

でも、それで本が売れたら彼の中では勝ちの一つに勘定されるのだろうか。

大変革時代の英国の教育――長い目で文化格差解消を

二〇一九年九月一二日　欧州季評

「小泉劇場」「小池劇場」という言葉が日本では使われてきたが、英国にも「ジョンソン劇場」の時代がやってきた。合意なきEU離脱だと言っているかと思えば、議会を閉会すると言い、解散総選挙をほのめかす。目まぐるしく舞台が変わる劇場が、メディアに派手な見出しを提供し続けている。

Ipsos MORI社の七月の世論調査では、ジョンソン政権の国の運営に満足していないと答えた有権者は七五％。満足していると答えたのはわずか一八％で、過去四〇年間で最悪の数字だという。遅かれ早かれ総選挙は避けられないだろうが、保守党はすでにその準備を始めており、八月には教育改革に関する書類がリークされた。教員の賃金引き上げ、小中学校への投資などを含むこの改革案は、有権者の人気取りだとも言われている。言い方を変えれば、英国の有権者はそれほど現在の教育に不満を抱いているということだ。

＊

長年の緊縮財政は学校現場を疲弊させ、貧困層の子どもを増やした。広がっているのは経済格差だけではない。サッカーの母国として知られ、音楽や演劇、ダンスの分野でも世界中の人々から「本場」と呼ばれてきた国の子どもたちの間で、「文化格差」が広がっている。

政府の社会流動性委員会（ＳＭＣ）の調査によれば、学校の外で楽器を習ったり、合唱やオーケストラの一員になったりする機会に恵まれる一〇歳から一五歳の児童の数は、低所得層では裕福な層の約三分の一になるという。また、パキスタン系英国人の児童の四％が音楽のレッスンを受けているのに対し、インド系の児童では二八％、白人の児童では二〇％になる。イングランド北東部では九％の児童が音楽のレッスンを受けているが、ロンドンを含む裕福な南東部では二二％だ。

裕福でない家庭の児童がスポーツや演劇、ダンス、芸術などの課外活動に参加する機会を失っているため、ＳＭＣは奨学金や学校への資金援助、サポートの必要性を指摘している。

課外活動にはお金がかかる。だが、音楽やスポーツ、芸術などを通して、児童たちは思わぬ自分の才能に気づいたり、自信を身につけたり、チームスピリットを学んだりする。資金不足のためアフタースクール・クラブ（学童保育）の運営をやめたり、夏休みなどの休暇中に課外活動をできなくなったりしている学校が増え、児童たちがこうした活動に参加する場が失われている。

文化活動やスポーツに参加する機会がなければ、子どもたちは「溶け込めないという不安」を抱くようになるそうだ。つまり、例えば楽器を習うことや歌うこと、クリケットをプレイすることに敷居の高さを感じ、自分は音楽や演劇、芸術、スポーツには「値しない」人間だと感じるようになる。

こんなに早い時期から児童たちが好奇心や芸術性や遊びの精神を培う機会から引き離されていると思うと、ビートルズやシェークスピアの国はいったいどうなってしまったのかと思う。自己表現ができるのは裕福な子どもたちだけで、貧しい子どもたちは文化の外側に押しやられている。これではエリート主義の構造を強化させ、支配層と庶民の意識の乖離を増長するばかりだ。

＊

ＥＵ離脱で揺れ続ける英国は、一九四五年に労働党のアトリー政権が誕生したとき、そして八〇年代のサッチャー革命以来の、大きな変化の時期に直面していると言われる。アトリー政権は「ゆりかごから墓場まで」と呼ばれた福祉社会の礎を築いた政権だった。だが、それもやがて行き詰まり、八〇年代のサッチャー革命は、「もはや社会は存在しない」をスローガンに個人主義と新自由主義を推進した。

この二つの大改革の間には六〇年代があった。ブリティッシュ・インベイジョンと呼ばれた英国文化の黄金時代だ。ビートルズやローリング・ストーンズなどのロックバンドや英国発のファッション、映画、演劇、芸術が世界中を熱狂させた。その背景には階級の流動性があった。アトリー政権が福祉国家の建設に着手し、その結果として「ワーキングクラス・ヒーロー（労働者階級の英雄）」の時代が到来した。それまでは大学に行ける裕福な層の人々に独占されていた音楽やメディアの世界に、労働者階級の子どもたちが進出し、それまでとは違うセンスや考え方を注入して英国文化を活性化させた。あの時代の進取の精神に富んだ文化は、偶然生まれたのではなく、格差を縮める政治の産物だったのである。

一九四五年や八〇年代に続く大変革の時代と言われる今、「次は何か」とメディアは騒ぐ。だが、何か新しいものは、数十年単位の長期的視野に立った政策の結果として出て来る。いきなり才人がぞろぞろ空から降ってきて世の中を変えるわけではない。

劇場の派手な舞台は二、三時間で終わるが、社会を変えるには長い時間がかかる。一九四五年の改革の果実が花開いたのは六〇年代だったように。今読み取るべき、ブリティッシュ・インベイジョンの教訓はそれなのだ。

緑の政治

二〇一九年一〇月　PANIC

今、新聞にメディア時評を書いているので、ここ数カ月、日本語のニュースをまめにチェックしている。で、目を疑うような見出しがいくつもある。最も衝撃を受けた言葉の一つが「環境少女」というやつだ。

これはスウェーデンの環境活動家、グレタ・トゥーンベリのことだが、いくら見出しには字数制限があるので短い言葉でインパクトを出すかが勝負どころとはいえ、悪い意味でインパクトが強過ぎた。

「魔法少女」や「微熱少女」じゃあるまいし、失礼だ。そもそも、「環境」では意味不明だし、少女であることが何よりの彼女の価値みたいな「売りポイント」を通信社や新聞社が勝手に決めてどうするのか。根深いセクシズムとエイジズムを象徴するような言葉だ。「〇〇少女」に萌えるより、真剣に本人の主張を聞くべきだろう。もはや地球温暖化はよほどのアンチ環境運動家でもない限り、誰の目にも明らかなのだから。

各国政府に気候危機への対応を求め、XR（エクスティンクション・レベリオン＝絶滅への反逆）デモが英国で一〇月七日に始まり、一四日時点で一四〇〇人以上の逮捕者が出たと報道されている。わたしも一一日にロンドンに出かける用事があったが、トラファルガー広場付近の駅には多くの警察官が立ち、一部道路も封鎖されて一種異様な雰囲気だった。

相変わらずEU離脱で揺れている英国だが、総選挙が近いのは間違いないというのが大方の識者の見解だ。

水を差す気はないのだが、環境問題を優先する政治家を議会に送り、気候危機に取り組む政党を政権に就かせるには、活動家たちは今、逮捕されて禁固されている場合ではないのではないか。むしろ、地元で一軒一軒の家を回り、支持政党のビラを配って草の根の活動を行う時がきているのではないか。

今年（二〇一九年）五月の欧州議会選挙でも、「緑の党」系環境政党の躍進が大きな話題になった。中道勢力が票を失う中で、ドイツを筆頭に欧州に「緑の風」が吹き荒れた。米国でも、反緊縮政策と環境政策を合わせた「グリーン・ニューディール」を提唱する民主党議員のオカシオ＝コルテスが人気を集めている。

環境運動は、もはや単なるデモではなく、議会政治の中で大きな勢力になろうとしている。地べたに潜って草の根を張り巡らせれば、英国でも次の選挙は面白いかもしれない。

リバランス

二〇一九年一一月 PANIC

ベルリンの壁の崩壊から三〇年がたった。一九八九年のあの出来事は、左翼、リベラル、保守派のすべての陣営に、自らの存在を肯定するものとして受け取られた。クラシックなマルキシスト左翼にとっては、スターリン的ではない新しい時代の左翼というイメージを生み出すチャンスだったし、保守派は反共産主義の勝利と理解した。だが、ポスト冷戦時代の覇権を握ったのは、リベラルだった。日本では、左翼とリベラルという言葉が同じような意味で使われることが多いが、英国では、この二つは明らかに違う。両者の経済政策に関する考え方は水と油だからだ。政治が市場に介入し再分配を行う経済を標榜するのが左翼。他方、リベラルは自由市場の価値観を重んじる。

東欧の計画経済が崩壊し、西側の予期せぬ経済成長も相まって、盲目的な自由市場への信仰が高まっていった。

英国労働党のブレア元首相は、「我々は立ち止まってグローバリゼーションについて議論したほうがいいという人がいるが、それは夏の次に秋が来ることについて議論するようなものだ」とさえ言ったことがある。

西側のリベラルは、グローバル資本主義こそが世界の夜明けだと思っていた。経済のリベラリズムを推し進めれば、政治も同じようにリベラリズムの方向に進むと思っていたのだ。

だが、今考えれば、それはどれほど誤った考えだったろう。金融危機で失業率が上がり、格差が広がった欧州では極右勢力が支持を伸ばした。EUというユートピア的プロジェクトにしても、参加諸国の政策を一致させなければ統一通貨は問題を露呈することが明らかになった。米国はリベラルな価値観で紛争を終わらせられると信じ、中東に介入して問題を複雑化させてしまった。

とはいえ、リベラルは輝かしい成功も収めてきた。市場の力で、世界の貧困は一九九〇年の三六％から現在の一〇％にまで減少した。香港やレバノンの大規模デモを見れば、自由と民主主義の概念には、まだ人々を捉えて離さぬ魅力があることも明白だ。

たぶんわれわれが今目にしているのは、リベラリズムの終焉ではなく、リバランス（バランスの取り直し）の時期に来た、その局面なのだ。リベラルの時代が終わったのではなく、リバランスの時代が始まったのだ。

家なき子

二〇一九年一二月　ＰＡＮＩＣ

ホームレスの状態で今年（二〇一九年）のクリスマスを過ごす英国の子どもの数は、過去一二年で最高の一三万五〇〇〇人になる見込みだという。これらの子どもたちには定住する家がなく、家族と一緒に緊急シェルターやＢ＆Ｂ、または家族の友人の家に泊まっている。

英国では、一日に一八三人の子どもが住む家を失っており、八分に一人の子どもがホームレスになっているそうだ。家賃や家のローンが払えなくなって家族全員で住宅を追い出されたり、パートナーのＤＶから逃れるために母親に連れられて家を出て来た子どもたちなどがいる。

一二月三日に慈善団体「シェルター」が発表した調査結果によれば、最もホームレスの子どもが多い三〇地区のうち二六がロンドン市内だ。ハーリンゲイ、ニューアム、ウエストミンスター、ケンジントン＆チェルシーの上位四区では、子ども一二人につき一人がホームレスという、にわかには信じがたいすさまじい数字が報告されている。

ウエストミンスターは、国会議事堂やバッキンガム宮殿がある区だ。また、ケンジントン&チェルシーといえば、ハロッズやハーヴェイ・ニコルズといった高級デパートがあり、多くの財界人や著名人が住むことで知られているが、イングランドの最富裕層一〇%と最貧層一〇%が混在する地域だと言われている。こうしたロンドン中心部の区には、リッチ層向けの高級マンションが立ち並んでいるが、それらは投資目的で海外の富裕層に購入され、無人の状態で放置されていることが問題視されてきた。その同じ区で、家のない子どもたちが狭いシェルターやB&Bの部屋で、家族で折り重なるようにして眠っている。

わがブライトン&ホーヴ市でも三〇人に一人の子どもが、そしてマンチェスターでは四七人に一人の子どもがホームレスで、共にワースト一〇入りを果たしている。一二人に一人に比べたらましに思えてしまうが、わがブライトンでも、学校の一クラス三〇人のうち一人は定住する家がない子がいるということだ。

子どもは安全で清潔な場所で育つべきと信じ、一九一四年にロンドンの貧民区に初の保育学校を設立したのはマクミラン姉妹だが、現代の状況を見たら姉妹は何と言うだろう。

むき出しの野蛮な資本主義の犠牲になるのは、一〇〇年前も今も子どもたちなのだ。

暗黒の二〇一〇年代の終焉――英保守党、脱緊縮の総選挙

二〇一九年一二月一二日　欧州季評

政治が変われば街の風景も変わる。そのことを英国ほど露骨に見せてくれる国も珍しいかもしれない。二〇〇〇年代まで、わたしが住む地域の商店街でホームレスを見かけることなんてなかった。それが、二〇一〇年に保守党が政権を握ると、路上に寝ている人が現れた。その数は少しずつ増え、やがて個人商店が潰れ始めた。店舗が潰れたまま放置されるようになり、ガラスが打ち割られ、ゴミが散乱してストリートの光景が荒《すさ》んできた。今年(二〇一九年)はチェーン展開の大手スーパーと薬局も退店し、閉まったままのシャッターはびっしり落書きだらけだ。その前には何人ものホームレスの人たちが横になっている。

昔の写真を整理していて、つい二度見した。二〇〇九年に同じストリートで撮った写真が、あまりにピカピカして違う場所に見えたからだ。「ビフォー&アフター」みたいな感じである。何の「前」と「後」なのか。保守党の緊縮政治だ。

英国の批評家、マーク・フィッシャーの『資本主義リアリズム』(邦訳、堀之内出版)が

英国で出版されたのも二〇〇九年だった。何だかんだ言って、まだ「ビフォー＝緊縮政治以前」だった。同書で彼は「資本主義は、唯一の実行可能な政治、経済システムであるだけでなく、それに対する論理一貫したオルタナティヴを想像することすらできない」という感覚が蔓延する状況を「資本主義リアリズム」と呼んだ。

が、金融危機とそれに続く不況で、自由市場資本主義は完全無欠という信仰は、少なくとも英国では打ち砕かれた。資本主義が自らを食い潰すのを防ぐために、国家の介入が必要になり、冷戦後のリベラルな自由市場主義者たちの強欲さが批判の的になった。

＊

あれから一〇年。一二日に投開票される英総選挙での与党保守党と野党第一党の労働党のマニフェストは、明らかな時代の変化を感じさせた。労働党は前回の総選挙時と同じように、経済の大転換を謳った。「富と権力のバランスを不可逆的に（労働者に）移すため」四〇〇〇億ポンド（約六〇兆円）を投じ、気候危機や貧困などの問題に取り組み、鉄道、郵便、水道、エネルギー企業を国営化し、全国民に高速のブロードバンドを無料で提供すると約束した。労働党の政策では財政支出は対GDP比四五・一％になり、「バラマキ」「ファンタジー経済」と批判の声もあがったが、二〇一七年のドイツの財政支出の対GDP比は四四・四％で、フランスは五六・四％だった。言われるほど荒唐無稽な数字ではない。

しかし、注目すべきは、もとから反緊縮を打ち出していた労働党ではなく、むしろ保守党のマニフェストだった。「緊縮政党」と呼ばれてきた党が、（額で言えば労働党の比ではないが）財政支出の拡大を約束した。あれほど妄執してきた財政黒字最優先の方針は捨てたらしく、「借りて投資する」と言った。

保守党内の自由市場主義の保守派たちは、ブレグジットを使って企業への減税や民営化を進める野望を持っていると言われてきた。が、法人税を一七％にカットする案や、年収八万ポンド（約一二〇〇万円）まで所得税率を四〇％にする案はマニフェストから外されていた。また、最低賃金を向こう五年間で一〇・五〇ポンド（約一五八〇円）に上げることを約束し、雇用主や大企業のための党と呼ばれる保守党が、労働党的な政策をマニフェストに盛り込んだ。

保守党と労働党の政治理念はまるで違うにせよ、経済的にはほぼ同じ方向を見ている。一〇年間の緊縮財政と、実質賃金の下落と、市場の暴走と、人々の疲弊と分断の果てに、程度の差はあれ、両党とも「政府の役割を大きくしよう」と決めたのだ。

＊

思えば、一〇年前に「資本主義リアリズム」（＝資本主義無双。代替するシステムなど想像できないという感覚の蔓延）が金融危機と不況で崩壊したからこそ、「いや、実は資本主義もけっこうダメで、大失敗するから、その場合の回復策にはこの道しかない」と言い聞かされて始まったのが「緊縮リアリズム」だったのだ。「財政再建無双、代替策などあり得ない」という緊縮リアリズムの感覚が支配した二〇一〇年代は、英政府が人々のための財政支出を切りまくり、子どもの三人に一人を貧困に落とし、平均寿命の伸びを止め、ホームレスの数を七五％増にし、「英国の緊縮政策は人権問題」として国連の調査さえ入った一〇年だった。どんな温厚な庶民でもこれには怒る。なんという暗黒の時代だったのか。

二大政党のマニフェストを見て、英誌『ニュー・ステイツマン』は「資本主義リアリズムは終わるのか？」の見出しを社説に掲げた。が、そんなものはもう終わっていた。二〇一〇年代の終焉とともにようやく終わろうとしているのは「緊縮リアリズム」である。

昨日、二〇〇九年に撮影したストリートを歩いた。退店したスーパーの前に、ホームレスの人々が七人も座っていた。若いホームレスが舗道に落ちていた選挙運動のビラを拾い、じっと見ていた。英国ではホームレスも申請を行えば、公園のベンチなどを住所として登録し、投票できる。

その青年も真剣にビラを読んでいた。もうすぐ、新たなディケイド(一〇年間)が始まる。

二〇二〇年

もっとしなやかに、もっとしたたかに
――英労働党が大敗を喫した日に

二〇二〇年一月一日　図書新聞

うちの息子(一三歳)の通う中学校は、英国南部の一般的な公立校だが、一二月一二日の英国総選挙に際して、「スクール総選挙」というプログラムを行った。シティズンシップ・エデュケーションの時間に先生と各政党のマニフェストを読み、ディスカッションを行って、総選挙の投開票日に全校生徒が校内で投票した。「スクール総選挙」の投票率は八一%(英総選挙は六七・三%)。労働党が圧勝し、緑の党が第二位、保守党は第三政党になったという。

他方、大人たちの総選挙では保守党が圧勝した。こちらは労働党大敗である。こちらは、なんて言い方をしてはいけないのかもしれない。こっちが本物の総選挙であり、子どもたちのはお遊びだからだ。もちろん、数年後にはもうお遊びではないだろうが。

左派が負けるとお馴染みの「大反省会」が始まる。が、今回は「反省会」というより労働党党首ジェレミー・コービンの「糾弾会」だ。『ガーディアン』電子版が「労働党が選挙で負けた五つの理由」なる記事をアップしたが、その一つ目の理由が「ジェレミー・コービン」だった。

実際、彼は野党第一党の党首としては、一九七〇年代以来、最悪と言われる支持率で総選挙を迎えた。ブレグジットで北アイルランドの国境問題が浮上したとき、過去のIRAとのつながりを取り沙汰されたり、ハマスやベネズエラとの関係を批判されたり、外交的な荷物をいくつも背負った人だが、とりわけ大きくなってしまったのが反ユダヤ主義疑惑だった。彼が頑なに労働党内の反ユダヤ主義的言動について謝罪するのを断ったのは、必要なしと思ったからだろうが、党の候補者たちは「反ユダヤ主義者には投票できない」と戸別訪問で有権者たちになじられたという。

もともと、労働党左派は、昔から反シオニズムの傾向があると言われてきた。パレスチナを弱者、イスラエルを強者と見なして弱者に肩入れする気質が、どうしたって高齢の左派にはある。実際、コービンの盟友である元ロンドン市長のケン・リビングストンも反ユダヤ的な発言で党員資格停止処分を受けたことがある。コービンは片意地をはらず、誰に非があるとかそういうことはいったん置いといて、早い段階で謝罪しておくべきだったろう。

こういうところがコービンは政治家ではない。もちろん政治家らしくないところが新鮮と思われて党首に選ばれた人だ。が、政治家でなければ選挙には勝てない。しかしその一方で政治家として振る舞えば、政治家らしくない正直な彼が好きな人たちが離れていくし、不器用なままでいればいつまでも党はまとまらない。この種のジレンマが彼にはつきまとう。

同様のジレンマとなったのがブレグジットだ。労働党は、中・北部の炭鉱のあった町や製造業が盛んだった町で、ハードコアな支持者を持っていた。が、今回はその多くが保守党支持に回った。労働党が二度目の国民投票を公約に掲げたからだ。こうした地域にはEU離脱派が多い。前回の選挙では労働党は「国民投票の結果を尊重する」という立場だったので、彼らは裏切られた気分になったのだ。「生まれて初めて保守党に入れた。労働党にしか入れなかった祖父と父親があの世から見ていると思ったら、投票するときに手が震えた」と北部出身の知人も言っていた。

労働党はどうして急に方向性を変えたのか。自由民主党が若い女性党首を擁して残留派のリーダーとして振る舞い始めたため、残留派がそっちに流れてしまうのでは、と焦ったからだ。労働党の支持者には、離脱派も残留派もいるのだ。だから二度目の国民投票を公約したが、「EUに残留しよう」とは積極的に呼びかけなかった。いっそ残留派を率いる政党になればよかったという意見もあるが、自由民主党の停滞ぶり(党首がまず落選している)を見れば、それも疑問だ。むしろ以前の労働党は、離脱派を単なる差別主義者たちと切り捨てずに彼らの心にこそ響くようなメッセージと政策を打ち出そうとしていたはずだ。労働党はジレンマの中で迷子の子どものように行き場をなくしたように見えた。

選挙戦略が党派的になり過ぎていたという説もある。コービン支持者による「モメンタム」というグループは、選挙前になると動員力を発揮して草の根のキャンペーンを展開する。が、今回は人員を投入する場所がモメンタムの政治理念に同意する候補者の選挙区や、ジョンソン首相や元保守党党首の選挙区など「この大物政治家を落選させたら注目を集める」というような目立つ場所ばかりで、労働党として地道に勝たねばならない区に人員が足らなかったという指摘もある。身内、大物、注目。なんとなく嫌な言葉が並んでいる。激戦区の全てにボランティアを送り込み、都会の若者たちと地方の労働者たちが語り合う機会を作ったと言われた二〇一七年の選挙運動とは、ちょっと様変わりしていたのだろうか。

さらに、マニフェストにも問題があったという見方もある。内容は、二〇一七年に保守党を過半数割れさせた選挙と同じ、反緊縮路線だ。が、ちょっと今回はやり過ぎたのではないかというのだ。「It's Time For Real Change」と銘打たれたマニフェストは、ボリュームがあり過ぎた。高齢者の無料ケア、大学授業料の無償化、障害者ケアラー手当の増額、ブロードバンドの無料化、等々、社会のあらゆる方面に「お金を出します」

と言っていた。しかし、項目が多過ぎると、候補者が戸別訪問で有権者に説明しても、逆効果だったという。「人々が政策を嫌いというわけではないのです。人々は、多過ぎると思っているのです。無料のブロードバンドは本当に人気がなかった」と労働党関係者が『ガーディアン』紙に明かしている。

これには、保守党が急に景気のいいことを言い出したという背景もある。二〇一〇年に政権を握ってからゴリゴリの緊縮財政政策に舵を切り、あらゆる分野で財政支出を削減して庶民に苦行を強いてきた保守党が、前回の総選挙で人気だった労働党マニフェストを模して、「借りて投資する」と言い出したからだ。とはいえ、そこは保守党だから、投資の額は労働党に比べれば非常にケチくさい。だが、ジョンソン首相はある分野に絞って「投資」を吹聴して回った。それは医療である。

「NHSの看護師の数を五万人増やす」

ジョークのネタにもなったこの文句を何度も何度も繰り返した。財政支出の額を言うのではなく、具体的にどうなるかを口にした。あれも、これも、それも……、と増額のパーセンテージや金額を告げる労働党より、覚えやすく耳に残った。

さらに、これは悲しい現実だが、英国の人々は過去九年間を我慢と倹約の緊縮財政下で生きてきたので、巨大な額を示されて、一気にあれもこれもあげると言われても「うそつき」にしか思えない。左派誌『ニュー・ステイツマン』さえ、「今回の選挙運動では、コミカルなほどささやかな額の保守党の提案のほうが、残念ながら一般のムードに合っている」と書いていた。

ジョンソン首相は、党首討論に出演したとき、BBCのファクトチェックチームがいちいち発言を検証したほどのうそつきとして有名なのに、それでも一般の有権者はコービンのほうを「うそつき」と呼んだ。今回のマニフェストが人々に与えようとした希望は、緊縮UKには絢爛豪華《けんらんごうか》過ぎたのである。片意地、ジレンマ、焦り、党派性、やり過ぎ。コービンは多くの美点も持った人だが、その弱点ばかりが濃厚に選挙戦に浸み出してしまった。つまり、ぎこちなく、柔軟性のない戦いを労働党はしてしまったのだ。

それにしても、あんなに長い労働党のマニフェストを中学生がぜんぶ読んだのだろうかと思って息子に尋ねてみると、息子の中学では、四つの分野に絞って各政党のマニフェストを読み、政策を比較したらしい。それは「NHS」「ブレグジット」「教育」「気候変動」の四つだったそうだ。

「労働党の政策がダントツでいいって、みんな言ってたよ」

と息子は言った。

「あんたたちは、その他の雑音がないところで投票したから、大人の選挙とは違う結果になったんだろうね」

と答えた後で気づいた。しかし政治とは、実はいかにその雑音を処理するかということにかかっている。

労働党は再生しなければならない。もっとしなやかに、もっとしたたかに。

不安と軍隊

二〇二〇年一月　PANIC

一月になると、英軍が新年度のリクルートキャンペーンを始める。今年(二〇二〇年)もテレビで新しいコマーシャルが流れ始めた。

ゲームの「コール・オブ・デューティ」シリーズさながらの陸軍の戦闘服姿の若い兵士が、機関銃を手に乾燥帯の山の中を歩いている。すると、彼の前に次々と幻影が現れて話しかけてくる。

筋肉隆々のフィットネス・ジムのインストラクター風の黒人男性が、「六週間で君もこんな体になれるよ」と若い兵士を誘う。次には、クラブ・ファッションの若者たちが現れ、遊びに行こうとしつこく誘う。彼らが消えた後には東洋人の青年がブランド物のスニーカーの箱を抱えて現れ、安くしとくよと話しかける。幻影たちは、いわゆるシティ・ライフを象徴するものたちだ。

「自信はどこからやってくる？　君の見た目？　一時しのぎの享楽？　ファスト・ファッション？」

兵士はそう自問し、すべての誘いを振り切る。彼は、消費社会に背を向け、自らの道を一心に歩む孤高の人に見える。

やがて青年は他の兵士たちと合流し、心の中でこうつぶやく。

「一生持ち続けられる自信をつける場所は一つ(軍隊)しかない」

この英軍の兵士募集のコマーシャルは、二〇一八年に英国皇太子信託基金が行った調査結果を参考にして作られたという。同調査によれば、英国の一六歳から二五歳までの若者の五四%が、自信のなさのために自分は停滞していると答えたそうだ。

英軍がキャンペーンの対象を労働者階級の若者にしていることは暗黙の了解である。特に、昔は製造業で栄えていた、さびれた町の若者たちだ。彼らにはまともな就職先がない。コールセンターや倉庫で、短期契約で働く彼らには生活の安定も未来への展望もない。食べるだけで精いっぱいの彼らの暮らしは、自信どころか不安だらけだ。

この世代を作り出したのは、貪欲な自由市場経済だ。労働者の権利や保護を侵食し、家賃を高騰させて若者たちに不利な時代を到来させた。それでいて、そんな政策を進めてきた人々が、軍隊でのキャリアが若者に生活と雇用の安定を与え、充実した人生を約束するとテレビで宣伝しているのだ。

若い世代の不安をリクルート目的で利用する国家の軍隊。このジョークはあまりにシュール過ぎて、年初からまったく笑うことができない。

人か資本か

二〇二〇年二月　PANIC

フランスの経済学者、トマ・ピケティは『二一世紀の資本』で有名だが、続編にあたる『資本とイデオロギー』の英語版が英国で発売される。新作について語る彼のインタビューを『ニュー・ステイツマン』誌で読んだ。『二一世紀の資本』は格差と不平等の問題を扱った本だったが、新作の軸となるテーマは政治イデオロギーだという。

ピケティは、歴史を動かす原動力は階級闘争だというオーソドックスなマルキシストの思想を信じていないらしい。そうではなく、資本主義を維持するのも、それに挑むのも、政治イデオロギーなのだと主張する。

「経済やテクノロジーや文化の力は、市場社会を不平等にしたり、より平等な場所にしたりする決定的要因にはならない」と断言し、今、世界に必要なイデオロギーは「参加型社会主義」だと主張する。それは、富裕層の所得税や固定資産税を最高で九〇％まで引き上げ、二五歳の若者たちすべてに「パブリック・インヘリタンス（公的相続）」と称して一律約一四〇〇万円を支給するラディカルな政策を含むものだ。

戦後のケインズ主義の時代には、米国でも英国でも最高税率九八％のときもあったが、経済成長率は高く、所得格差は低かったとピケティは新作に書いている。しかし、グローバル資本主義で資本の移動が激しい時代にケインズ主義を復活させることは可能だろうか。ピケティは、我々はこうした従来の思い込みを捨てねばならないと言う。

「組織的に資本をコントロールするか、しないのかを選ぶだけです。米国や英国を含むいくつかの政府は、移民を制限し、人の動きを制限しようとしている。僕は人をコントロールするより、資本をコントロールしたほうがいいと思う」

ピケティは、こうも語っている。

「ある国の公的教育や公共インフラを利用しながら金を稼いでボタンをクリックするだけで他国に富を移す権利を認められ、誰もそれを追跡できないという考え方は、まったく自然ではない。しかし、それを可能にする洗練された法制度があるのです」

ケインズ主義は資本主義を延命させるだけとか、社会主義は国家主義につながるから危険とかいう古い思考回路を捨て、柔軟な発想でイデオロギーについて考える時代が来たのだ。

人か資本か。キーワードはそれだろう。

パニック

二〇二〇年三月　PANIC

新型コロナウイルス感染の影響で、日本の店頭からトイレットペーパーが消えたそうだ。「六店も回ってようやく手に入れた」と福岡の父親も言っていた。こういう現象を「買い占め」「買いだめ」と日本語で言うが、この現象は英国でも起きている。英語ではこれを「パニック買い」と呼ぶ。

近所のスーパーでも、トイレットペーパー、紙おむつ、パスタ、頭痛薬などを大量に買い込む人が増え、品薄になっている。コロナ感染して一四日間の自己隔離をしなければならなくなったら、食料や生活必需品を買いに行けなくなるので、そのときのために。自己隔離する人が食料を買いあさったら、スーパーが空っぽになるのでそのときのために。万が一のときのためにパニックして物を買いまくる。

恐れに人の行動が支配されている。普段は冷静な感じの友人まで「みんながやっているから、私もやんなきゃと思って」などと言う。「私たちみんなで一緒にやるのです」は、二〇一〇年に「緊縮予算」と呼ばれた予算案をオズボーン元財務相が発表したときの言葉だ。

先月の末、コロナ感染一色のメディアの隅に追いやられるようにひっそりと発表された報告書がある。ロンドン大学の疫学と公衆衛生学の教授、マイケル・マーモット率いるＩＨＥ（健康の公正研究所）による、英国の過去一〇年間の健康格差に関するリポートだ。それによれば、過去一〇年間のうちに、イングランドでは最も貧しい地域に住む人々の寿命が（過去一〇〇年間で初めて）延びなくなり、女性に至っては縮んだという。今や最もリッチな地域と貧しい地域の住民の寿命の差は、男性で九年以上、女性で約八年だそうだ。さらに南北の寿命の差も拡大した。イングランド北東部の貧しい地域の住民の寿命は、ロンドンの同じぐらい貧しい地域のそれと比べて五年も短い。

調査を率いたマーモット教授は、この結果が示すものは「失われた一〇年」だと言う。「緊縮財政がイングランドの人々の健康状態の悪化に結びついているかと聞かれたら、私はその可能性がきわめて高いと答えるだろう」とコメントしている。新型コロナ感染で世間が混乱している間に、真にパニックすべき報告が忘れられている。新型ウイルス感染で亡くなる人の数より、経済政策の失敗で亡くなる人のほうがはるかに多いのに。

「恐れ」に煽られぬために——新型コロナウイルスと差別

二〇二〇年三月一二日　欧州季評

英国の公立中学校に通っている息子がこんなことを言っていた。

「今日、教室を移動していたら、階段ですれ違いざまに同級生の男子から「学校にコロナを広めるな」って言われた」

これはまたストレート過ぎる言葉だなと驚いた。息子もさすがに引いたらしい。

「あまりにひどいから、絶句してしばらくその場に立っていた。なんだか、もはやアジア人そのものがコロナウイルスになったみたいだね」

フランスでは、アジア系の人々がネットで「私はコロナウイルスではない」というハッシュタグを広めていた。フランスの地方紙がコロナウイルス感染の拡大を「黄色い警報」「黄禍？」と報じたため、批判の声が上がり、前述の地方紙は謝罪した。が、大手メディアにも疑問を感じさせる報道があった。ドイツのニュース週刊誌『デア・シュピーゲル』は、感染防護服にガスマスクを着けた人がiPhoneを手にしている写真を表紙に掲げ、「メイド・イン・チャイナ」の見出しを打った。英国で編集しているエコノミスト誌の表紙にも、地球に中国の国旗の柄のマスクをかぶせたイラストが使われ、「どこまで悪くなるのか？」という見出しだ。いつもはポリティカル・コレクトネス（政治的正しさ）に慎重な媒体が、どうしたことだろう。社会のこうしたムードが子どもに影響を与えないわけがない。

＊

『デア・シュピーゲル』の「メイド・イン・チャイナ」にしろ、エコノミスト誌の世界を覆う中国の国旗柄のマスクにしろ、中国が持つグローバルな影響力への脅威と、コロナウイルスが世界経済にもたらすダメージへの不安が合体したようなイメージだ。差別の構造を語るとき、「無知」を「恐れ」で焚《た》きつければ「ヘイト」が抽出されるという比喩が使われるが、ウイルス感染拡大のニュースが絶え間なく流れている今、まさに「無知」を焚きつける「恐れ」はそこら中に溢れている。

欧州の右派ポピュリストたちは、この機に乗じて「閉ざされた国境」の重要性を訴える。欧州でコロナウイルス感染者数が最も多く報告されているイタリアでは、「同盟」のマッテオ・サルビーニ書記長が、すでに地中海を渡ってイタリアに到着する移民と新型コロナウイルス感染とを関連づけて語り始めた。そのイタリアと地続きのフランスでは、国民連合のマリーヌ・ルペン党首がイタリアとの国境で出入国検査を行うべきだと呼びかけている。彼らは、感染拡大をまるで多様性が生んだディストピアでもあるかのように語る。

世界を真の危機に陥れるのは新型ウイルスではなく、それに対する「恐れ」のほうだろう。

日本でもトイレットペーパーの買いだめが起こったそうだが、パニック買いは英国でも始まっている。薬局やスーパーの棚から消えて久しいのは手と指用の殺菌ジェルだ。普通のせっけんで頻繁に洗えばそれでいいのだと聞いても人々はやっぱり殺菌ジェルを買いに走る。カンヅメやオムツ、頭痛薬などが品薄になっている店も出て来ている。「人が買いだめしているから私もしておかないといいう気になって」という友人・知人の声を耳にする。いつもはわが道を行っているように見える英国人でもそんなことを言うのだ。人は、未知なものには弱い。新型ウイルス感染が収束する時期もわからなければ、感染している人も見分けられない。だから不安になる。「未知」と「無知」がイコールで結ばれるとき、それに「恐れ」の火を焚きつけられたら、抽出されるものはまったく同じものだろうか。

＊

しかし、常にそうである必要はない。「学校にコロナを広めるな」と息子に言った同級生の少年は、その後、息子に謝りに来たそうだ。階段で起きたことを見ていた誰かが彼に注意したそうで、「さっきはひどいことを言ってごめん」と申し訳なさそうに謝ったというのだ。

「僕は黙って立っていただけだったけど、誰かが彼にきちんと話をしてくれたから、彼は自分が言ったことのひどさがわかったんだよね。謝られたとき、あの場で何も言わなかった僕にも偏見があったと気づいた」

と息子が言った。

「偏見?」

「その子、自閉症なんだ。だから、彼に話してもわかってもらえないだろうと心のどこかで決めつけて、僕は黙っていたんじゃないかと思う」

きっとこういう日常の光景が今、世界中で展開されている。部数を伸ばしたいメディアや勢力を拡大したい政治勢力が大文字の「恐れ」を煽る一方で、人々は日常の中でむき出しの差別や偏見にぶつかり、自分の中にもそれがあることに気づき、これまで見えなかったものが見えるようになる。

知らないことに直面したとき、人は間違う。だが、間違いに気づくときには、「無知」が少し減っている。新型コロナウイルスは閉ざされた社会の正当性を証明するものではない。開かれた社会で他者と共存するためにわれわれを成長させる機会なのだ。

新型コロナと社会の屋台骨

二〇二〇年四月二日　社会時評

新型コロナウイルス感染拡大で事実上の外出禁止令が出た英国では当然ながら学校もお休みだ。が、実は学校に通っている子たちもいる。政府が「キーワーカー(地域に必要不可欠なサービスの従事者)」と認定した人々の子どもたちだ。医療従事者、警官、教員、保育士、介護士、公共交通機関職員、スーパーマーケット従業員などがそれにあたる。

こう書き出してみて気づくのは、非常時に「鍵となる勤労者」と呼ばれるほど重要なサービスを提供する職業が、おしなべて低所得の仕事ということだ。ウイルス感染の恐れにさらされながら患者の世話をする看護師、買い占めで空っぽになった棚に食品を並べ続けるスーパーの店員、キーワーカーたちを毎日職場に運ぶバスの運転手、自主隔離の同僚が増えギリギリの人数になってもキーワーカーの子どもたちを笑顔で迎える保育士。これらの人々の年収は、大企業や銀行幹部の報酬と比べるとシュールなほど少額だ。

新型コロナは未知のウイルスだ。とはいえ、グローバルな時代にはパンデミック(世界的大流行)への備えが必要と以前から言われてきた。なのに、英国は過去一〇年間、緊縮財政でＮＨＳの病院のベッド数を減らし、慢性的な人員不足の状態で、緊急外来での待ち時間は史上最長になっていた。そこに今回の新型ウイルス感染だ。英政府が医療崩壊を恐れるのも無理はない。

政府は苦肉の策として退職した医療関係者に復職を呼びかけた。わたしの友人にも三年前にＮＨＳを退職した元看護師がいる。三八年間ＮＨＳで働いたベテランで、早期退職できる年齢に達したので辞めた。「ＮＨＳはもう昔のＮＨＳじゃない」が彼女の口癖だった。ＮＨＳは終戦直後に誕生した労働党政権が設立した無料の医療制度だった。「病気とは、人々が金銭を払ってする道楽ではないし、罰金を払わねばならぬ犯罪でもない。それは共同体がコストを分担すべき災難である」がその設立理念だ。

英国が福祉国家だった時代の名残でもあるＮＨＳが、新自由主義経済の波の中で細切れに民営化され、緊縮財政で機能不全に陥る現場を友人は見てきた。だから辞めたときも、未練はないと言った。その彼女が政府の呼びかけに応えて復職しようと決めたのは、「どれだけ人手が足りないか、どれだけ現場がきつくなるか、誰よりも知っているからじっと家にいるのが苦しい」からだと言う。

外出禁止令が出た翌日、英政府は全英国在住者の携帯にＳＭＳ（ショート・メッセージ・サービス）でメッセージを送った。「家にいましょう。ＮＨＳを守れ。命を守れ」と書かれていた。もっと早く政府がＮＨＳを守る必要性に気づいてくれたら、友人のような人たちがボロボロになって職場を去ることもなかった。そして今、そのNHSに戻って人命を救うために働いているのも友人のような人々なのだ。

「緊縮vs反緊縮」とか、「大きな政府vs小さな政府」とか、識者や政治家は大きな言葉を使って討論する。だがこの非常な状況で立ち上がってきているのは末端で働く人々の力だ。社会に欠かせない「キーワーカー」たちの重要性だ。ならば政治は、この人たちとこの人たちの職場に投資しなければならない。

新型ウイルス危機はやがて去る。しかし、それは人々の経済や財政に対する考え方を大きく変えるだろう。わたしたちは気づいたからだ。平時のゆとりこそが緊急時の対応力だということに。そしてどんな仕事が社会の真の屋台骨であり、不当に過小評価されてきたかということに。

ジョンソン首相と復活祭の「クリスマス・キャロル」

二〇二〇年五月一二日　社会時評

英国に『ゴグルボックス』という人気番組がある。「テレビを見ている人を見る番組」と言えばいいか、全国各地のさまざまな家族、友人たちがテレビを見ている様子を撮影したものだ。

新型コロナウイルスに感染したジョンソン首相が退院後に公開した動画を、テレビで見ている人々の映像も放送された。その中で首相は、生死の境を彷徨《さまよ》っていた事実を明かし、NHSの医療関係者に感謝した。「痩せたね」「本当に臨死体験をしたんだと思う」と彼の外見に驚く人々もいれば、「死ぬ目にあわなきゃわからなかったのか」「ようやくこちら側の人間の気持ちを味わったんだね」と辛辣《しんらつ》な人々もいた。印象に残ったのは北部の若い姉妹の会話だ。

「『クリスマス・キャロル』みたいだったのかな。イースターに、過去と現在と未来の亡霊がジョンソン首相の死の床に訪れて……」

「首相はスクルージなのね」

「あなたは変わらなきゃいけませんと言われたのよ」

『クリスマス・キャロル』は英国の文豪、ディケンズの小説だ。無慈悲な守銭奴、スクルージがクリスマス・イヴに超常的体験をする話である。過去と現在と未来の亡霊が彼のもとを訪れ、生きる姿勢を改めなければ悪夢のような未来が待っていると教えるので、彼は改心して寛容で情け深い人になる。

「スクルージ」は与党保守党の呼称として前から使われてきた。だから、政府が緊縮財政を止めようとしているのは「偽善的」という声もある。

「英国に関していえば、過去一〇年の間、個人と、そして致命的に弱められた共同体の対応力に多くの損傷と窮乏をもたらしてきたにもかかわらず、今このように迅速に「緊縮」を止めようとしていることには、なんて偽善的なんだと再び思う」

国連特別報告者のフィリップ・アルストン氏は『ガーディアン』(四月二六日付)にそう語った。氏は二〇一八年に英国を訪れ、緊縮財政の影響が表れている地域や貧困層を調査し、国連人権委員会に報告書を提出した。その中で彼は、英政府の政策が貧しい人々を悲劇に陥れていると訴えた。コロナによる経済崩壊を防ぐために政策を急転換したところで、長年にわたる緊縮のダメージは深く、そう簡単に地域共同体の体力を回復させることはできないと氏は語る。

「当然ながら、多くの最も過酷な「緊縮」の被害をもとに戻すことはできないし、これからもできない。共同体の団結力や社会インフラにもたらした被害は、永久に残る可能性が高い」と言う氏は、これは英国だけではなく、他の国々にもあてはまると断言する。

「このパンデミックは、多くの国々で社会的支援のシステムが破産状態になっていることを剝き出しにした」

緊縮とは、簡単にいえば政府が財政再建を優先し、財政支出を削減したり、増税を行ったりすることである。それは個人の貧困も増加させるが、福祉や教育、医療などへの公共サービスも貧しくさせ、長期的なダメージを残す。所得補償で個人の当座の生活は保障できても、長い年月をかけて予算を削られ続け、縮小した公共サービスの窮状は一朝一夕で修復できるものではない。

英国では三月末から木曜日の午後八時に医療従事者のために拍手しているが、何週間たってもこの習慣が廃れないのは、人々はその事実を知っているからだ。こんなに惨めになった国立病院で懸命に働いてくれてありがとう、私たちは今、あなたたちの職場を劣化させるような政治を選んではいけないということを身をもって学んでいます。そう思うからこそ、階層も人種も関係なく、英国の人々は毎週その時間を忘れずに医療従事者たちにエールを送る。

前述のテレビ番組に戻ると、退院後のジョンソン首相がＮＨＳを褒めたたえる映像を見ていた二〇代の若者が、醒《さ》めた目つきでこんなことも言っていた。

「そう思うならもっと金を出せ」

今だけじゃない。コロナ後もそれを行う政治をわたしたちは選んでいかなければならないのだ。

階層を超えて

二〇二〇年六月　PANIC

ジョージ・オーウェルは、第二次世界大戦中に書いた『England Your England』という論考の中でこう書いている。

「我々は花を愛する人々の国だ。しかしまた、切手収集者やハト愛好家、アマチュア大工、クーポン収集家、ダーツ好き、クロスワードパズル好きの国でもある」

英国人はオタクだと言いたかったのかと思いきや、こうも書かれている。

「この国特有のすべての文化は、共有の場で行われることもあるのに、それらは公式の英国文化ではない。パブ、サッカー観戦、裏庭、暖炉のそば、そして「一杯のおいしい紅茶」である」

コロナ禍で、パブやサッカー観戦といった庶民的な文化が英国の人々から奪われた。英国の人々のサッカー・ロスは特に大きい。外出制限が長引くほど、そして、気候が暖かくなればなるほど、「命を守るため」家に籠っているのは不自由に感じられる。

思えば、二年前、EU離脱の国民投票以後の分断を「今は忘れて」的なムードにさせたのは、サッカーのワールド・カップだった。スポーツには、好むと好まざるとにかかわらず、そのような一面がある。

しかし、ワールド・カップが終わればまた分断社会に戻った英国に、再びあのときのようなムードをもたらしたのは、東京五輪ではない。ほかならぬ、コロナ禍だった。

『タイムズ』紙のインタビューで、王族も通う超名門私立のイートン校の校長がこんなことを言った。

「社会が尊ぶべきなのは、思いやりであり、共同体であり、市民としての責任だということに、（今回のことで）我々みんなが気づけたらと思う。低賃金で働く多くの人々の仕事が、実は我々が生き延びる上で重要だった。そして、あまりにも長い間過小評価されてきたこれらの人々が、最も我々がそれを必要とするときに、驚くほどの献身的な姿を見せた。それは忘れられるべきではない」

富裕層エリートの象徴のようなイートン校の校長が、看護師やスーパー店員やバスの運転手を褒めたたえるなどと数カ月前まで想像もできなかった。英国では、毎週木曜日の午後八時に家の前に立ち、これらの人々へ感謝の拍手を送る習慣がまだ続いている。

もちろんこれは永遠に続くわけではない。だが、エンパシーで階層の壁を越える時代の先駆けになれば、コロナ禍も無駄には終わらない。

「愛は無償」と値切るな

二〇二〇年六月四日　社会時評

外出規制中にママ友とオンライン飲み会をした。Zoom飲み会が流行しているのを知り、わたしが提案したのだ。家族が寝静まってから居間やキッチンに集まってきたママ友たちは、グラスを片手にうっぷんを吐き出した。

「子どもがいると仕事にならない。結局、夜中に働くからずっと寝不足」

「勉強を見て食事させて一緒に遊ぶだけでも一仕事なのに、もう一つ仕事がある」

小学校低学年や幼児の子どもがいる働くママ友は特につらそうで、痩せたと言う人もいた。

インターネットなどを通じて単発の仕事を請け負うギグエコノミーの不安定さから医療への投資不足まで、ロックダウン(都市封鎖)は英国が抱えるさまざまな問題を炙《あぶ》り出した。だから識者はコロナ後の医療や労働の在り方について議論している。てっきり同じことが保育・教育の分野でも起きると思っていた。既存の経済は保育施設や学校に依存していることに人々が気づき、教育への投資不足や保育士の賃金の低さについて議論が巻き起こるだろうと思っていたのだ。

しかし、そうならなかった。ロックダウンの間、「保育」「教育」というセクターが経済から消えたからだ。ほとんどの家庭で、母親がその役割を果たしたからである。「休校になっても、親もリモートワークで家にいるのだから問題はない。医療関係者やスーパー従業員など、自宅勤務ができない人々の子どもだけ保育施設や学校に来るようにすればいい」という判断を下した政治家たちは、親と子が物理的に同じ場所にいさえすれば、親は平常どおりに仕事もこなせると考えているのだろう。コロナ休校で家にいる子どもの面倒を見るために仕事を休む親に、給与補償が与えられるのかという問題は、グレーゾーンであり続けた。雇用主から無給の休暇を取るように勧められたというママ友もいるし、解雇をほのめかされたケースもある。

他方、ふだんから限りなく最低賃金に近い給与で働いている保育士たちも貧乏くじを引かされた。保育園の閉鎖で最低賃金割れの給与補償で家に留まることを余儀なくされるか、または感染のリスクを冒し、職場に出て医療関係者らの子どもたちを預かっていた。保育サービス提供者の約四分の一が今年いっぱい事業を維持できるか不安に思っているという報道もある。

しかし、ロックダウンの部分的解除により、一時的にこうした懸念は弱まるだろう。六月から保育施設は再開になり、一部の小学校も学年限定で再開した。再開したのはレセプション(年長)と一年生、そして中学進学目前の六年生だ。なぜソーシャル・ディスタンシングさせることが難しい低学年や幼児から以前の生活に戻すのかと言えば、当然、親を仕事に行かせるためだ。

が、教員や保育士たちからは、職場に復帰するリスクを心配する声も上がり、組合もまだ学校再開は安全ではないと反対している。これを受け、ゴーヴ内閣府担当大臣はこう言った。

「もしも本当にあなたたちが子どものことを考えているのなら、子どもたちに学校にいてほしいと思うでしょう」

思い出したのは、Zoom 飲み会でのママ友の言葉だった。二歳児の面倒を見ながら仕事をするのがつらいとツイッターで漏らしたら、「子どもを愛していないのか」というリプライが来たと憤っていたからだ。

「子どものことを考えるなら」「子どもを愛しているのなら」とわたしたちはいつも脅迫される。親も保育士も教員も、子どもへの愛があるなら自己を犠牲にしろと言われるのだ。ロックダウン中に子どもの面倒を見ることへの補償が曖昧にされたのも、保育士の賃金が低いのも、教員の仕事が多過ぎるのも、すべて根は同じなのだ。

愛に対価を求めるなというねじれた理論で「子どもを育てる」という大切な仕事が過小評価されている。だが、本来、愛とセットにされるべき言葉は、犠牲ではなく幸福だろう。幸福な人に育てられた子どもは幸福な社会を志向するようになる。本当に子どものことや国の未来を考えるのなら、愛を値切ってはいけないのだ。

続けた拍手、未来のため——社会に欠かせぬケア仕事

二〇二〇年六月一一日　欧州季評

ロックダウンで休校になってから、息子の中学の先生たちから毎週のように電話がかかる。それぞれの教科の教員たちが定期的に保護者に連絡し、生徒たちのオンライン学習は順調か、何か問題はないかと確認しているのだ。

「先生たちこそ、オンライン授業は大変でしょう」

と言うと、ある数学の教員はこんなことを言った。

「興味深いこともあるんです。ふだんは質問なんかしてこなかった子たちがメールを送ってくる。成績も振るわず、授業に関心もなさそうだった子に限って「ここがわからない」と言って……」

「それは面白いですね」

と答えると彼女は言った。

「ひょっとして、私はそういう子が質問できない雰囲気の授業をしていたのではと反省しました。今の状況はこれまで気づかなかったことを学ぶ機会になっています」

オンライン授業の準備、教員たちとのZoom会議、保護者たちへの定期的な電話など、休校でかえって仕事は増えたに違いないと思うが、教員たちはみな熱心だ。

＊

著書『負債論』で有名な人類学者のデヴィッド・グレーバーは、何年も前から「ケア階級」という言葉を使ってきた。医療、教育、介護、保育など、直接的に「他者をケアする」仕事をしている人々のことである。今日の労働者階級の多くは、実はこれらの業界で働く人だ。製造業が主だった昔とは違う。コロナ禍で明らかになったのは、ケア階級の人々がいなければ地域社会は回らないということだった。わたしたちの移動を手伝うバスの運転手や、ゴミの面倒を見てくれる収集作業員などもここに含まれている。ケア階級の人々はロックダウン中、「キーワーカー」と呼ばれ、英雄視された。毎週木曜日の午後8時に家の外に出て彼らに感謝の拍手を送る習慣が続いたし、メディアでも「サンキュー、キーワーカーズ」のメッセージが繰り返された。

批評家の片岡大右による「「魔神は瓶に戻せない」D・グレーバー、コロナ禍を語る」というネット記事に、グレーバーのインタビューの一部が掲載されていた。

「私たちは、私たちをほんとうにケアしているのはどんな人々なのかに気づいた。ヒトとしての私たちは壊れやすい生物学的存在に過ぎず、互いをケアしなければ死んでしまうということに気づいたのです」

ケア階級の仕事と対峙する概念として、グレーバーは「ブルシット・ジョブ（どうでもいい仕事）」という言葉を唱えている。この言葉をタイトルにしたエッセーが発表された後、英国の世論調査で、実に三七％が「自分の仕事は世の中に意義のある貢献をしていない」と回答した。意味のない会議に出るための書類を作成し、なくてもいい書類作成のための資料を集め、整理するために忙殺される。ホワイトカラーの管理・事務部門で働く人の多くが「内心必要がないと思っている作業に時間を費やし、道徳的、精神的な傷を負っている」とグレーバーは書いた。

コロナ禍の最中に「命か、経済か」という奇妙な問いが生まれてしまったのも、現代の経済が大量の「ブルシット・ジョブ」を作り出すことによって回っているからだ。そのため、病人を治療したり、生徒に教えたり、老人の世話をしたりする仕事は、なぜか経済とは別のもののように考えられてきた。だが、意義を感じられないどうでもいい仕事が経済の中心になれば、経済そのものが「ブルシット・エコノミー」になってしまうとグレーバーは言う。あたかもそれは人々の生活や命とは無関係で、「経済界」や「金融界」の中にのみ存在するもののように。そうした経済の在り方が、無意味に思える仕事に限って高収入で、本当に社会にとって必要な仕事ほど低賃金という倒錯した状況を生み、それが当たり前になっている。

英国では低賃金労働者への感謝は偽善的という議論もあった。家で仕事ができる身分の人々が、感染のリスクを冒して外で働く人々を持ち上げて利用するのはグロテスクだと言った知人もいる。キーワーカーに拍手をするか、しないか。ここでも分断が生じた。

＊

とはいえ、コロナ禍が始まるとメディアから「ブレグジット」という言葉すら消えてしまったように、こういうこともまたすぐに忘れられてしまうのだろう。人間は健忘症だから、何もなかったように元の生活に戻っていく。

しかし、子どもたちはどうだろう。何カ月も学校に行かなかった日々の記憶は彼らの中に残る。あの時期、週に一度、ストリートの家々から人々が出て来て拍手をしていたが、あれは誰に向けたものだったのだろう、どうしてあんなことをしていたのだろう、と、一〇年後、二〇年後に思い出し、考える人々が出て来るのではないか。

それだけでも、わたしはケア階級への拍手を否定する気になれない。価値観のシフトは今すぐ起こらないとしても、その種は確実に未来の世代の中に撒《ま》かれている。

英サッカーと社会運動

二〇二〇年七月七日　社会時評

英国でロックダウンが始まってすぐ、ハンコック保健相は、サッカーのプレミアリーグの選手たちの給与をカットすべきだと発言した。「多くの人々が強いられている犠牲を考えると、選手ができる第一のことは（給与カットで）貢献することだ」と。

プレミアリーグのスター選手たちは新自由主義社会の象徴のように語られてきた。究極のメリトクラシー（能力主義）の世界に生き、トップの選手たちの年俸は二〇億円を超える。業界は徹底してグローバルな自由市場であり、そのビジネスモデルは、天井知らずに上がり続ける放映権料や、高額なチケットや公式シャツを買う世界中のファンを前提に築かれている。「勝者がすべてを手にする」社会。一般人の年収を一週間で稼ぐサッカー選手たちのライフスタイルは、まさにそれを体現するものだ。

一〇代の頃から富と名声を手にするスター選手は、外側の社会のことを知らない。しかも、幼少期からサッカー教室やクラブに通わすだけの経済的余裕のある家庭の子どもたちだけが、プロの世界に入る切符を手にする。それは英国の格差社会の縮図のようだ。

が、こうしたステレオタイプを打ち破る若い選手たちが出て来た。

例えば、マンチェスター・ユナイテッドとイングランド代表チームのストライカー、マーカス・ラッシュフォードは、ロックダウン中に行われた低所得家庭児童への給食バウチャーの配布を夏休み中も行うよう政府に呼びかけた。ロックダウン中は休校になるので、ふだん「フリーミール（無料給食）」の対象になっている児童たちが学校で昼食を食べられない。政府が代替物として考え出したのがスーパー等で使用できるバウチャーだった。しかし、これは学期中しか配布されないことになっていたので、それでは夏休み中に飢える子どもたちが出て来るとマーカスは声を上げた。自らシングルマザーの家庭で育ち、フリーミールを食べる子どもだった彼は、ニュース番組に出演したり、『タイムズ』紙に寄稿したり、下院議員宛ての書簡を公開したりして運動を盛り上げ、ついにはジョンソン首相に政策をUターンさせた。

彼は昨年のクリスマスにもホームレス支援の活動を行っており、貧困問題に熱心だ。子どもの頃にフードバンクを利用したことがあるという彼は、フリーミールの問題は「イングランドの家庭にはあまりにも身近なこと」と言い、弱者への支援を最優先にすることは「政治ではなく人道の問題」と主張している。

他方、マンチェスター・シティとイングランド代表のフォワード、ラヒーム・スターリングは、サッカースタジアムからレイシズムを一掃するための活動を続けている。彼は幼い頃に英国へ移住したジャマイカ系移民であり、やはり貧困の中で育ち、荒れた時期もあったため、将来は「刑務所に入るか、イングランド代表選手になるかだろう」と言われていたという。選挙前には若者たちに有権者登録を呼びかけ、ニュース番組で人種差別問題のディベートに参加したり、最近では「ブラック・ライヴズ・マター（黒人の命は大切だ）」運動の英国での旗手の一人になっている。

これまでのサッカー選手たちはチャリティに協力したり、社会活動に応援の形で参加することはあっても、自ら運動を立ち上げたり、政府に直訴したりすることはほぼなかった。しかし、若い世代は政治的になることに躊躇《ちゅうちょ》していない。彼らに共通しているのは、自分は貧しい環境から這い上がって夢をかなえることができたが、多くの人々はそれほど幸運ではないという事実を知っているということだ。そして単に誰かを批判し、攻撃して勝とうとするのではなく、現実的に足元で何かを変えるために行動している点だ。EU離脱以降、英国の政治状況は、敵と味方に分かれて石を投げ合うばかりだった。自分にとって大切な問題について自分ができることを見つけ、声を出し、形にしていく選手たちの姿には新しい風を感じる。

英国人とマスク

二〇二〇年八月一二日　社会時評

七月二四日から、英国で店舗内でのマスク着用が義務化された。スーパーなどに入るとき、マスクやスカーフで顔を覆わなければ最大で一〇〇ポンド(約一万五〇〇〇円)の罰金が科される。

数カ月前までマスクなど買ったこともなく、アジアの人たちがマスクをしているのを見て異国情緒さえ感じていた人々が、突然このような義務を課されたのだから、もちろん反発もある。

保守派のジャーナリスト、トビー・ヤングは、マスクを「顔に着けるオムツ」と呼び、着用を義務化する保守党にはもう投票しないとさえ書いた。保守の高級紙『テレグラフ』もアンチ・マスク的なコラムを掲載し、「マスクは残忍で非人道的だ」と訴えている。

こうした論調は「マスク・アンガー(マスクへの怒り)」と呼ばれていて、保守派のメディアが熱心に発信している。

が、こうした政治イデオロギーとは関係なく、わたしの周囲にも、「マスクをしたらメガネが曇って買い物できない」とか「息苦しくなって階段を上ると眩暈《めまい》がする」とか漏らしている知人たちがいる。他方、義務化導入が始まると、店舗の中でない場所でもマスクをしていない人を咎めるような目で見ている人たちもいて、コロナ禍はまたもや新たな文化闘争を生んだようだ。

思い返せば、四カ月前はロックダウンを行うべきか否かが焦点だった。三カ月前はキーワーカーたちに拍手をするか否か、そして二カ月前は公園に出かけるのは自殺行為か否か。一カ月前はブラック・ライヴズ・マター運動のデモはロックダウン中に許されるべき行為と思うか否かで議論が巻き起こった。コロナ禍は次から次に論争の種を提供する。

マスクが義務化される前に発表された世論調査会社 YouGov の調査結果によれば、英国で公共の場ではマスクをつけていると答えた人の割合は三六%だった。お隣のフランスでは七八%、イタリアでは八三%、ドイツでも六五%だったという。欧州大陸の地続きになっている国々はこういうことに似たような反応を示すが、英国は島国なので数字が極端に違うという説もある。が、YouGov の世論調査でわかったのは、公共の場でマスクを着用していないと答えた人々でも、五一%がマスクを着けることは公共衛生上よいことだと考えているということだ。要するに「わかっちゃいるけど着けたくない」

ということなのだろう。

もちろん慣れていないからでもあるが、着用を呼びかけている当の政治家たちがしかるべき手本を示していないからかもしれない。例えば、左派政党の労働党党首のキア・スターマーでも、「マスクをしている姿を見たことがない」と答えた人が三六％で、「一度でもマスクをしている姿を見たことがある」と答えた人はわずか一三％だった。保健大臣のマット・ハンコックでさえ、四一％が「マスクしている姿を見たことがない」と答えている。

私見では、こんなに英国人がマスクをしたがらない理由は、一つには今が夏だということが挙げられるのではないかと思う。それでなくとも短い英国の夏をできるだけ楽しみたいのに、何がうれしくて顔を覆って過ごさねばならぬのかと思う気持ちはわかる。実際、英国よりもさらに夏が短いスカンディナビアの国々では、公共の場でマスクを着用している人は一〇％を切るらしい。

まあそれでも、ぶつぶつ言いながらでも英国の人々は公共の場でマスクを着けるようになった。彼らがそうするのは(文句を言っている友人・知人たちを含めて)、もちろん罰則があるからでもあるが、数カ月間だけ我慢してマスクを着ければ、コロナの終息が早くなり、来年の夏は顔を覆わずに明るい日差しを満喫することができると信じるからだ。

本当にそうだろうか、という不安も胸をよぎるが、大半の人々は嫌な予感を打ち消そうとしているように見える。

そして、コロナ禍が過ぎたら、あんなこともしたいね、こんなこともしたいねと夢を語り合い、それが終わったら口を閉じてまたマスクを着けるしかないのである。

高速ワクチン

二〇二〇年九月　PANIC

キングズ・カレッジ・ロンドンが行った調査によると、一六%の英国の人々が、たぶん新型コロナワクチンの接種を拒否するだろう、と答えている。そこには三五歳以下の若い層も二二%含まれていたそうだ。

絶対に接種を受けると答えた人は三〇%に過ぎなかった。

なんとか経済を回すため各国がワクチン開発に躍起になっているのに、英国に関して言えば、庶民レベルでは接種にあまり前向きではない。

個人的には、これは「明日、もし選挙があったら……」みたいな質問に似ているのではと思う。実際に明日、選挙があるわけではないように、ワクチンもまだできていないので、人々は真剣に考えてないのだ。「わからない」と答えた一一%の人々が、一番正直なんじゃないかという気がする。

マスク着用の義務づけに反対する人や、ワクチン接種に懐疑的な人を「反科学的」と呼んで揶揄するきらいがある。だが、ワクチンに関しては、接種拒否には合理的な理由もないわけではない。

ワクチンの開発は、通常、何年もかけて行われるものだ。長期的な副作用がないかどうか確認するためである。しかし、新型コロナのワクチンは「とにかく一刻も早く」という政治的プレッシャーの中で開発されている。米国政府などは、ワクチン開発加速計画に「オペレーション・ワープ・スピード」などという仰々しい名前をつけているほどだ。とにかく超高速で、ということなのだろう。トランプ政権らしい派手な名称だが、そんな時空をワープするような速さでワクチンが開発されたら、もしかして、大事な試験をすっ飛ばしているのでは、とか、長期的影響は誰も知らないのでは、とか疑念を抱きたくなるのは当然だろう。

しかも、ワクチンは一生効果を発揮するものではなく、インフルエンザのように毎年接種しなければいけないのかもしれないし、有効性が何％なのかもわからない。例えば五〇％の有効性しかないときに、副反応への不安とどちらを重く見るかというのは、判断が分かれるところではないだろうか。

「自分が接種することでパンデミックの終焉を助けるのだ」というナラティヴがどれだけ人々に広がるかということが鍵になる。本当にこのウイルスは、人間の「個」と「集団」としての意識をどこまでも試してくる。

英国の学校再開

二〇二〇年九月九日　社会時評

英国では三月二三日から一斉休校が始まったが、実は一部の地域の限られた学年の子どもたちを除き、再開されないまま夏休みに入った。つまり、約五カ月以上の長きにわたり、多くの子どもたちが学校に行っていなかったのである。

さすがに九月からは全面再開され、世論調査会社 YouGov の調査でも五七％が新学期から学校は再開されるべきだと答えていた(八月四日実施)。しかし、二五％も再開すべきではないと答えた人がいて、一八％が「わからない」と答えている。わたしのママ友は健康で働いている人が多いので「学校再開が待ちきれない」と言っていたが、一部には九月になっても学校に通わせたくない保護者もいた。

英国では、病気でもなく、しかるべき理由もないのに学校を休ませると保護者が罰金を払わねばならない。子ども一人につき、保護者一人あたり六〇ポンド(約九〇〇〇円)で、二一日以内に支払わなければ一二〇ポンド(約一万八〇〇〇円)に上がる。コロナ禍中は、一部地域で特定の学年のみ学校が再開されたが、この罰金ルールは免除された。つまり、コロナ感染が不安な保護者は子どもを休ませてもよかったのである。

しかし、九月からは通常ルールが適用されるという(九月一日現在)。

七月二五日付の英紙『メトロ』では、基礎疾患を持った保護者たちが悲痛な声を聞かせていた。「私は障害がある親です。もし私がコロナにかかって私の身に何かあったら、子どもは福祉に預かられるでしょう。もし私がウイルスに感染して自主隔離することになっても、両親は身体が弱いので子どもを預けるわけにはいきません」と語るシングルマザーもいれば、「息子は友達を恋しがっているし、サッカーをしたがっています。でも、もしコロナウイルスを家に持ち帰ってきたら、彼はそのことから立ち直れないでしょう」と話すがん治療中の母親もいる。

障害がある子どもの保護者たちも、コロナウイルス対策のために人手が割かれる学校で、自分の子どもが以前のようなケアを受けられなくなるのではと不安に思っていた人も多い。高齢者が同居している家庭もコロナ感染への懸念を抱えている。

これを受け、英国の心理学者たちは、学校欠席の罰金を保護者たちに科さないよう政府に呼びかけた。保護者と子どもの心の準備ができていないときに無理やり学校に戻らせるようなことをすれば、両者のメンタルヘルスへの影響が懸念されるという。

「このことは彼らのメンタルヘルスに深刻な結果をもたらしかねません。とくに、家族に基礎疾患があり、厳重に隔離する必要がある人がいる場合です。景気が後退しているときに罰金を科されたら、経済的なストレスになり、子どもや親のメンタルヘルスに影響します」

英国王立精神医学会の児童青年精神医学部長は、ウィリアムソン教育相にあてた書簡の中でそう書いている。

子どもたちにとっての五カ月は、わたしたち大人が思うよりも長い。その間、家にいた子どもたちは、再び学校に通うことへの不安を大なり小なり抱えている。いじめられていた子どもや不登校気味だった子どもは言うまでもない。が、長い休校から急に学校生活の規律に戻るのは、どんな子どもにもストレスになる。そんなときに、「学校に来なければ親に罰金を科す」というやり方はまるで恐喝のようだ。

ジョンソン首相は、学校を安全に再開することは「道徳的義務」だと言う。確かに、休校が長くなれば教育格差も開く。家庭での虐待の問題や、貧困層では栄養不足になっている子どももいる。それなのに、他国と比べて英国のコロナ休校がこんなに長くなってしまったのは、経済の分野と比べるとたいしたことではないと見なし、「面倒だからとりあえず閉じとけ」と子どもたちの教育を後回しにしてきた結果ではないだろうか。

休校は長くなればなるほど再開しづらくなるし、問題は複雑になる。いきなり「道徳」を振りかざして「罰金」で保護者たちを脅したところで、一瞬ですべてが元通りになるわけがないのだ。

くたばったアルゴリズム――ティーンたちの抗議と目覚め

二〇二〇年九月一〇日　欧州季評

英国では、歴史的に数多くの若者たちによる抗議活動が行われてきた。しかし、今夏、教育省の前で行われたデモでは、これまでとは違うスローガンが叫ばれていた。

「くたばれ、アルゴリズム」

マスクを着けたティーンたちは、アルゴリズム(コンピュータープログラムの計算処理手順)に反対する運動を繰り広げていたのだ。

「学生は統計の数字ではない」

「イケアにはもっと賢いキャビネットがある(キャビネットが内閣と戸棚の意味を持つことにひっかけたジョーク)」

ティーンたちは思い思いのプラカードを掲げていた。彼らはアルゴリズムによる採点のせいで未来を閉ざされかけた生徒たちだった。

三月二三日にロックダウンが始まったイングランドでは、一部の地域の一部の学年を除き、ほとんどの学校が九月に新学年が始まるまで休校だった。毎年、夏に行われる大学入試のための統一試験「Aレベル」や、「GCSE」と呼ばれる義務教育修了時の統一試験も中止された。

試験を行わない代わりに、イングランドでは試験団体監督機関 Ofqual が生徒たちの評点をつけることになった。Ofqual は教員たちに各生徒の全科目の成績について見込みの評点をつけ、同じ評点の他の生徒たちと比較した順位とともに提出するよう要請した。これに各校の過去三年間の成績の実績を加え、アルゴリズムで生徒たちの評点が算出された。教員たちがつけた見込み評点や順位はあくまでも校内での評価に過ぎないので、学校間の実績の差を反映するために考案された方法だったようだ。

＊

これが大問題に発展したのは、私立校よりも公立校の生徒のほうが、アルゴリズムを使うと評価が下がることが明らかになったからだ。私立校では逆の現象が起き、最高評点を取った生徒の数が二〇一九年より増加した。要するに、私立校は伝統的に成績が良いので、学校の過去の実績を加味したアルゴリズムでは高評価になる子どもたちが多かったのだ。

同じ公立校の中でも、貧困区の成績の振るわない学校の生徒たちがより不利になっていたことがわかった。どんなに先生が良い評点をくれても、学校の実績が低ければそのデータに足を引っ張られるからだ。どんな地区のどんな学校にも優秀な生徒は存在する。

しかし、データによるアルゴリズムは「例外」を認めない。そう考えると、試験はずっとフェアなシステムだ。どこの地域に住んでいようと、どの学校に通っていようと、点数のみで成績は決まる。もちろん、その日の体調などの個人的な問題はあるにせよ、自分が学んでいる環境を評価されて点数をいじられることはない。

「これって、うちのような学校は不利になるってことだよね」

中学生の息子がそう言った。息子の中学は、地域の公立校ランキングで常に最下位だった。しかし、数年前から地域コミュニティと学校が協力し、生徒の学力向上と素行改善に努めた結果、現在はランキングの中位あたりまで実績が上がっている。政府はこのような「荒れている学校」の改善を奨励しているので、学校格づけ機関 Ofsted の監査などでも、こうした学校は高く評価される。が、個人の生徒の評価となると話は別らしい。そもそも改善が必要な学校なのだから、学んでいる生徒はいくら成績が良くても他校の子どもに比べたら落ちるだろうと見なされるのだ。これは偏見と呼ばれるものではないだろうか。

公共サービスにテクノロジーを使えば、効率が上がり、人間の持つ偏見が取り除かれると言われてきた。しかし、顔認証技術にしても、白人に比べて黒人やアジア人では精度が落ちることがわかっている。英国内務省も、ビザ審査の申請で特定の国々から来た白人を有利に扱っていた人種差別的アルゴリズムの使用を八月にやめたばかりだ。アルゴリズムは、人種や階級に対する差別を逆に増長させ、社会格差をより固定させるものにもなりかねない。

＊

学生の抗議運動の盛り上がりや、メディアからの非難の大きさを受け、英国政府は試験結果発表から数日後に異例のUターンを行った。「Aレベル」では、教員たちによる評点かアルゴリズムによる評点か、どちらか高いほうを正式の評点とすると発表したのだ。また、「GCSE」でも教員たちによる評価だけが使われることになった。

「AIは人間の差別を反映する。僕たちはそのことをしっかり見ていかないといけないって、みんな言っている」

二年後に「GCSE」を受ける息子も、友人たちとこのことを語り合っているようだ。コロナ禍にしろ、アルゴリズムにしろ、新たなことに直面し右往左往する大人の犠牲になるのはまっぴらだと、子どもたちのほうが覚醒している印象だ。彼らは、政府が決めたことだからしかたがない、自分たちは運が悪いと諦めず、連帯して声を上げる。今回、受験生たちが政府をUターンさせたことは、下の学年の生徒たちもしっかり胸に刻んだはずだ。

歴史とは

二〇二〇年一〇月　PANIC

九月からようやく息子の学校が始まった。英国の公立校は、一部の地域の一部の学校を除けば、三月下旬からずっと学校が休みだった。五カ月以上の休校を経て、授業が再開し、最初の日はどの先生もロックダウン中の話をしたりしていたようだ。歴史の先生はブラック・ライヴズ・マターについて生徒たちと話し合った。

今年(二〇二〇年)六月にブリストルで、デモ隊によって奴隷貿易の商人エドワード・コルストンの銅像が倒され、ブリストル湾に投げ込まれた事件についてどう思うかと生徒たちに聞いたという。

ロックダウン中の出来事だったので、家庭で話していた生徒も多かったのだろう。「もっと早くそうされるべきだった」と言う生徒から、「地域の建造物を勝手に撤去してはならない」と言う生徒まで幅広い意見が出たそうだ。しかし、一番多かったのは、今回の事件を伝える形で銅像を元あった場所に戻すべきという意見だったという。

有名な英国の落書きアーティストのバンクシーも、銅像にケーブルを巻いて引き倒している人々の姿まで加えた銅像を立てれば、銅像がなくなるのは寂しいという人々も、ブラック・ライヴズ・マターの運動を行っている人々も納得できるのでは、と提案していた。むしろ銅像が海に投げ入れられた日を今後は記念すべきというのだ。

息子の学校でも、銅像の脇にスクリーンを設置しデモ隊が銅像を倒す場面やその後に起きたことのニュース映像をまとめて流せばいいという生徒や、事件当日の様子を記念碑にして銅像の隣に設置すべきという生徒がいたらしい。どうしてそう思うのかと先生が尋ねると、ある生徒はこう答えたという。

「それは、未来の人たちの権利を守るためです。私たちの時代に起きたことを知る権利が彼らにもあるから」

他方、コロナ禍中には、「死者の権利」という言葉も話題になった。感染死亡者は、家族にみとられることも、臨終時の宗教的儀式も、葬儀を行うことも許されなかったことから、イタリアの哲学者が死者の尊厳が踏みにじられていると主張したのである。

人権とは、生きている人間だけが独占できるものなのか。死者や未来の人々の権利という概念は普段の生活の中であまり考えない。歴史とは、その概念を扱う学問だと歴史の先生は教えたかったのかもしれない。

英国のコロナ・エクソダス

二〇二〇年一〇月五日　社会時評

コロナ禍が始まって初めて、ロンドンに行った。度肝を抜かれるほど人が少なかった。ロンドンの主要ターミナルの一つであるビクトリア駅でさえ人がまばらだ。地下鉄もガラガラで、スーツケースを持った観光客の姿ばかりが目立つ。

首都の一等地に小さなオフィスを構えた知人はこんなことを言っていた。

「ビルの中もほぼ無人状態。空き家になっているオフィスも多い。このままではロンドン中心部の不動産の値崩れが起きる」

「ロックダウンが緩和されてもみんなオフィスに戻ってこなかったの？」

「地方に引っ越している人がたくさんいる。ちょっとしたエクソダスだよ」

エクソダスとは、旧約聖書におさめられた出エジプト記のことだ。転じて、国外脱出や大量出国の意味で使われる言葉である。

「実は、僕も地方で家探しを始めた。オフィスを解約してロンドンの家を売れば、地方なら大きな家が買えて、庭にホーム・オフィスを建てられる。どうして今までそうしなかったんだろうと思う。人に会うときだけ、貸し会議室を借りてロンドンに来ればいいんだしね」

実際、ロンドンだけでなく、マンチェスターやバーミンガムといった大都市から、人口の少ない地方の街に引っ越す人が急増中だ。例えば、イングランド南東部のバッキンガムシャーの田園地帯のある地域では、昨年の四月は不動産見学をするために業者に登録した人の二八％がロンドン在住者だったのに対し、今年は四四％になっているという。地方で仕事を探す人も増えているそうだ。以前は、地方に引っ越してロンドンに通勤する人々が増えることを「ロンドンのドーナツ現象」と呼んだが、コロナ禍を経験した今では、仕事も含めて大都市から完全に撤退する人が増えているのだ。

これには、いわゆるソーシャル・ディスタンシングの影響もある。大都市の混雑する電車で通勤していればパンデミックのときに身を守れない。今後も新型コロナのような感染症が起こりかねないと科学者たちが警告すればするほど、人々は自分の生活について根本的に見直すようになる。

ロックダウンで仕事を失った人が増え、企業の売り上げが落ちれば、普通は住宅価格も下がると思う。だが、このエクソダスのおかげもあり、スコットランドやミッドランズでは前年比で六・三％、ウェールズでは五・八％の住宅価格の上昇が起きている。

「コロナはすべての人々にとって人生や生き方を見直す機会になったんだよ」

前述の知人はそんなことを言っていた。

が、すべての人々が優雅に人生を見直せるわけでもない。ミドルクラスの大都市から地方への大移動は、さらに格差を拡大させる結果になり得ると警鐘を鳴らしている人もいる。経済シンクタンクのセンター・フォー・シティーズの最高経営責任者(CEO)は、「ミドルクラスの人々がロンドンに来てお金を使わなくなったら、より貧しい労働者たちが苦しみ、不平等をさらに悪化させるかもしれない」と『ガーディアン』に話している。清掃作業員や交通機関職員、サンドウィッチ店の店員など、大都市に生きる人々の日常を低賃金で支えてきた労働者たちがロンドンに取り残されるというのだ。

この人たちこそ、コロナ禍中は「キーワーカー」と呼ばれてヒーロー視されてきた労働者たちだ。しかし、オンラインで働ける人々がコロナ禍で新たなライフスタイルに目覚めて地方に大移動してしまい、引っ越しできない低賃金労働者だけが大都市の内部に残されて困窮するとしたら、なんとも皮肉な話ではないか。

旧約聖書の出エジプト記は、エジプトで迫害を受けていたイスラエルの民がモーゼに率いられてその地を逃れる話だった。しかし、コロナによるエクソダスは、リモートワークが可能な階層の人々がより快適で安全な生活様式を求めて大都市を捨てて出ていく現象だ。そう思えば、これは弱肉強食の新自由主義の縮図のようなトレンドとも言え、少しも神話めいた要素などない。

友愛

二〇二〇年一一月　PANIC

先日、雑誌を読んでいたらドキッとする言葉が出て来た。

エイドリアン・パブストというケント大学の政治学教授が書いたその記事を、最初はよくある「なぜ左派は停滞しているのか」論だと思って読んでいた。そして実際に、左派はテクノクラートの中道派と、革命を求めるポピュリズムに分裂してしまい、その間に右派はうまくイメチェンを図って（ジョンソン首相の「社会は存在する」発言などはまさにそれだ）いるという左派批判が書かれていた。

が、ある一文にハッとした。著者は、フランス革命のスローガンだった「自由、平等、友愛」を引き、近年の左派は最初の二つの言葉ばかり重視して、最後の言葉をなおざりにしてきたのではないかと指摘するのだ。

ツイッターでの左派どうしの泥の投げ合いを見ていると、確かにあれは「友愛」の砂漠を感じさせる。そして、コービン党首時代の労働党におけるすさまじい党内分裂と対立。あれも「友愛」などという言葉とは真逆の「憎悪」を感じさせた。

だが、それだけではない。前述の教授はこう主張する。

左派は、トップダウン支配からの「自由」を標榜するあまり、民営化は国家の力と既得権益を減らす上で良い物だと思うようになって、いつしか「国と市場」のペアによる支配を受け入れるようになっていた。この過程で左派はおはこだったはずの「社会の責任」をどこかに置き忘れてしまい、自由市場主義を支持する人々すら登場したのだ(ブレアとか)。

また「平等」の概念も、いつからか「違う者たちが公平に扱われているか」という本来の概念ではなく、シンプルに「同じ」か「違う」かの争いにスライドしてしまい、英国では「「ベスト・フレンド」という言葉を禁止します」という小学校が出て来るまでになった。

このような「自由」「平等」の捉え方の変化も、「友愛」の後景化と関係しているのではないかと前述の教授は書く。新自由主義で地域コミュニティが破壊され、格差が開き、家族の崩壊が進んでいく時代にあって、左派は「新たな友愛のヴィジョン」を打ち出せないでいるというのだ。

「隣人」の意味を文字どおりに取れば、それは自分の回りにいる人々だ。大きな言葉で政治を語る前に、わたしたちは、彼らに何をしているだろう。「新たな友愛のヴィジョン」はたぶんそんなところから始まるのではないか。

「自助」信じたサッチャーの亡霊

二〇二〇年一一月一一日　社会時評

飢えた子どもに食べさせるか、食べさせないか。まるでヴィクトリア朝時代かと思うような議論が一〇月に英国で浮上した。

英国では、貧困層の家庭の子どもに無償で給食を提供している。ロックダウンで休校中には、スーパーなどで使えるバウチャーを配布することで給食が代替された。そのまま夏休みに入ると、サッカー選手のマーカス・ラッシュフォードらの運動のおかげで、政府が休み中も引き続きバウチャーを配布することに同意した。

しかし秋のハーフターム休暇(学期の半ばに設けられた一週間程度の休み)にもこの制度を適用し、二〇二一年の春休みまで延長する案が一〇月に下院議会で否決された。そのため再びラッシュフォードの運動が起動した。各地域のレストランや商店が「無料のランチを提供しています」のツイートを続々と流し、通常はインドの子どもたちに食事を提供しているチャリティ団体までロンドン市内の児童たちの支援に乗り出し、メディアもこれを大きく取り上げた。

今年三月に始まった最初のロックダウンでは、地域での相互扶助やキーワーカーたちへの感謝といった「助け合い」のムードが盛り上がる中で、自らコロナ感染したジョンソン首相は「社会は存在する」とまで言った。しかし、寛大な政治は終わったようだ。経済の急激な収縮と出口の見えないコロナ禍、休業補償などで膨らむ財政支出の中で、保守党の伝統とも言えるレッセフェール(自由放任主義)の政治が戻って来つつある。

それを体現するように、保守党議員のブレンダン・クラーク＝スミスは下院議会でこんなことを言った。

「私は子どもの国有化を信じません。そうではなく、我々は責任を取るという考え方に戻るべきです」

保守党には、昔「マーガレット・サッチャー、ミルク・スナッチャー(マーガレット・サッチャーはミルク泥棒)」と呼ばれた首相がいた。この言葉が流行した頃はサッチャーは首相ではなく、エドワード・ヒース内閣で教育科学相を務めていたが、学校での七歳以上の児童への無料牛乳提供を廃止したのは彼女だった。

当然だが、保守党に子どもを飢えさせる伝統があるわけではない。子どもへの無料の食事や牛乳の提供をやめる裏側には、財政的な意図がある。政府が「小さな政府」路線を採るときにはどこから支出を切るかという選択が始まり、まず選ばれるのが子どもへの支援なのだ。

故サッチャー元首相はこう言ったことがある。

「社会などというものはありません」

「自助」を信じた彼女の代表的な言葉として知られているが、彼女はこうも言ったことがある。

「お金は天から落ちて来ません」

この精神は今でも保守党に生きている。ノッティンガムシャー州の保守党議員、ベン・ブラッドリーは、「ある学校では七五％の児童にソーシャルワーカーがついている」とツイッターに書き「彼らが住む団地は犯罪の中心地」とした後で、「これらは最も助けを必要とする子どもたちで、無料給食の延長はこれらの子どもには届かない」と、無料給食延長案に反対票を投じた理由を説明した。

最も助けを必要とする子どもに食事を与えないというロジックは奇妙だが、まず犯罪の中心地に住んでいる親が責任を持って子どもを育てるようにならなければ、子どもたちは救われないと言いたいのかもしれない。これは、無料給食延長を求める運動を立ち上げたラッシュフォードの「偏見を持つことや、非難したり、責めたりすることをやめるべきだ」という呼びかけとは対極にある。

そもそも「飢えた子どもには食べさせる」というシンプルな原則を曲げるのに自助だ

の責任だの道徳めいたことを持ち出すのは、正当化しなければならない経済政策が裏にあるからだ。

コロナ禍は人間や社会を前進させると言われてきたが、果たしてそうだろうか。サッチャーの亡霊さえ見え隠れしてきた不吉な秋だ。

新たな一対九九

二〇二〇年一二月　PANIC

「一%対九九%」といえば、「ウォール街を占拠せよ」のオキュパイ運動のスローガンである。「私たちは九九%だ」というあの運動の合言葉は、米国の人口の一%にあたる超富裕層の総所得が、国民所得の約四分の一に達していることを示していた。

二〇一一年に起きたオキュパイ運動を率いたリーダーの一人、デヴィッド・グレーバーが亡くなった今年(二〇二〇年)、新たな「一%対九九%」問題が浮上している。

二〇一八年には、世界における航空機の二酸化炭素排出量のおよそ半分が、世界人口の一%にあたる「頻繁に旅をする人々」によって排出されていたことがわかったと『ガーディアン』が伝えている。二〇一八年に飛行機を使用した人は世界人口の一一%に過ぎず、飛行機で海外に行った人となるとわずか四%だという。

先進国の中でも、米国が二酸化炭素排出量が最も多い国で、後に続く一〇カ国(英国、日本、ドイツ、オーストラリアなど)の排出量を足した量よりも多い。中国はデータを明らかにしていないので、今回の調査には含まれなかったが、米国の五分の一程度の排出量だと推定されるそうだ。

とはいえ、米国の人口の五三%が一年間のうち一度も飛行機に乗っていなかった。ドイツでは六五%、英国でも四八%が飛行機で旅をしていない。

スウェーデンの大学が行ったこの調査でわかったのは、頻繁に飛行機に乗って旅をしているエリート層が、世界のすべての人々の生活を左右する環境問題にネガティヴな影響を与えているということだ。そう考えれば、オキュパイ運動の「一対九九」とそれほど違うコンセプトとは思えないが、今回の調査で「頻繁に旅をする人々」とカテゴリー分けされた世界人口の一%は、年間に三万五〇〇〇マイル以上、飛行機で移動しているそうだ。

こういう話題が新聞に掲載されるのだから、飛行機のマイレージ数を無邪気に自慢し合った時代は完全に終わった。

二〇二〇年は、コロナ禍の影響で二酸化炭素排出量は激減している。航空機利用者を減らすため、そしてコロナ禍による赤字のため、運賃上昇は免れないだろう。そうなれば富裕層だけが空の旅をできる時代に逆戻りだ。遠い海外に移住したい庶民は、家族に会えない覚悟で国を出る時代が帰ってくるのかもしれない。

自給自足という幻

二〇二〇年一二月八日　社会時評

今年の初めまで、日本はすぐ行ける場所にあった。だから、何かあればすぐに帰れると海外在住者は誰しも思っていた。ところが、三月に入ると事態は一変した。英国のような入国拒否対象地域に指定されている国に住んでいる日本人は、空港でPCR検査を受け、陰性だった場合にも二週間の自主隔離が義務づけられている。地方に家族がいる人は、東京や大阪の国際空港で入国し、付近のホテルで自己負担で二週間隔離してから、それぞれの実家に戻るなどの措置を求めている。「親族の葬式に出られなかった」「ホテル代を出すのが苦しくて帰れない」など、さまざまな声を耳にした年だった。急に日本が遠い国になった。これまでつながっていた場所に突如として高い壁が聳《そび》え立ったみたいだ。

しかし、コロナ禍の前から世界には「閉じる」機運があった。英国のEU離脱は言うまでもなく、トランプ大統領はメキシコ国境沿いに文字通り壁を立てるとさえ言ったし、自国ファーストの理念を掲げるポピュリスト政党が欧州でも勢力を伸ばしていた。

コロナウイルス拡大は、何よりもこの状況に拍車をかけた。人々の移動によって広がる感染症は、国境を閉ざして外国籍の人々を入国拒否する行為を正当化した。内向きどころではない。シャットアウトである。国家主義と親和性が高いのは保守派だけではない。左派のほうにも、別の観点から人や物の移動を制限したい理由はある。環境を破壊する二酸化炭素排出量を減らすため航空運賃を上げるべきだという声も上がっているし、発展途上国の搾取工場で作られた安価な製品の輸入や、それが可能にした使い捨て文化を批判する人々もいる。

右派にも左派にも、グローバル経済を見直し、経済の自給自足を目指すべし、と主張する動機はある。保守派は、外国の人や物が次々と入って来て国の伝統やあり方が侵食されることを防ぎたいだろうし、左派にとっては膨大な利益を上げつつ税金逃れをしているグローバル大企業の力をそぐ機会になる。

だが、現代の国々に、経済の自給自足は本当に可能なのだろうか？　ロックダウン中の英国の人々が、ゴミの処理をしてくれる人々やスーパーで働く人々など、キーワーカーと呼ばれる人々がいないと自分たちの生活は成立しないのだと気づいたように、実は先進国の人間の生活は、海外でコーヒー豆を栽培する人々やスマホを組み立てる人々がいてこそ成り立っている。こうしたつながりを切って自給自足を目指すことは、誰の利益になるのだろう？　むしろ、国際貿易は、それが公平に行われている限りにおいては誰の利益にもなるものであり、批判すべきはそれを不当に利用して儲けている企業であって、貿易そのものではない。

実際、経済の自給自足が進めば、最もダメージを負うのは貧しい国々だ。裕福な国は「経済の国家主権」を取り戻すことでGDPが落ちたところで乗り切れる。しかし、発展途上国にはそのような贅沢《ぜいたく》は許されない。

こう考えると、昨今盛んに言われる経済の自給自足という概念は、自助の概念によく似ている。自給自足や自助は、本質的に、そうする力のある強者の弁なのだ。例えば基礎疾患や障害のない人は、すべての人間は自分の面倒は自分で見るべきだと考えやすい。経済的に余裕のある人は、他者に頼る必要もない。「他者は必要ありません」という考えが、「他者は自分を必要としません」に反転すれば、人と人との間にも高い壁が聳え立つ。

吉野源三郎の『君たちはどう生きるか』という小説で、主人公の少年が、オーストラリア産の粉ミルクから、牛の世話をする人や汽船から荷を降ろす人など大勢の人々を想像し、ミルクが日本の自分の口に入るまでの経緯を考える場面がある。今、わたしたちはあの少年の想像力にこそ学ぶべきだろう。パンデミックが示すものは、わたしたちはつながっていることであり、つながりを断ち切るべきだということではない。外国に家族を持つ人間として、切実にそう思う。

コロナ、英国「南北の分断」──原因、地理でなく貧困に

二〇二〇年一二月一〇日　欧州季評

必要のないコートやジャケット、黒か濃紺のジャージーのボトムやパーカがあったら寄付してほしいというメールが息子の学校の校長から届いた。九月に学校が再開されて以来、コロナ対策として換気のために教室の窓が開けられているが、当然ながら寒いので室内でも上着の着用が許可されている。

また、体育のある日は、狭い更衣室で「密」の状態になったり、間違って他人の服を触ったり着たりして感染するのを防ぐため、朝から体操服を着て登校し、帰宅するまでそのままだ。半ズボンにポロシャツの体操服姿で一日過ごすのは寒過ぎるので、例年なら必要のないジャージーのボトムやパーカも購入する必要が出て来た。だが、その余裕のない家庭が多く存在する。だから、一部の保護者のボランティア活動では賄えなくなり、校長が寄付を呼びかけているのだ。

イングランドより寒くなるスコットランドはもっと大変なのではないかと思っていると、やはり、スコットランド各地の学生服バンク（慈善団体によるフードバンクの制服版）が

需要急増を訴えていた。ある制服バンクでは、福祉課などから紹介されて来る利用者数が、今年(二〇二〇年)九月で前年比四〇%増となり、一一月では一三一%増だったという。ある職員は、『ガーディアン』にこう話している。

「冬用ジャケットの需要が増えた原因は、換気を保つために窓を開けた教室は寒いので、上着を着用する子どもたちが出て来たことと、そして、コロナのために貧困に陥った家庭が多く存在し、季節が変わるこの時期に冬用の暖かい上着を買うお金がないということの両方です」

*

英国は一一月五日から二度目のロックダウンが始まり、一二月二日に解除されたが、その間も学校の授業はあった。そして、ロックダウンの開始前には、地域ごとに三段階の感染リスクの高さで分ける警戒システムを用いてきた。このシステムはロックダウン終了後の現在も用いられているが、これで明らかになったのは、一一月の段階で、感染リスクが「非常に高い」と見なされた「第三段階」に指定された地域が北部に圧倒的に多いということだった。当初、これは冬の訪れが早いからだと思われてきた。

しかし、オックスフォード大学の人文地理学教授、ダニー・ドーリング氏が『ガーディアン』に寄稿した記事によれば、北部のほうが南部より貧しいからであり、リモートワークできない職業の人が多く、公共交通機関を利用する人が多いせいだという。子どもの世話にしても、北部では近隣に住む家族に預けているケースが多く、低い賃金ではなかなか保育園に子どもを通わせられない。早期リタイアできる余裕のある人は北部には少なく、年金をもらいながら仕事をしている高齢者が多い。住宅事情も、狭い家で大家族が暮らしていることが多く、外に働きに出る家族の一人が感染すれば家族全員に広がる。

他方、南部のロンドン通勤圏の地域には、近所に親類縁者が住んでいるケースは少ないし、リモートワークできる職業に就いている人々が北部より多い。ＰＣＲ検査で陽性になったとしても、そのまま家で働き続けられる人たちだ。また、核家族が多く、子どもにはそれぞれ自室があって、家族内で交流も少ない。

つまり、英国で話題になっているコロナ感染における「南北の分断」は、地理的なものというより、居住者の経済状況や生活様式が関係しているというのだ。この説を後押しするように、ノース・サマセットやケント・アンド・メッドウェイなど南部に分類される地域でも「第三段階」に指定されている貧しい地区があり、単純に「北部は寒いから」では説明がつかない。

貧しい暮らし向きの家庭ほど感染リスクを負っている。コロナによる経済危機のために、英国では約七〇万人が貧困に陥っているという分析もある。レガタム研究所が発表したこの数字には一二万人の子どもたちも含まれており、これで英国の貧困者の数は一五〇〇万人以上にのぼり、人口の約二二%が貧困ということになる。

＊

コロナ後の世界は変わると言われる。が、今食べられない人々に「思想の転換点」とか悠長なことを説いてもしかたがない。まず必要なのは貧困対策だ。コロナ禍を抜けた世界を待っているのは、見たこともない規模での貧困禍かもしれないのだ。

公営住宅地で気をつけて見てみれば、本当に今年はジャケットを着ていない子どもが多い。一着ずつあれば冬は乗り切れるからと、残りの上着は家族分すべて寄付すると言うママ友もいる。服を寄付することや、必要な子どもに分配することはわたしたち庶民にもできる。が、コロナで職を失ったり、自分の店を閉じた保護者たちのために雇用を創出したり、国の貧困率を減らしたりするのは政治の仕事だ。今年は各国政府のコロナ対応の有効性が比較されたが、来年(二〇二一年)は各国の貧困対策が比較されることになるだろう。目を見開いてしっかりそれを見ていかなければならないのは、有権者一人一人だ。

二〇二一年

テクノポピュリズムの限界
——二一世紀の禍と正面から向き合うことをまだ先送りにするだろうか

二〇二一年一月一日　図書新聞

二〇二〇年三月二三日から英国で一度目のロックダウンが施行されたとき、ジョンソン首相のスピーチ動画は日本の人々の間でもネットで拡散されて、「まるで映画のワンシーンみたい」と騒がれていた。個人的には、また彼は「ピープルのロックダウン」とでも言うのかなと思って見ていた。彼は「ピープルの」が大好きだからだ。

それがポピュリストの常套句《じょうとうく》であるように、ボリス・ジョンソンもまた「ピープルvsエスタブリッシュメント」の構図を強調し、自らはピープルの側に立つと吹聴してきた。自らのEU離脱案を否決する議会を「英国の人々が民主主義的に決めたEU離脱」をブロックしようとする敵に見立てて、「ピープルvs国会」のコンセプトを喧伝し、「ピープルの政府」を作るのだと言って戦ったのが二〇一九年末の総選挙だった。保守党が下院で過半数を獲得すると、ジョンソンはそれを「ピープルの議会」と呼び、三月に発表した予算案は「ピープルの予算案」だった。

そうなれば、「ピープルのロックダウン」が来ると思うのが当然の流れだが、この決断に至った経緯に関しては、さすがにジョンソンでも「ピープルの」とは言えない事情があった。意外にもおとなしく科学者の意見に従ったジョンソンは、「ポピュリスト政治家が、危機への対応においてはポピュリストではないアプローチを取った」と言われていたからだ。

英国政府は当初、集団免疫を獲得する(すなわちロックダウンはしない)方針を取るつもりだった。が、インペリアル・カレッジ・ロンドンが「現在の政府の対策では二五万人の死者が出る」という報告書を発表すると、方針を一転してロックダウンに踏み切った。以来、英国政府のコロナ対応は、大まかには科学者たちの意見に従ってきている。「ロックダウンはしない」と最初はイキるのだが、最終的にはおとなしく専門家に従う。一一月から一二月初めにかけて行われた二度目のロックダウンでもそれは同じだった。

これは、ジョンソンが単なるポピュリストではないことを明確に示している。最近、にわかに注目されている言葉に「technopopulism(テクノポピュリズム)」という言葉がある。これは「テクノクラシー」と「ポピュリズム」を合体させた言葉だという。

元来、テクノクラートとピープルは相反する言葉だと思われてきた。高度な技術的専門知識を持ち、政策立案や運営に関わる技術官僚を表す前者と、民衆(英国では直接的に「労働者階級」を意味することも多い)である後者は相容れないものという考え方はそのままテクノクラシーとポピュリズムの対立概念にスライドされてきた。両者は共存できないと考えられがちなのだ。

例えば、ＢＢＣの『Have I Got News For You』のような政治コメディー番組のパネリストだったポピュリストのジョンソンに、コロナ対策のような高度なことができるわけがないと笑う人がいる。しかし、実はジョンソンはイートン校からオックスフォード大学に進み、オックスフォード・ユニオンのプレジデントまで務めた秀才である。「ピープルの」を連発するわりには、彼の出自は一般庶民のそれとは違うし、「反知性主義者」でもない。

ジョンソンという存在が端的に象徴するように、もはや現代の政治は「テクノクラートvsピープル」の構図では理解できないというのがテクノポピュリズムの考え方だ。むしろ両者を巧妙に組み合わせたものが政治を支配しているというのである。テクノポピュリズムは民主主義に対するオルタナティヴでもない。そうではなく、今日の世界における民主主義の一つのフォーマットなのだとケンブリッジ大学で政治学を教えているクリス・ビカートンは主張する。

伝統的な政治勢力の対立と言えば「右vs左」だった。イデオロギーの闘いだったのである。それが今では、思想や階級による対立ではなく、「ピープルへの訴求」と「専門知識への訴求」の合成具合によって政治バトルを行う時代になっているというのだ。

例えば、二〇一九年の総選挙でのジョンソン首相率いる保守党のスローガンは「Get Brexit Done(ブレグジットを成し遂げる)」だったが、これなど究極のテクノポピュリズムだ。ピープルが望んでいることをする(国民投票で決まった離脱を成し遂げる)意味ではポピュリズムだし、迅速に、かつ有能に専門知識を使って物事を成し遂げるという意味ではテクノクラート的だ。

もっと平たい言葉で言えば「好かれる政治」と「デキる政治」の合体ということになる。右も左もダメだよね、という政治に対するアパシーが広がる中で、イデオロギーに人々が懐疑を抱くようになり、「好かれる」要素と「仕事がデキる」要素が合体していれば、もう政治なんてそれ以外に何もいらないでしょ、という状況になっているのだ。前者の「好かれる」部分は「ピープルの〜」に該当する部分で、それがポピュリズムと呼ばれてきたものだが、同様に「デキる」(または「デキるっぽい」)部分が重視されるようになった背景には、新自由主義以降のメリトクラシー文化があるとビカートンは指摘する(これが生産性礼賛主義の元でもある)。

少なくとも、テクノポピュリズムでジョンソン現象は説明できる。二〇一九年の総選挙で、労働党の牙城と言われた北部の労働者の街がジョンソン率いる保守党を支持したのも、ジョンソンが「好かれる」(親しみの持てる)キャラだった以上に、彼はロンドン市長を務めた経験もあり、労働党のコービン元党首に比べれば「政治の専門家」感があったからだ。

が、思わぬパンデミックの到来でジョンソンの「ピープル」と「専門知識」の配合具合は崩れた。ポピュリストの顔を見せたかと思えば、次の瞬間には科学者たちの警告を受け入れるという政策のUターンを繰り返し、専門家に言われるままに細かいルールを作って感染対策を呼びかけ、それがあまりに詳細過ぎて首相本人が間違うほどの混乱ぶりだ。

この迷走ぶりを見ていて思うのは、専門家の知識をそのまま政策にしても機能しないということである。人間が知っていることと、人間がやらなければならないことは、必ずしも一致しない。とくに今回のようなパンデミックでは「科学者の見解」それ自体が後で検証にさらされることになるわけだし、それらがそれぞれに違う社会状況を持つ地域でどう応用され、活かされるべきかを決めるのは、政治の判断だからだ。

政治の中心には、データやファクトのみでなく、一貫した理念や信条がなければ、政府の決定もちぐはぐになり、「デキる」はずだった人々がまったく有効性のないことをやらかしてしまう。専門知識と人気だけで回そうとする政治は、中心が空洞のプロペラのようなもので、真ん中が固定されていないとうまく回らない。これがテクノポピュリズム政権下でコロナ禍を迎えた英国に起きたことだ。「私たち、ロックダウンで経済を犠牲にしたのに、どうしてこんなに人も亡くなっているの」という、あちこちで耳にする庶民の素朴な疑問はゆえなく発されているわけではないのである。

さて、二〇二一年はどうなるか。

ワクチンができたからすべて元通り、になるわけがない。シンクタンクのレガタム研究所が、コロナ禍で貧困に陥った英国の人々の数は約七〇万人だと発表している。そのうち一二万人は子どもである。これで英国の貧困者の数は約一五〇〇万人となり、人口の二三%を占めることになる。経済が回復しない限り、この数字はまだ増えるだろう。コロナ禍の出口が見えたら、大規模な貧困という禍がぽっかり口を開けて待っている。

この禍にはさらに面倒な問題が含まれている。コロナ弱者である高齢者から経済弱者である若年層への富の移転の問題など、政治が先延ばしにしてきた、時代の核心をつく議論がさらに厄介な形で浮上してくるからだ。

円心が空洞なテクノポピュリズムは、この二一世紀の禍と正面から向き合うことをまだ先送りにするだろうか。もうそれが許されない切羽詰まった状況になるのが二〇二一年だろう。

乱れる足並み

二〇二一年一月　PANIC

クリスマスの日の夜中から、わたしの住むブライトンも警戒レベル4の地域に指定され、事実上のロックダウンと同じになった。

去年の三月から始まった一度目のロックダウンや、秋に行われた二度目のロックダウンと違い、この原稿を書いている一月三日の時点ではまだ全国一斉のものではない。英政府は警戒レベルを段階的に設け、地域ごとに違う規制を適用してきた。ある地域ではレストランやパブが開いているが、ある地域では開いてない、ある地域では屋内で別の家族と会うことが許されていても、ある地域では屋外でしか会えない、という風に。全国一斉で同じ規制が用いられたときと違い、この「規制格差」が人々の団結心をそいでいる。

「みんなで一緒に助け合い、乗り切ろう」みたいな雰囲気がなくなったのだ。

一二月にロンドンの警戒レベルが引き上げられたときには、ロックダウン下の街にいるのはもう御免と、駅に人々が殺到した。まだ警戒レベルの低い地域で年末年始を過ごそうとする人々が押し寄せたのだ。医療関係者たちに拍手を送ったのはわずか半年前の話だった。それが今では、職場を離れられない医療関係者らを都市に残し、人々はわれ先になり規制の緩い地域に移動する。

一月に学校が始まる日も中学校と小学校で違う。政府は中学生のほうが感染率が高いとして学期開始日を延期すると発表したが、保護者が働けるように小学校の開始日を通常通りにしたのは明らかだ。しかし、これに教員組合が猛反発した。「雇用権利法」で保証された職場の安全が守られていないので、学期開始日に職場に行くことを拒否するよう、組合が小学校教員に呼びかけている。全国校長協会も、小学校の学期開始日を延期しなくても安全だという根拠を示せと、教育省を相手取って法的手段を講じた。

「クリスマスまでには」「来年にはきっと」と言われてきたコロナ収束が実現せず、変異種の発見や終わらぬ感染拡大で人々は疲弊している。そんなときに政府が「あそこはいいけど、ここはダメ」という差をつけた規制を一方的に宣言すると、不安と不満で人々の足並みが乱れてしまう。「災害ユートピア」のような相互扶助の精神が立ち上がった最初のロックダウンは遠い過去になった。ユートピアの後のリアリティは、真冬の午後のようにうっそうと暗い。

長期化するコロナ禍

二〇二一年一月一三日　社会時評

クリスマス前に友人カップルとインターネット電話アプリ「Skype（スカイプ）」で話した。いつもなら、家族ぐるみでクリスマス前に必ず会う人たちだ。パブやレストランに行ったり、お互いの家に行ったりする。だが、今年は会いたくとも会えないから、オンラインでクリスマスの挨拶を済ませた。

ＮＨＳの病院で看護師として働いている友人は、Skypeでもはっきりわかるほど疲れきっていた。彼女は退職していたのに「元医療関係者に復職してほしい」という政府の呼びかけに応えて昨年三月に復職した。その後、コロナに感染したが、幸い軽症だったのですぐに仕事に復帰している。

壮絶な医療現場での話を聞いた。職場のムードも春の感染拡大のときとは違うという。「急に重体に陥る人が多くなってきた。だから、恐怖心を駆り立てられる。それに、人手が足りなくてものすごくみんな疲れている。終わりのない真っ暗なトンネルにいるみたい」

コロナ感染や自主隔離のため、スタッフの欠勤率が例年の二倍から三倍になっている病院もあるという報道も見た。とくに緊急救命科で深刻な人手不足に陥っているという。げっそりした顔の彼女は、

「だからこそ、たとえオンラインでもこうやって職場の外の友達と会うのが救いになる。別の世界もあるんだってホッとする」

と言っていた。逆に、そんな彼女が今最も見たくないのは、新聞やインターネットだという。一度目の感染拡大の時期には、科学者や医療関係者の意見を信頼して傾聴するものが多かったが、今では「毎年、冬になるとインフルエンザで病院は忙しいから同じこと」とか「すぐ弱毒化して終わる」と堂々と主張する人々がいる。そしてそれは、今彼女が職場で経験している状況とはまったく別の国の話をしているとしか思えないというのだ。

「一番カチンと来るのは、「病院はガラガラだ」とまことしやかにネットに書いている人たち。あなたたちはコロナ病棟に入ることができるの？　いったいどこで何を見てきたの？　と聞きたくなる」

コロナ感染が拡大し始めた頃、英国政府は混乱を見せたが、他方で、庶民は緊急時の助け合いの精神を見せた。政府の呼びかけに応えて友人のように職場復帰した医療関係者たちだけでなく、ＮＨＳでのボランティアを志願した人たちの数も四月には七五万人

を超えていた。

草の根でも地域の有志によるさまざまなボランティア活動が立ち上がった。高齢者や自主隔離に入った人々に食料を届けたり、定期的に電話をかけたりする隣人たちのネットワークができていった。さらに、三月末から一〇週間にわたって、毎週木曜日の午後八時にはみんな家の外に出て、医療関係者を含むキーワーカー(地域に必要不可欠なサービスの従事者)たちのために拍手をした。

だが、あのときの希望に満ちたムードが、今はもうない。暗い冬の到来と変異種の出現、終わらない感染拡大によって、光が消えてしまったようだ。昨秋、一時的に全国的なロックダウンから、地域ごとの警戒レベルを設けて違う規制を課す方針に移行したことも、英国の人々の一体感をそいだ。「どうしてあそこは警戒レベルが低いんだ」とか「裕福な地域の規則が甘い」というような反感や臆測を生み、キーワーカーたちを残して規制の緩い地域に移動した人々もいた。

そして何よりも人々を疲れさせているのはコロナ禍の長期化だ。犠牲になったのは直接的にコロナにかかったり、命を落とした人々だけに限らない。ロックダウンによるうつ病や児童虐待の増加、職を失った人、貧困に陥る人々など、長引けば長引くほど周辺に被害が広がっていく。

真っ暗なトンネルの中にいるみたいだ。しかも、その闇はどんどん濃くなるようにさえ見える。こんなとき、何か希望が欲しくなるのは人情だろう。しかし、だからと言って、無責任に楽天的な言説を広げれば、それで切実に迷惑を被るのはわたしの友人のような人々だ。コロナを過小評価することは希望を与えることではない。本物の希望は、コロナを共に乗り越えようとする初期の相互扶助の中にあったはずだ。

心のワクチン

二〇二一年二月　PANIC

日本の家族とビデオ電話などしていて、「日本の人々にはロックダウンが何なのか、本当のところは伝わらないな」と思うことがある。

「緊急事態宣言」と言っても、日本では普通に店やレストランも開いているそうだし（ただ早く閉まるだけだという）、みんな仕事にも行っているみたいだし、外出したところで罰則もないらしい。

日本のメディアにも「緊急事態宣言」下のメンタルヘルスの問題などに関する記事が出ているが、本物のロックダウンが行われている欧州の人々の精神状態の悪さはたぶん日本の人々の想像以上だ。

かく言うわたしも、三度目のロックダウンは、これまでになく精神的につらい。ストレスでじんましんが出たり、頭痛と耳鳴りで執筆もきつくなる。メディア報道を見ている限り、こういう人は多いようだ。まず、冬の英国は日照時間が短いし（夕方の四時過ぎにはもう暗い）、天候が悪い。そんなときにどこにも行けず、誰にも会えない閉塞感は耐え難くなる。広域なワクチン接種が始まっても、上がっているのはポンドだけで人の気持ちは落ちている。

今年(二〇二一年)に入ってからまたオンライン授業の息子の学校から、摂食障害についての保護者対象のZoomセミナーの案内メールが届いた。ティーンと摂食障害の問題は、英国では以前から大きく取り上げられている。それがロックダウンで悪化傾向にあるという。ずっと家にいるとつい食べ過ぎて体重が増えそうなものだが、危険なほど減量する子どもたちが増えている。いつでも何かを食べられる状況で食べ物を口に入れられるからこそ、無理に吐いたりして痩せようとするのだ。

『ガーディアン』にもこの問題の記事が出ていた。英国で私立メンタルヘルス・ホスピタルの経営を行っているプライオリー・グループによれば、コロナ禍が始まってから神経性無食欲症の治療が六一%増加、摂食障害に関する問い合わせも二六%増えている。

ロックダウンを乗り切るために編み物を始めたり、パンを焼き始めたりする人々がいる一方で、体重管理に過剰にこだわる人々がいて、やり過ぎの状態になり、止まらなくなるという。未曽有の事態の不安の中で、もはや自分でコントロールできるのは体重だけになったかのように。コロナ感染が減っても、心に打つワクチンはない。

一年ひと昔

二〇二一年二月九日　社会時評

世の中の移り変わりが速い。昔は十年ひと昔と言ったものだが、今では一年ひと昔になったんじゃないかと思う。

そう実感させられたのは、一月の初めに英国が三度目の全国一斉ロックダウンに突入したときだった。一度目は昨年三月で、あのときはご近所での相互扶助ネットワークの立ち上がりが見られた。「高齢者だけのお宅は買い物に行くのも大変だから、食料の買い出しに出かけるグループを作りましょう」「二週間の自主隔離に入った人たちは外出できないから、食料や薬を届けましょう」という手作りチラシが配布され、瞬く間にご近所のボランティア・グループができた。

学校に行けなくなった子どもたちは自宅でレインボーの絵を描き、「ありがとう、お医者さん、看護師さん」というメッセージを書いて家々の窓に貼った。こうした連帯のムードを盛り上げたのが、毎週木曜日の夜八時に行われたキーワーカーたちへの拍手だった。近所の人々がみんな家の前に出て来て、医療関係者などロックダウン中も働いている人々に感謝とエールの拍手を送った。子どもたちはタンバリンや太鼓を打ち鳴らし、花火を上げる人もいた。ロンドンあたりでは、プロの歌手やミュージシャンが通りで演奏したりしていたらしい。そんなことが何カ月も続いたが、ロックダウンの終了とともに終わった。

二度目のロックダウンは秋だった。あのときは四週間の期間限定だったので、一度目のときのような盛り上がりはなかったが、今回のロックダウンは昨年の春のように長期化の可能性がある。だから、拍手運動の発起人が、再びツイッターで木曜日の拍手運動の復活を呼びかけた。

三度目のロックダウン最初の木曜日、わが家も午後七時五八分に家族三人で家の前に出た。だが、通りには人っ子一人いない。

「まだあと二分あるからね。きっと寒いから誰もギリギリまで出て来ないのよ」

「たぶん、そうだね」

などと言い合って、冷えた手をこすりながら八時になるのを待った。しかし、八時になっても、八時一分になっても通りの人は誰一人出て来ない。

「どうする？」

「拍手しとこう。せっかく外に出て来たんだから」

パチ、パチ、パチ、というまばらな、というか、要するに三人だけの拍手の音が気の抜けた風船のように空《むな》しく夜空に消えていった。本当にうちの通りは誰も外に出て来なかったのである。去年(二〇二〇年)の拍手運動の盛り上がりを考えるとシュールなほどの静けさだった。

後日、BBCニュースのサイトに拍手運動についての記事が出ていた。ロンドンやリバプールなどの通りでは拍手していた人たちもいたようで、労働党のスターマー党首が家の前に立って手をたたいている写真もあった。が、やはり昨年に比べたら拍手していた人々は少なかったらしい。

医療関係者に必要なのは拍手よりも資金だろうという批判の声は以前からあり、拍手運動で美談にしておけば真の問題から目をそらさせることができるので、これは政治的戦略なのだとネットで叫んでいる人々もいる。「木曜日の拍手」復活を呼びかけた拍手運動発起人の女性は会員制交流サイト(SNS)で攻撃され、家族まで脅迫されたそうだ。「私には政治的な動機はないし、政府に雇われているわけでもありません。広報の仕事をしているわけでもない。私はロックダウンの状況に対処している単なる一般的な家庭の母親です」とツイッターに書いていた。

他方では、「私たちのために拍手するのはやめてください。マスクをして、手を洗って、ロックダウンを守って」という医療関係者のツイートも紹介されていた。

緊急時には地域社会にユートピアが現れ、人々は自主的に立ち上がって助け合い、支え合うと言ったのはレベッカ・ソルニットだった。しかし、一年の間にコロナは緊急時ではなく、平常時に変わった。「同情するなら金をくれ」は昔の日本のドラマのせりふだったが、短いユートピアの次にやって来るのは、いつだってハードな現実である。

女性の覚醒

二〇二一年三月　PANIC

大勢の女性たちが警官隊と衝突している映像が英国で話題になった。警官に突き飛ばされている女性、何かを叫んでいる女性の腕を背後から摑んでいる警官、舗道に倒され力づくで取り押さえられている女性。約一〇〇年前のサフラジェット(女性参政権を求めて闘った女性たち)の映像かと見まがうシーンだ。が、これは二〇二一年の英国なのだった。

ロンドンで女性が帰宅中に殺害された事件で、逮捕された容疑者は警視庁の現職警官だった。女性に対する暴力への抗議が世界中で高まる中、ロンドンで被害者を追悼する集会が開かれ、大勢の女性たちが集まった。ところが、ロックダウン期間中の集会は禁止として、警官隊が参加者の女性たちを強制的に排除し、次々と逮捕したのである。蛍光イエローのジャケットを着た警官たちの中には女性も含まれていて、なんというアイロニックな光景かという意見もあった。

「まさかこんなことが二一世紀の英国で起こり得るとは……」とコメンテーターの一

人がテレビで言った。発端となった事件の容疑者が警官ということもあり、市民からの批判の声が高まっている。

女性が外出中に暴力の被害に遭うと、まず言われるのは、「イヤホンを外して歩かないと攻撃者に気づかない」とか「護身用スプレーぐらいバッグに入れとかないと」とかいうことだ。

だが、「ちょっと待ってよ、そもそも悪いのは襲われるほうじゃなくて、襲うほうでしょう」という当たり前のことを主張できる世代が育っている。中学生の息子の友人のネットワークでも、女の子たちが「私たちは悪くない」「安全に自由に外を歩かせて」というメッセージをインスタグラムに続々と投稿している。

若い世代だけではない。ロックダウンで、女性たちは気づいたのである。ある地域やある時間帯は、女性は平素から外出規制されているも同然だったと。危険で外を歩けないことを当然視している社会がおかしかったのだ。

想定外のパンデミックが人々の生活を一変させたことが、女性の意識に大きな影響を与えている。感染症ぐらいでこんなに物事が変わるなら、その気になれば変えられないことはないのではないかと信じ始めたのだ。そう。考えてみれば、約一〇〇年前までは女性参政権だってなかったのだから。

英王室の公務

二〇二一年三月九日　社会時評

ヘンリー王子と妻メーガン妃の英国王室からの完全離脱が世界中に報道された。夫妻は昨年三月に王室から事実上の離脱を行い公務から退いて、生活拠点を米国に移していた。それから一年の間に公務復帰を含めて今後のことについて検討し、決定が下されることになっていたのだ。

しかし二人には公務復帰の意志がないので、エリザベス女王が「王室の一員として活動しないのであれば公務に伴う責任と義務を果たし続けることは不可能」と見なし、ヘンリー王子の軍の名誉職や慈善団体の役職なども返上されることに決まったと報道された。

これに対し、ヘンリー王子夫妻は、「公式の役割に関係なく、引き続き、これまで代表してきた組織への支援を続ける。私たちはみな、奉仕の生活を送ることができる。奉仕は普遍的なものである」という声明を発表した。

まるで「公務とは何か」についての議論を促すような言葉にも聞こえる。王室のメンバーが行う仕事だけが公共奉仕ではないのだ、と。英国王室はこれを快く思っていないと伝えられている。

ラジオ番組を聞いていると、ヘンリー王子夫妻を批判するリスナーからの電話が相次いだ。彼らの大半は、彼らがやっているようなセレブの仕事としてのフィランソロピー（個人や企業による社会貢献活動の総称）と、王室が行っている公務とはまったく別物であると怒っていた。

実際、ヘンリー王子夫妻はNetflixと複数年にわたる契約を結んでおり、女性をたたえるアニメーションや自然に関する番組など「希望を与えるコンテンツ」を製作すると言っているが、その契約料は約一六〇億円とも言われている。また、夫妻は音楽配信サービス大手のSpotifyとも大型契約を結んでおり、米国の人気司会者オプラ・ウィンフリーからテレビで放送するためのインタビューを九〇分にわたって受けた。このようなあからさまに商業的な活動を「社会への奉仕」と呼んで、英国王室の公務と比較するのはおかしいという論調が英国では強い。

確かにそれはそうだろう。しかしながら、王室のメンバーの公務、つまり公共への奉仕についても過大評価されてはいないだろうか。考えてみれば、そのほとんどが、公の場所に現れて赤いテープをカットしたり、スピーチを行ったり、手を振ったり、握手をして回ったりすることだ。もちろん王室はそれ以外の仕事もしているし、特に慈善活動では重要な役割を果たしている。だが、その分野では著名な知識人や芸能人なども同様に活躍している。

だからと言ってヘンリー王子たちの「奉仕」を擁護するわけではない。夫妻は善意でやっていたとしても、億万長者のセレブ仲間たちと一緒に社会問題への意識啓発パーティーに出席したり、ツイッターで「希望のメッセージ」を流したりするだけで公共に奉仕している気分になっているとしたらそれは滑稽だ。

今回の英国王室とヘンリー王子夫妻の揉め事は、公共への奉仕とはいったい何かということを思い出させる。なぜなら、それはコロナ禍ではっきり見えてきたことの一つでもあるからだ。

公共に奉仕する姿とは、他者を助けようとするわれわれの姿だ。貧困層の子どもたちのために食事を作って届ける地域のボランティアや、前線で働く医療関係者、ワクチン投与のボランティアを志願した人々、ロックダウンの買いだめの影響で食料がなくなったフードバンクのためにスーパーマーケットの駐車場に立って食品の寄付を募る人々、基礎疾患を持つ近所の人々の代わりに買い出しに出かける学生たちのグループ。

これらの人々の足元には赤いカーペットは敷かれていない。彼らの奉仕にトランペットでファンファーレを鳴らす人もいない。ただ淡々と、自分がすべきことを地域社会のために果たしていく。

公共奉仕は、公共のために行われるものだけではない。公共が、公共自身で、公共のためにに行うこともある。今、「公助」こそがこのスピリットから学び、変わるべきだ。

小さな政府より公助の時代——コロナ禍、見えてきた公益

二〇二一年三月一一日　欧州季評

英国では、ウェブサイトやテレビのニュース番組で示される「本日のコロナ情報」が一月から少し変わった。新規感染者や死者の数に、「ワクチン接種者数」が加わったのだ。

わが家でも、がんを患ったことのある配偶者は「基礎疾患を有する者」のカテゴリーに入っているので、二月に一度目のワクチン接種を受けてきた。通知は配偶者のスマホにSMSメッセージで来た。メッセージには自分で日時を予約するためのリンクが張られていて、NHSの予約サイトに飛ぶようになっていた。

息子が通う中学校ではPCR検査が始まった。三月八日からの学校での授業再開に向け、その前週に生徒たちが定められた時間に学校へ行って、仮設の施設で検査を受けた。息子が検査を受けることに対する保護者のコンセント・フォーム(同意書)も、NHSのサイトに行ってオンラインで提出した。全三回の検査を受けた後、生徒たちは毎回、渡されたQRコードを自分のスマホで読み取り、やはりNHSのサイトに飛んで住所や氏

名やメールアドレスを登録する。結果もメールで送られてくる。

「これ、家にWiFiがない生徒はどうやってNHSのサイトにアクセスするんだろうね。スマホを持ってない人とか……」

素朴な疑問を漏らすと息子が答えた。

「さあ、どうするんだろうね」

とはいえ、息子の学校では、ロックダウンでオンライン授業に切り替わるときに、学校が地元の慈善団体と協力し、パソコンやネット環境のない生徒たちが一人もいないように都合をつけた。だから、今回の検査でも困っている生徒はいないだろう。だが、英国のすべての公立校がそうだとは限らない。

＊

一月には、貧困家庭の子どもたちへのWiFi無料バウチャー配給を政府が取りやめた、とBBCが報じていた。英通信大手ブリティッシュ・テレコムがその提供をオファーしていたのに、政府が効率的な配給に手間取ったことが理由だったという。このテレコム側の主張に対し、英国教育省のスポークスパーソンは、同社提供のインターネット接続は「安定せず、確実でない」から配給しなかったと述べている。

思えば、二〇一九年一二月に行われた総選挙で、コービン党首率いる労働党は、ブリティッシュ・テレコムの一部を国有化し、すべての国民に高速のブロードバンドを無料提供する政策を打ち出した。財政支出拡大の「大きな政府」路線を打ち出したコービン労働党の政策は、過去一〇年におよぶ緊縮財政に慣れてしまった有権者の間で、「財源はどこから出て来るんだ」と不人気で、特にこのブロードバンド無料化計画は「税金の無駄遣い」「そんなものまでいらない」と言う人が周囲にも多かった。だが、コロナ禍の今になってみると、これほど必要な政策はなかったのではと思える。コロナ禍中のデジタルディバイドは「リモートワークができる人と、できない人」「オンライン授業に参加できる子どもと、できない子ども」の格差だけにとどまらない。今やワクチン接種からPCR検査といった健康にかかわる公共サービスでさえ、ネットがなければ迅速に受けられない。

*

ところで、英国で広域なワクチン接種が始まってから珍しく通貨ポンドが上昇している。年内の本格的な経済再開への投資家の期待が高まっているからだという。

二〇一四年に米大手製薬会社ファイザーが英国のアストラゼネカ社を買収しようとしたことがあった。英国の労働組合や科学者たちは、国内の雇用や科学研究の削減につながると警鐘を鳴らした。バイオテクノロジーで科学界を支える立場にある同社が米企業に買収されたら国にとってダメージになると懸念する声もあった。労働党は、この買収に「公益性審査基準」を適用すべきだと求めたが、政府は、株主にかかわる「商業的な問題」として介入しなかった。

結局、買収は成立しなかったが、オックスフォード大学が昨年(二〇二〇年)四月に新型コロナワクチン開発のパートナーに選んだのがアストラゼネカで、有効性が確立する前から英政府はワクチンを一億回分確保できた。ワクチン接種も順調に進んでいる。

今年(二〇二一年)に入ってから、ＥＵはアストラゼネカに英工場製のワクチンを要求したり、ワクチンの域外輸出規制を打ち出したりしているが、英国には国内での供給がすでに十分にあった。株主の利益だけを追求し、アストラゼネカが米国企業の傘下に入っていたとしてもこれは可能だっただろうか？　それはわからない。だが、あのとき、買収の公益性を問う意見が出たのは、今になると興味深い。

一九九〇年代、クリントン米大統領は「大きな政府の時代は終わった」と宣言した。代わって、市場への介入も最小限にする「小さな政府」がこれからの道と言われた。しかし、コロナ禍は小さな政府の時代も終わらせそうだ。たぶんこれからは、きちんと自らの仕事をする政府の時代だ。その仕事とは公益を守り、公助を行うことである。

歓迎と受容

二〇二一年四月　PANIC

先月、ワクチンを接種してきた。NHSからスマホに「予約を入れてください」とメッセージが届き、予約サイトのリンクが張られていた。

当日、わたしの予約は二時一〇分だったので、五分前に会場のカンファレンス・センター（普段はコンサートや政党の党大会に使われている）に行った。案内係の警備員が、どの列に並べばいいか教えてくれた。

きっちりソーシャルディスタンスを守って並んだ人々の列は、するすると前に進んだ。名前や予約番号を告げ、アレルギーの有無などの質問に答え、簡単な説明を受ける、いわゆる「チェック・イン」手続きまでに二、三分。そこからワクチン会場に移動してまた列に並ぶ。この列も立ち止まる暇がないほど快調に進み、五分もたたないうちにわたしは片腕を出し看護師の前に座っていた。

「あなたが接種するのはアストラゼネカのワクチンです。わかってらっしゃいますね」

「はい」

「同意なさいますね」

「はい。今、いろいろコントロヴァーシャル（物議を醸す）ですけど」

「今はもう、すべてがコントロヴァーシャルです！」

看護師はそう言って笑った。本当にその通りだ。アストラゼネカのワクチンは接種後に異常な血栓ができる懸念があると、フランス、ドイツなどが使用を一時停止すると発表した時期だった。WHO（世界保健機関）やEMA（欧州医薬品庁）は接種を勧めていたが、英国内でも、ワクチン接種を拒否する声も上がっていた。

「車を運転したり、自転車で帰る場合には一五分間、休憩所で待機してください。そうでなければこのままお帰りください」

接種を終え、そう言われて家路に就いた。会場に着いてからここまで一〇分。NHSは、必要な人材とツールさえ与えられたらここまで有能だったのかと驚くほどスムーズで快適な経験だった。

会場の外で警備員に「バイ」とあいさつをした。彼はジャマイカなまりの黒人の青年だ。「チェック・イン」係員は中東系の女性、看護師には東欧のなまりがあった。当のわたしも日本人だ。

「歓迎されることと受容されることは違う」

最近読んだ移民の自伝にそんな一節があった。それでもわたしたちは受容されている。

五輪の因縁

二〇二一年五月　PANIC

ロンドン五輪が行われたのは九年前のことである。もうそんなにたったのかと驚くが、書き始めたばかりの連載小説は、五輪で再開発が進んだロンドン東部を舞台にしている。「E15」の郵便番号を使っているこの地区は、オリンピック・パークの用地に選ばれたのを機会に、不動産業者がジェントリフィケーション(都市浄化)を推し進めた。

五輪の翌年、二〇一三年に、二五歳以下の若者専用シェルターに住んでいたシングルマザーたちは退去通知を受け取る。政府の緊縮財政で拠出金を大幅削減された地方自治体が、シェルターへの補助金を打ち切るため、運営ができなくなったというのだ。

ねぐらを失う彼女たちは、自治体の福祉課に相談に行った。そこで言われたのは、イングランド中北部に引っ越せば、家賃が安いから住宅補助金で何とかしてやるということだった。だが、地元で生まれ育った彼女たちは知っていた。ロンドン東部には空き家がゴロゴロ転がっているということを。投資家が買って貯金箱代わりにしている住宅もあれば、不動産業者に土地を売却して再開発させるため、故意に空き家だらけにされていた公営住宅地もあった。

若きホームレスの母親たちは連帯して運動を立ち上げ、「E15マザーズ」と呼ばれるようになる。彼女たちが有名になったのは、空き家になっていた公営住宅の占拠を行ったからだ。家は投機に使う道具ではなく、人が住むものだというのが彼女たちの主張だった。そもそも、地元の庶民が住めないほど住宅の値段が上がるのはおかしいと彼女たちは言った。

この実話を下敷きにした小説を書きながら、「十年ひと昔」の諸行無常を感じてしまうのは、今、ロンドンでは逆の現象が起きているからだ。コロナ禍で都市を脱出する人が増え、ロンドンの人口は一九八八年以来、初めて減少している。特に都市中心部の家賃が下がり続けていて、昨年(二〇二〇年)ロンドンを捨てて郊外に引っ越していった人々が都心に帰って来る気配はないという。

「ダニー・ボイル監督の映画『28日後……』みたいな終末感が漂っている」と、ロンドン中心部に住む友人が言っていた。皮肉なことに、ロンドン五輪の華やかな開会式を指揮したのもボイル監督ではなかったか。

五輪の一〇年後には終末がやってきた。笑えない顚末《てんまつ》だ。

子ども信じる教育を——学校というストレス

二〇二一年六月一〇日　欧州季評

「Cワードさえ使えばいいと思って、いまだに適当に休んでいる子たちがいるよ」

三月から再開されている中学校の様子を息子はそう語る。Cワードとはコロナのことだ。英国は、さしたる理由もなく子どもに学校を休ませると保護者が地方自治体から罰金を科されるほど出席に厳しい。だが、コロナ禍中は近しい人々が感染すると自主隔離しなくてはならないので、その場合には欠席扱いにならない。それを装ってずる休みをする生徒も少なくないというが、実情はもっと複雑だ。長い休校の後で不登校になった生徒や、メンタルヘルスの不調が続く生徒たちもいる。

休校中、学校からはメンタルヘルスに関する保護者対象のZoomセミナーの案内メールが何度も届いた。ティーンの自傷、鬱、摂食障害などがテーマだった。英国王立精神科医学会の発表によれば、昨年(二〇二〇年)四月から一二月の間に、イングランドでNHSのメンタルヘルス部門を紹介された一八歳以下の数は前年同期比で二八%増加、また、メンタルヘルスの問題で緊急ケアが必要になった一八歳以下の数も二〇%増加している。こうした状況の中、英国政府は子どもや若者のメンタルヘルスの問題に取り組むため七九〇〇万ポンド(約一一八億五〇〇〇万円)の財政支出を約束した。

＊

とはいえ、子どもたちのメンタルヘルスはコロナ禍のみで悪化したものではない。ロンドン大学の英国縦断研究センターが行っているミレニアム・コホート・スタディーは、二〇〇〇年代初頭にイングランド、スコットランド、ウェールズ、北アイルランドで生まれた人々、約一万九〇〇〇人の成長を追跡している。

この調査では、一七歳の子どもたちの約七％がこれまでに自殺を試みたことがあると答えているという。また約二四％は、(コロナ禍が始まる前の)過去一年間で何らかの自傷経験があると回答した。これを受け、英国王立精神科医学会の小児および青年のメンタルヘルスの専門家は、緊縮財政と貧困がこうした状況の原因になっているように思う、と『ガーディアン』にコメントしている。

専門家は、こんなことも言っている。

「もう一つの問題は、教育が若い人々にとって大きなストレスになっているということです」

英国政府は、休校による学業の遅れを取り戻すため、公立校の一日の総授業時間を三〇分増やす計画を検討している。だが、英国心理学会は、授業時間を延長するよりも、子どもたちが遊んだり、他の子どもと交流したり、音楽や工作、スポーツなど、ロックダウン中にできなかったことをする時間を増やしたほうがいいと提言している。

もともと子どもたちのストレスになっていた教育、つまり従来どおりの授業の時間を増やしても、子どもたちのメンタルヘルスを向上させることはできない。むしろ、思い切ってこれまでとは違うアプローチを採り入れるときが来ているのではないか。

＊

従来とは異なる学校のあり方を模索し、実践してきたのはオルタナティヴ教育だ。英国にはサマーヒル・スクールという学校がある。「世界で最も自由な学校」と呼ばれる同校は、民主主義を実践するオルタナティヴ教育で知られる。最近、同校とよく似たアジアの小学校の創設者が書いた本のゲラを読んだ。著者は、台湾のIT担当相オードリー・タン（唐鳳）さんの母親、リー・ヤーチン（李雅卿）さんだ。彼女が創設した小学校は、サマーヒルと同じように、生徒たちが学校のルールを決める。先生がトップダウン式で決めて生徒を従わせることはしない。揉め事や問題が起きたら、学校内の法廷で生徒たちが解決を図る。どこまでも自治の精神で運営されているのだ。自らを「保守的なアナキスト」と呼ぶオードリーさんの型破りな思想と、この自由な学校の理念には明らかなリンクが見られる。

母親が自分で学校を創設したきっかけは、ほかでもないオードリーさんが学校教育になじめず、不登校になったことだった。前述の本、『天才IT相オードリー・タンの母に聴く、子どもを伸ばす接し方』(KADOKAWA)には、一七歳の頃にオードリーさんが書いた文章も収められている。その学校の教員の役割についてこう書いている。

「誰もが傷つかず、怖い思いをしなくていい環境を整え、生徒を心から信じること、それだけです」

先の見えないこの不安な時期に、教員だけでなく、すべての大人が心に刻むべき言葉ではないだろうか。

パンデミックによる不確実性の時代に育つ世代は、早くも「ロスト・ジェネレーション」と呼ばれている。だが、その世代を支える方法が、授業時間の延長とメンタルヘルスのケアの拡充だけであろうはずがない。子どもたちは以前からSOSを発していた。なのに大人たちはその声に耳を傾けることを後回しにしてきた。だからこそ、「ロスト・ジェネレーション」問題は、教育そのものを考え、変える契機になり得る。オルタナティヴ教育はきっとそのヒントになる。

壮大な実験

二〇二一年七月　PANIC

英国が「壮大な実験」をやろうとしていると海外では報道されているらしい。

デルタ株の感染が広がっているにもかかわらず、すべての規制を解除し、マスクすら着用の必要なしという施策を実行したからだ。これはワクチン接種が進んでいるからであり、感染者の数は増えているが、一日当たりの死者の数は第二波が広がったときに比べると一〇分の一になっているし、入院者数も昨年(二〇二〇年)一一月に比べると一桁少ない。

最近よくテレビなどで耳にするのが、「コロナはパンデミックからエンデミックになった」というものだ。エンデミックとは、ある感染症が、一定の地域に一定の罹患率で、または一定の季節に繰り返し発生することである。つまり、コロナは恒常的に社会に存在するエンデミック期に入ったので、入院者や死者も一定数は出るだろうが、以前に比べればぐっと少ないのだから、感染が拡大してもコロナ前の生活に戻ろうという方針で政治が行われている。

しかし、当然ながら英国の人々すべてがこれに賛成しているわけではない。特に議論になっているのが、マスク着用義務の有無だ。世論調査会社 YouGov の調査では、七一％の人々が公共交通機関ではまだマスク着用を義務づけるべきだと答えているし、六六％は店内でもそうするべきと答えている。

なかなかマスクをしようとしない人がけっこういた一年前と比べると、すっかり英国の人々がマスク生活に慣れたことが垣間見られて感慨深い。

また、接触確認アプリの問題もある。ＮＨＳの接触確認アプリは一七〇〇万人を超える人々に自主隔離の必要性を通知してウイルスの蔓延を防いだと言われているが、感染が広がる中で規制が完全解除されて人々が自由に移動して他者と交流するようになると、どこかで会う人が感染していて、頻繁に自主隔離を求められることになる。このため、政府は接触確認アプリの感度を緩和することを検討しているようだが、六月最終週には三六万件のアラートが発され、今年になってから最高の数の人々が自主隔離通知を受け取っている。いくら自由に動けても、しょっちゅう隔離させられるのなら、まったく意味がない。

実際、これを憂慮してアプリを削除する人々が急増している。政府の壮大な実験が、壮大な無責任で終わらなければいいが。

スポーツと多様性

二〇二一年八月　PANIC

東京五輪の総括は日本でもさまざまに行われているだろうが、英国でも、五輪をめぐって今後の課題が議論されている。

英国では、五輪代表団のことを「チームGB」と呼ぶ。二〇二一年になっても、チームGBは、国内の人種の多様性を反映していない。

その反省に立って今後のスポーツのあり方を模索しているのが、デジタル・文化・メディア・スポーツ省管轄の政府外公共団体、スポーツ・イングランドだ。

同団体によれば、今回の五輪の代表選手の八六%が白人だった。また、「ポッシュ・スポーツ」(上流階級の運動)と呼ばれる種目ほど、白人以外の代表選手がいない。実際、才能ある選手に与えられる奨学金制度によって支えられているスポーツの三分の一以上が、白人以外の奨学金対象者がゼロの状態だという。

さらに、過去一〇年間のメダル獲得者を調べると、約半数が私立校の出身である。授業料無料の公立校のほうが数は多いのに、私立校出身者のほうがスポーツ界でも成功をおさめているのだ。

この状況は、白人の上流階級が伝統的に楽しんできた「ポッシュ」なスポーツ種目で顕著である。例えば、馬術、セーリング競技、ボート競技などだ。

スポーツ・イングランドのスポークスパーソンによれば、パリ五輪に向けて、これらスポーツへの奨学金は削減されることが決まっている。今後もさらにその傾向が強まるだろうという。

今年の五輪は「レインボー・オリンピック」とも呼ばれ、飛び込み選手のトム・デイリーのようなＬＧＢＴＱの選手たちの活躍が目立った。また、チームＧＢ全体で初めて女性選手の数が男性選手を上回り、アリス・デアリングが英国の水泳選手団初の黒人女性選手になった。ジェンダーという意味の多様性では前進が見られたが、人種と経済的不平等の問題では、改善を早急に進めなければならないとスポーツ・イングランドのスポークスパーソンは語っている。

この改善を進めるにあたって困難なのは、「そのプロセスがものすごく遅くて、困難であること」だという。スポーツとレイシズムや経済格差の問題は切り離せない。スポーツ界こそ現実社会の多様性に追いつく必要があるとすれば、それはマイノリティを代表する選手に行進の旗を握らせるだけで前進する問題ではない。

この先も「共に生きる」――コロナ・アフガン・EU離脱

二〇二一年九月九日　欧州季評

行動規制がほぼ全面解除された英国では「コロナと共に生きる」が合言葉になり、数カ月前とは街の風景も一変した。市中心部のプールのそばにあるカフェに入っても、マスクをしている人などもう見かけない。

子どもをプールで泳がせているママ友らしいグループが、隣のテーブルでおしゃべりに花を咲かせていた。平和な午後の光景だったが、気になる言葉が耳に飛び込んできた。

「子どもたちには愚かな戦争だったって教えてやればいいのよ。私の弟は二年間、アフガニスタンで誇りをもって軍の任務にあたった。負傷したり、心を病んだりした同僚もいる。今となっては、いったい何のためだったんだろうって言っている」

「やる必要ない戦争だったよね」

「意味がなかった」

すると、それに反対する人がいた。

「そんなことを言うのはやめてください。あの戦争についてあなたたちがそんなふうに話しているのを聞くと私は悲しくなります」

強い声の調子に驚いて、思わず隣のテーブルを見た。

「若い世代に希望を与えたじゃないですか。特に少女たちに。少女たちは成長し、大人の女性になりました。Ａ４の紙切れを持って抗議していたアフガニスタンの女性たちの映像を見ましたか？」

声の主は大きな瞳をした若い女性だった。英語のアクセントはネイティブだし、頭にヒジャブも巻いていないが、中東系の人だ。

「彼女たちはタリバンに見つかったら殺されるかもしれない。それでも抗議するのは希望を知ったからです。人は殺せても希望は殺せない」

そう言って彼女が涙声になったので、脇に座っていた女性が彼女の背中をさすった。

「ソーリー」と幾人かの女性は謝った。しばらく気まずい沈黙が続き、違う話題でなんとなく会話が再開した頃、それぞれの子どもたちから「迎えに来て」の連絡がスマホに入り始めたらしく、彼女たちは店を出ていった。

＊

カフェからの帰り道にマクドナルドの前を通ると、「ノー・ミルクシェイク」の貼り紙があり、思わず立ち止まった。マクドナルドのミルクシェイク販売停止が報道されていたからだ。コロナ禍で重量物運送車の運転手が不足しているのは、欧州各国共通の問題だが、とりわけ英国で深刻だ。EU離脱後、母国などとの移動の自由がなくなってEU加盟国からの移民が英国を去り始めた。昨年からの複数回のロックダウンで拍車がかかった。さらに、単純労働者の就労ビザ取得が厳格化されたため、欧州各国から運転手たちを呼び戻すのも困難だ。

また、EU関税同盟を抜けたことで、以前のようには国に持ち込めない物品もできた。英国は物品が届けにくい国になり、届けてくれる人を見つけにくい国になったのだ。

こうした不都合を語ることに与党の保守党が慎重になるのは当然だ。しかし、EU離脱に反対の立場を取っていた労働党の党首や幹部たちも、EU離脱の経済的影響を語ることに神経質になっているようだ、と『ニュー・ステイツマン』誌政治記者のスティーブン・ブッシュ氏が書いていた。理由について、ある労働党の議員は、「我々は、大衆に向かって、あなたたちは間違った決断をした、と言い続けるわけにはいかない」と語ったという。

アフガニスタン問題に関しても、労働党には歯切れの悪さがある。そもそも、アフガニスタンでの米国の軍事作戦に参加することを決めたのはブレア時代の労働党政権だった。現在の党首スターマー氏は当時、反対の立場だったが、労働党内部には米軍のアフガン撤退を非難する声が多い。

アフガニスタン問題をどうするのかについて、難民受け入れにできるだけ寛大になりましょう、という以外、労働党の方針は不明瞭だ。労働党は、批判する事柄についてはほぼ意見がまとまる。イラク戦争、ロシアによる民主主義への介入、中国の新疆ウイグル自治区での行為、などである。しかし、何を支持するのか、何が今なすべき意義あることなのか、についての指針が見えない。

＊

ミルクシェイクに代表されるEU離脱の事後処理からアフガニスタン問題まで、非常に困ったことになったという事実や、こんな事態を招いた政策が悪いというのは、庶民にもわかる。が、与党が自己弁護し、野党が与党の手腕のなさを批判するだけでは政治への不信を増大させることにしかならない。それを反映するようにジョンソン首相の支持率は今年最悪の数字で、スターマー党首についても就任後最低レベルになっている。

「あの軍事作戦は間違っていた」と言われたところでアフガニスタンの人々は報われないし、「EU離脱は間違っていた」と言ったところでミルクシェイクは届かない。「コロナとの戦い」をやめた国が顔を覆っていたマスクを外すと、一時的に隠れていた問題があらわになった。英国は、コロナだけでなく、アフガニスタン問題やEU離脱ともこれからずっと「共に生きる」覚悟をしなければならなかったのである。

あとがき

息子の中学で九月から新学期が始まり、最初のシティズンシップ教育の授業は、二〇一一年のロンドン暴動についてだったらしい。二〇二一年八月で一〇年目のアニヴァーサリー（英国ではいいことも悪いこともアニヴァーサリーだ。亡くなった人の一周忌でさえファースト・アニヴァーサリーと呼ばれる）というので、新聞やテレビでも特集をやっていた。

わたしのような年齢になると、あの暴動はつい最近のことのように思えるが、すでに学校で習う歴史上の出来事になっているのだ。ロンドン北部のトッテナムで黒人男性が警官に射殺されたことをきっかけに全国に飛び火したあの夏の暴動は、抗議活動から、放火や略奪行為に変容していった。ミドルクラス出身者も混ざってはいたが、その大半が貧困層や無職の若者たちによる暴動だったため、一部では「チャヴ暴動」と呼ばれたりもした。ショーウィンドウが打ち割られた靴屋からスニーカーを盗む若者たちや、燃え上がる商店街などの映像などを見せられた後で、シティズンシップ教育の先生が生徒たちにこう聞いたらしい。

「誰か、austerity(緊縮財政)という言葉の意味を説明できる人、いる?」

こういうとき、一五、一六歳の教室になると、自分から手を上げて先生の質問にハキハキ答える子はあまりいない。ダサいからである。

しかし、うちの息子は思ったそうだ。「……なんて質問なんだ、ブレイディみかこの子どもとして、僕はこの質問にだけは答えないわけにはいかない」と。それで思わず手を上げて、滔々《とうとう》と三分ぐらい説明してしまったと言うので笑ったが、英国の公立校でロンドン暴動を緊縮財政と関連づけて教えているという事実にいたく感心した。

あの暴動の直後、様々な識者や政治家がその原因について議論した。が、一〇年過ぎた今では、二〇一〇年に保守党政権が誕生し、緊縮財政の一環として若者対象の公共サービスや福祉を大幅に削減したこと、そして、警察による黒人への職務質問の増加が二大要因だったと言われている。

だが、あれから一〇年が過ぎても、暴動が起きたときと同じような状況が英国には広がっていると『ガーディアン』紙の最近の記事が暴露している。同紙とYMCAイングランド&ウェールズの共同調査は、貧困地域における若者対象の公共サービスと、黒人への職務質問に関するデータを分析し、二〇一一年の暴動の舞台となったハリンゲイ、クロイドン、サザーク、バーミンガム、マンチェスターの五つの地域で状況がどう変化しているかを追跡するものだった。

すると、緊縮財政プログラムがスタートした二〇一〇—二〇一一年度以降、地方自治体による若者対象のサービスは著しく削減されていることがわかった。二〇一〇—二〇一一年度から二〇一九—二〇二〇年度の間に、若者対象の公共サービスに投入される国家予算は三億七二〇〇万ポンド(約五五八億円)削減されており、インフレ調整を入れると七三%減少したことになるそうだ。これがロンドン暴動の発祥地、ハリンゲイになると、さらに激しい八五%の減少になる。

『ガーディアン』紙の「リーディング・ザ・ライオッツ」プロジェクトは、暴動に参加した二七〇人にインタビューを行ったが、八五%の回答者が警察の態度が暴動を引き起こした要因になっていると答えた。さらに回答者の四分の三近くの人々が、過去一二カ月の間に警察から職務質問を受けたことがあると答えていた。あれから一〇年が経ち、警官による職務質問そのものは減っているものの、圧倒的に黒人のほうが警察からターゲットにされることが多い。

つまり、ロンドン暴動は歴史の一ページになったとしても、それを引き起こした要因はそのまま残っているのだ。

これは本書のゲラを読みながらわたしが抱いた感想にも似ていた。

本書は二〇一四年(ロンドン暴動から三年後であり、ロンドン五輪から二年後)に書かれた記事から始まっているが、冒頭に収録されているのは「こどもの貧困とスーパープア」。

スーパーリッチという言葉の反転として、スーパープアという言葉が使われるようになった時期だった。「アンチ・ホームレス建築の非人道性」や「貧者用ドアとエコノミック・アパルトヘイト」に書かれているのは、ロンドン五輪の前後から露骨になった都市における貧困層の不可視化の問題だ。五輪という一大イベントを成し遂げるために、貧しい層の人々を追い出してロンドンをポッシュな街にしようとした行政と不動産業者の思惑は、後に、階級間の対立を激化させることになり、地域の治安を悪化させた。

二〇一四年にはスコットランド独立をめぐる住民投票も行われ、久々に地べたでも政治の議論が盛り上がった。実際、二〇一五年になると、反緊縮左派と言われる新たな勢力の台頭が欧州で話題になり、スペインのポデモスが旋風を巻き起こしたり、「まさかあんなマルキシストが」と言われながらコービンが労働党の党首に選ばれることになった。

あの頃の記事を読むと隔世の感があるというか、欧州政治にはもうあの頃のようなダイナミックさも、「何かが起きるかも」という予感も感じられない。「same old, same old…(いつも同じ)」な時代が戻ってきている。

左派系の政治誌『ニュー・ステイツマン』でさえ、表紙に「労働党の失われた未来」という記事を躍らせていた。二〇〇一年には四一二議席を持っていた労働党は、今や一九九議席にまで落ち込んでいる。衰退は何に起因しているのかと聞かれ、現党首のキア・スターマーは二つの事象を挙げている。一つ目は、二〇〇三年のイラク戦争、そして二つ目は二〇〇八年のリーマンショックを契機にした金融危機後の経済実績を(当時の)与党として自己弁護することができなかったことだという。

ブレア政権が米国に協力してイラク戦争に突入していったことは今でも労働党が過去の汚点として引きずる出来事になっている(アフガニスタンへの侵攻も同様だ)し、労働党が与党として責任を問われた金融危機後の不景気を逆にチャンスとして活用し、「これは労働党政権がこれまで湯水のようにお金を使い過ぎたせい」と吹聴して政権を奪還したのが保守党だ。これが二〇一〇年の政権交代と以降の英国大緊縮時代を招いたのだ。

しかし、労働党の不振が、政権を握っていた時代の失態にのみ起因しているはずがない。スターマーが党首として言い出しにくいのは、EU離脱後、「労働党のハートランド(牙城)」と呼ばれた選挙区が(こうした選挙区は大昔には製造業で栄えたことがあるのだが、サッチャリズムの時代に衰退して失業者が増えた地域であり、伝統的に保守党を憎む人が多かった)、元UKIPのナイジェル・ファラージや保守党のボリス・ジョンソン支持に回ってしまったことだろう。

その理由に関しては、二〇一九年に労働党が大敗した総選挙の総括記事("The Center Blows Itself Up : Care and Spite in the 'Brexit Election'", the *New York Review*)の中でデヴィッド・グレーバーがこう書いていた。

彼らが当初、理解していなかったのは、そして、時が経つとともにこの上なく明らかになったのは、右派はブレグジットの中にほぼパーフェクトな政治的「毒」を発見したということだ。それは、英国社会を二つの敵対する陣営に分断したということだけでなく、両陣営から最低最悪の姿を引き出すことでもあった。両陣営は互いに向かって辛辣な罵詈雑言《ばりぞうごん》を投げ合った。そしてそのほとんどが真実だったのである。残留派は、EU離脱運動家たちの多くはあからさまなレイシストであり、――トランピズムがそうであったように――二、三年前には非常識と見なされたレイシスト的な表現の形を正常化していると主張した。残留派は正しかった。(中略)離脱派は、最も大きな声で叫んでいる残留派たちはあからさまにエリート主義者で、こちらもまた同じぐらいにかつては非常識と見なされていた、小さな町やイングランドの労働者階級への侮蔑の表現を正常化していると反論した。離脱派も正しかった。

英国は、いまだこの「毒」にまみれていないだろうか。

グレーバーの言うとおり、問題は分断そのものではなく、それによって曝《さら》け出された両陣営の最低最悪の姿だったのではないか。そしてその毒の沼に深く嵌《はま》ったまま、われわれはまだ歩き出すことができずにいる。

もちろん二〇一九年の総選挙は過去の話であり、コロナ禍もまた社会を変えた。しかし、政治に関する限り、代わり映えしない状況が続いている。英国は一日当たりのコロナ感染者数では、これを書いている九月一四日現在でも欧州で最多だし、コロナ禍が始まってから今日までの死者数でもロシアに次いで二番目に多い。とてもコロナ対応に成功しているとは言えない状況だ。が、YouGov の八月二九日の調査結果では、ジョンソン首相の支持率は三五％でスターマー党首の支持率は二〇％である。

スターマーはコービン退任後の労働党内の分断とゴタゴタの後始末を最優先任務として党首の座に就いた(ケン・ローチ監督が「労働党から追放された」と発言したのは先月のことだった)。彼は、「過去一〇年間の党内の分断から脱し、連帯とエンパシーという労働党の価値観に立ち戻るべき」と言っているが、労働党首が党内に向かって連帯とエンパシーを呼びかけている間にも、英国社会には解決すべき問題が山積みになっていく。野党第一党は、与党に取って代わることのできる唯一のオルタナティヴな勢力だ。そのオルタナティヴがノー・フューチャーな状態になるということは、左派が未来を失うことではない。政治の影響を受けるすべての人々が未来を失うことだ。

これは決して英国だけが抱える問題ではないだろう。

本書は二〇一六年に刊行された単行本『ヨーロッパ・コーリング』の単なる文庫化で

はなく、同書刊行後から二〇二一年までに、Yahoo!ニュース個人、『朝日新聞』、『東京新聞』、『NTT労組』、新聞三社連合（『中日新聞』／『東京新聞』、『西日本新聞』、『北海道新聞』）、『図書新聞』に掲載された時評コラムをふんだんに収録したものです。たまに都合よく締め切りを忘れてしまう著者とおつきあいくださった各担当者のみなさま、そして、記事を拾い集めて新たな時評集として編んでくださった岩波書店の猛獣編集者こと渡部朝香さんに感謝しております。

二〇二一年九月一四日

ブレイディみかこ

本書の一部は、ブレイディみかこ『ヨーロッパ・コーリング——地べたからのポリティカル・レポート』(二〇一六年、岩波書店刊)より再録したものとなるが、同書刊行以降に執筆された記事を大幅に加え、文庫オリジナル版として新たに編集したものである。

ヨーロッパ・コーリング・リターンズ
——社会・政治時評クロニクル 2014-2021

2021年11月12日　第1刷発行
2021年11月25日　第2刷発行

著　者　ブレイディみかこ

発行者　坂本政謙

発行所　株式会社 岩波書店
〒101-8002 東京都千代田区一ツ橋 2-5-5

案内 03-5210-4000　営業部 03-5210-4111
https://www.iwanami.co.jp/

印刷・精興社　製本・中永製本

ISBN 978-4-00-603330-9　Printed in Japan

岩波現代文庫創刊二〇年に際して

二一世紀が始まってからすでに二〇年が経とうとしています。この間のグローバル化の急激な進行は世界のあり方を大きく変えました。世界規模で経済や情報の結びつきが強まるとともに、国境を越えた人の移動は日常の光景となり、今やどこに住んでいても、私たちの暮らしは世界中の様々な出来事と無関係ではいられません。しかし、グローバル化の中で否応なくもたらされる「他者」との出会いや交流は、新たな文化や価値観だけではなく、摩擦や衝突、そしてしばしば憎悪までをも生み出しています。グローバル化にともなう副作用は、その恩恵を遥かにこえていると言わざるを得ません。

今私たちに求められているのは、国内、国外にかかわらず、異なる歴史や経験、文化を持つ「他者」と向き合い、よりよい関係を結び直してゆくための想像力、構想力ではないでしょうか。

新世紀の到来を目前にした二〇〇〇年一月に創刊された岩波現代文庫は、この二〇年を通して、哲学や歴史、経済、自然科学から、小説やエッセイ、ルポルタージュにいたるまで幅広いジャンルの書目を刊行してきました。一〇〇〇点を超える書目には、人類が直面してきた様々な課題と、試行錯誤の営みが刻まれています。読書を通した過去の「他者」との出会いから得られる知識や経験は、私たちがよりよい社会を作り上げてゆくために大きな示唆を与えてくれるはずです。

一冊の本が世界を変える大きな力を持つことを信じ、岩波現代文庫はこれからもさらなるラインナップの充実をめざしてゆきます。

（二〇二〇年一月）

S322
菌世界紀行
—誰も知らないきのこを追って—
星野保

大の男が這いつくばって、世界中の寒冷地にきのこを探す。雪の下でしたたかに生きる菌たちの生態とともに綴る、とっておきの〈菌道中〉。〈解説〉渡邊十絲子

S323-324
キッシンジャー回想録 中国(上・下)
ヘンリー・A・キッシンジャー
塚越敏彦ほか訳

世界中に衝撃を与えた米中和解の立役者であるキッシンジャー。国際政治の現実と中国の論理を誰よりも知り尽くした彼が綴った、決定的「中国論」。〈解説〉松尾文夫

S325
井上ひさしの憲法指南
井上ひさし

「日本国憲法は最高の傑作」と語る井上ひさし。憲法の基本を分かりやすく説いたエッセイ、講演録を収めました。〈解説〉小森陽一

S326
増補版 日本レスリングの物語
柳澤健

草創期から現在まで、無数のドラマを描きる日本レスリングの「正史」にしてエンターテインメント。〈解説〉夢枕獏

S327
抵抗の新聞人 桐生悠々
井出孫六

日米開戦前夜まで、反戦と不正追及の姿勢を貫きジャーナリズム史上に屹立する桐生悠々。その烈々たる生涯。巻末には五男による〈親子関係〉の回想文を収録。〈解説〉青木理

岩波現代文庫［社会］

S328
人は愛するに足り、真心は信ずるに足る
―アフガンとの約束―
中村 哲
澤地久枝（聞き手）

戦乱と劣悪な自然環境に苦しむアフガンで、人々の命を救うべく身命を賭して活動を続けた故・中村哲医師が熱い思いを語った貴重な記録。

S329
負け組のメディア史
―天下無敵 野依秀市伝―
佐藤卓己

明治末期から戦後にかけて「言論界の暴れん坊」の異名をとった男、野依秀市。忘れられた桁外れの鬼才に着目したメディア史を描く。〈解説〉平山 昇

S330
ヨーロッパ・コーリング・リターンズ
―社会・政治時評クロニクル 2014-2021―
ブレイディみかこ

人か資本か。優先順位を間違えた政治は希望を奪い貧困と分断を拡大させる。地べたから英国を読み解き日本を照らす、最新時評集。

2021.11